KB048099

한국 도시의 미래

일러두기
_____

1. 개발 계획도, 조감도 등에 삽입된 QR 코드를 찍으면 원본을
확인할 수 있는 링크로 연결됩니다.

2. 책에 나오는 지명을 색인에 정리하였습니다. 관심 있는 지역이
있다면 색인을 참고하여 살펴보시면 됩니다.

인문학자가 직접 탐사한
대한민국 임장 보고서

한국 토시의 미래

김시덕 지음

포레스트북스

들어가며

『우리는 어디서 살아야 하는가』(포레스트북스, 2022)에 이어 두 번째로 여러분에게 땅과 집에 대해 말씀드립니다. 땅과 집은 여러 의미로 다가옵니다. 어떤 분은 경제적인 차원의 '부동산'으로, 어떤 분은 좀 더 넓은 맥락을 지닌 '삶의 터전'으로 받아들입니다. 지금까지 한국 사회에서는 땅 위에 집을 짓기 위한 건축적 차원, 땅과 집의 거래라는 경제적 차원, 그리고 건축·땅·집에 관한 법률적 차원에서 주로 땅과 집을 논의해왔습니다. 그러나 이 세 가지 차원 말고도 땅과 집에 대해서는 살펴볼 것이 더 많습니다.

이 이야기를 『우리는 어디서 살아야 하는가』에서도 전하려 했습니다. 안보와 행정적 연속성이라는 사회적 측면, 군대·공장 같은 특수시설이 집과 땅에 미치는 영향, 재난·재해가 집과 땅의 안전에 미치는 영향, 그리고 택지개발과 교통의 관계 등에 대해서 말이지요. 어떤 독자 분이 이 책을 "부동산 업계의 교양 교과서"라고 평가한 것이 정확합니다. 감사하게도 이 책은 독자 분들로부터 따뜻한 반응을 많이 받았습니다. 그러나 한편으로는 대서울권(Greater Seoul)과 대전·세종·청주 중심의 중부권 메가시티를 주로 다루다 보니, 다른 지역의 이야기도 듣고 싶다는 의견도 많았습니다.

물론 2017년에 본격적으로 답사를 시작할 때, 대서울권뿐 아니라 전국을 답사하며 기록하고 있었습니다. 하지만 일에 순서가 있다 보니, 먼저 『서울 선언』(열린책들, 2018)·『갈등 도시』(열린책들, 2019)·『대서울의 길』(열린책들, 2021)이라는 세 권의 답사 책을 통해 대서울권 이야기를 마무리했습니다. 그다음에 나온 책이 바로 『우리는 어디서 살아야 하는가』입니다. 이 책에서는 한국의 3대 메가시티 가운데 대서울권의 남쪽에 자리한 중부권까지 범위를 확장했습니다. 그리고 지금 이 책 『한국 도시의 미래』에서 드디어 3대 메가시티 가운데 제가 아껴두었던 세 번째 지역인 동남권 메가시티까지 포함한 한국 도시 전체를 이야기하게 되었습니다. 즉, 이 책에서 저는 한국 도시 전체를 대상으로 땅·도시·집에 대해 이야기하려 합니다.

이 책의 제1부에서는 한국 전체와 주요 지역의 미래를 예측할 수 있는 핵심을 소개했습니다. 제2부에서는 3대 메가시티와 소권역(小圈域)들을 훑어보았습니다. 『우리는 어디서 살아야 하는가』에서 이야기한 각 지자체의 도시기본계획 읽는 법을 이 책의 내용과 함께 익힌 다음, 믿을 만한 몇몇 경제·부동산 전문가들이 제공하는 정보를 아울러 참고하면, 여러분 스스로 한국 도시의 미래를 예측하는 힘을 지니게 될 것입니다.

이 책이 담아낸 범위가 워낙 넓다 보니, 한국의 모든 도시와 농산어촌을 제2부에서 골고루 다루지는 못했습니다. 특히 서울에 관한 내용이 적다고 생각하실 수 있습니다. 지금까지 제가 쓴 답사·임장 책에서 서울을 자주 다루었기 때문에, 이번에는 서울이 아닌 지역에 좀 더 힘을 기울였습니다. 각 지역에 대한 개별적이고 자세한 분석은 이 책의 속편을 비롯한 다음 답사 책들을 기다려주십시오.

이 책을 쓰기 위해, 그동안 전국 주요 도시와 개발 지역을 답사하고 또 관련 자료를 널리 조사했습니다. 또, 저는 서울·경기도·경상북도·대구·부산에 연고가 있고, 정기적으로 만나 긴밀하게 이야기를 나누는 지인들이 전국 각지에 있습니다. 연고가 있는 지역은 다시 한번 객관적으로 검토하고, 연고가 없는 지역에 대해서는 그곳의 지인들과 깊이 있게 의견을 교환하여 전국의 3대 메가시티와 소권역들에 대해 공평하고 냉정하게 평가하려 노력했습니다.

지금까지 답사한 내용을 책으로 출판하고 방송에서 이야기할 때면 "내가 사는 곳의 이야기도 해달라", "내가 관심 있는 곳의 이야기는 왜 이렇게 적은가"라는 의견을 접합니다. 이 책을 접하는 여러분도, 가장 먼저 책 뒤에 실린 색인을 들춰보며 본인이 사는 곳이나 관심 있는 곳의 이야기가 어디에 실려 있는지 찾아보겠지요.

미리 말씀드리자면, 이 책은 한국의 모든 도시와 농산어촌에 똑같은 페이지를 할당해서 나열한 사전이 아닙니다. 한국의 이곳저곳을 답사하고 비교하는 도시 문헌학자로서, 특별히 독자 분들이 아시면 좋겠다고 생각되는 내용을 주로 이 책에 담으려 했습니다.

그리고 이해관계나 편견 없이 공평한 시선으로 전국의 도시를 바라보면 어떤 미래가 예측되는지를 이야기하려 했습니다. 직접 가본적 없지만 관심 있는 다른 도시에 대한 기본적인 정보와 중요한 이슈를 확인하는 데 도움이 될 것입니다.

저의 지식이 부족해 잘못된 이야기가 이 책에 실려 있을 수 있습니다. 하지만 저의 이해관계 때문에 사실을 왜곡한 부분은 없습니다. 저는 세입자이며 부동산이나 주식 투자를 하지 않으므로, 이 책에서 다루는 지역이나 사건에 대해 개인적인 이해관계가 없습니다. 혹시 본인이 관심을 두고 있는 지역에 대해 유쾌하지 않은 언급이 있더라도, 그것이 해당 지역에 대한 저의 관심과 걱정에서 비롯된 것이라고 너그럽게 받아들여 주시길 바랍니다.

이번 책도 김 프로님, 이 프로님, 정 프로님을 비롯한 삼프로TV 관계자 여러분 덕에 세상에 나올 수 있었습니다. 가깝고 먼 곳에서 응원해주는 친구들과 이 모 씨를 비롯해 저와 함께 답사를 다녀주고 있는 동료들, 전국 곳곳에서 현지의 목소리를 전해준 지인들, 아내 장누리와 딸 김단비에게도 감사한 마음을 전합니다.

그러나 제가 가장 감사를 드려야 할 사람은 바로 동료 시민 여러분입니다. 여러분 덕분에 여기까지 무사히 올 수 있었습니다. 이 책은 저의 아홉 번째 답사·임장 책입니다. 앞으로도 계속해서 여러분을 믿고 전진해서, 열 번째 책을 세상에 내놓겠습니다.

2024년 1월

김시덕

이 책의 핵심

1. 인구 감소와 지역 소멸은 최근 들어 시작된 것이 아니라 역사적으로 되풀이된 현상입니다. 혁신도시처럼 인위적으로 인구를 재배치하거나, 공장이나 학교 등의 수도권 진입을 규제하거나, 지방 정부에 더 큰 권한을 이양하는 식으로 해결될 수 있는 일시적인 문제가 아닙니다.

2. 인구 감소가 반드시 문제는 아닙니다. 인구가 줄면 생활이 더 쾌적해지기도 합니다. 인구가 줄어 가장 큰 문제를 겪는 이들은 자신들의 자리가 줄어드는 정치인과 행정가들입니다. 이 집단들이 지역 소멸의 위험성을 과장하거나 지역 이기주의를 조장하고 자기 지역에서 인구가 가장 많았던 시점을 기준으로 삼아 관성적으로 정치적 결정을 내립니다. 이를 멈추게 해야 합니다.

3. 인구 감소가 정말 문제라고 생각한다면 가족주의, 남성중심주의, 순혈주의를 넘어서야 합니다. 그리고 기존의 도심 바깥에 택지를

새로 개발하는 대신, 기존 도심을 압축도시(콤팩트시티)화해야 합니다. 신도시를 만들면 인구가 늘어난다는 과거의 경험에서 벗어나야 합니다.

4. 지역을 도·시·군 단위, 즉 면적(面的)으로 생각하면 한국 도시의 미래를 올바로 예측할 수 없습니다. 선거를 의식해서 자신들에게 투표할 시민들이 주소를 둔 면적인 '단위'만 강조하는 정치인과 행정가들의 생각과 달리, 도시민은 여러 곳의 행정구역을 넘나들면서 선적(線的)으로 살아갑니다. 도시민의 이러한 움직임에 따라, 여러 도시도 교통망과 산업권을 따라 초영역적으로 이어져 있습니다. 이것이 제가 말하는 메가시티입니다.

5. 도시민과 농산어촌 주민의 이해관계는 같지 않으며, 심지어 대립하기도 합니다. 도시 주변부에 택지를 개발하면 농산어촌 주민들이 그곳으로 이동해서 지역 소멸 문제가 발생합니다. 그러므로 도시민과 농산어촌 주민을 모두 만족시키는 정책을 수립하기 쉽지 않습니다. 도시와 농산어촌 두 지역 모두 인구 증가를 끌어낼 여건은 대부분의 지역에 갖추어 있지 않습니다. 더 나아가 상호 모순적인 두 유형의 주민을 모두 포함한 도농복합 행정구역들이 연합해서 메가시티를 만드는 것은 불가능합니다. 이것이 여러 지역의 정치인과 행정가들이 주장하는 행정 통합이나 메가시티 구상이 실패하는 이유입니다.

6. 한국의 인구는 세 개의 메가시티와 몇몇 소권역들로 집중될 것입니다. 서울 핵심 지역의 가치는 떨어지지 않을 것이고, 강남을 대체할 곳은 나타나지 않을 것입니다. 확장 강남은 현재 경부선·KTX·SRT를 따라 경기도를 넘어 충청남도 천안·아산까지 다다르고 있습니다. 또한, 서울 송파구 잠실지구에서 완성된 강남적 삶의 양식이 전국의 신도시로 보급되고 있습니다.

7. 여러 지자체는 자기 지역이 지역 소멸의 최대 피해자이며 자기 지역에 혜택이 주어지는 것이 바로 지역 소멸을 막는 길이라고 주장합니다. 여러 지자체는 대서울권에 맞서 연합하는 전략을 펴야 하지만, 현실은 이와 반대로 진행되고 있습니다. 동남권 신공항 선정이나 광주 군 공항 이전 같은 사안처럼, 지역 간 또는 지역 내에서 일어난 갈등이 해결되지 못하고 갈등이 전국화되는 양상이 곳곳에서 확인됩니다.

8. 현대 한국 정부의 가장 중요한 목표는 시민 복지가 아니라, 북한이라는 특수한 집단에 맞서 국가를 생존시키는 것이었습니다. 행정수도 세종시의 탄생 과정이 상징하듯이, 현대 한국에서 도시가 형성되고 성장해온 배경은 안보와 국제 정세였습니다. 조선 시대부터 식민지 시기를 거쳐 오늘날에 이르기까지, 한반도를 지배한 역대 정부들이 시민 개개인에게 보여준 것은 각자도생의 세계관뿐이었습니다. 아무도 우리에게 어디서 살면 안 되는지 가르쳐주지 않았습니

다. 안보·재난·오염 등의 위험 요인은 무의식적으로 또는 의식적으로 무시되어 왔고, 이러한 위험 요인들을 알고 있는 시민들이 이를 모르는 시민들에게 위험을 떠넘기는 폭탄 돌리기가 계속됐습니다.

9. 북한의 세계 전략 변화 특히 핵무기 개발에 따라, 역설적으로 한강 이북 지역의 개발 가능성이 커지고 있습니다. 이렇게 새롭게 열린 한강 이북 지역이 강남의 확장과 맞물려, 대서울권으로 인구 집중 현상이 심화될 것입니다. 지금까지 대서울권이 군사적 긴장 관계에 처해 있어 반사이익을 얻어온 대서울권 이외의 지역들은 진정한 도전을 맞이하고 있습니다. 특히 그동안 북한에서 가장 먼 지역에 있는 한국의 콤비나트였던 동남권은, 앞으로도 방위산업벨트의 기능은 유지하겠지만 그 밖의 기능은 축소될 가능성이 있습니다. 동남권 지역은 진정한 도전을 맞이했습니다.

10. 미국과 중국의 대립, 러시아·우크라이나 전쟁의 장기화 등은 새로운 냉전 즉 신냉전이 시작되었음을 보여줍니다. 이러한 국제 정세 변화에 따라 중국과 러시아와 관련해 지역 개발을 꾀하는 전략도 30여 년 만에 막을 내리고 있습니다. 특히 서해안권과 동해안권은 다시 최전방이 될 가능성이 커졌습니다.

11. 신냉전이 시작된 지금, 통일과 남북 화해는 단기적으로는 물론 중기적으로도 불가능합니다. 그러므로 통일과 남북 화해를 지역

발전과 연계하여 생각하면 안 됩니다. 1970년대 말에 통일이 비현실적이라고 결론 내리면서 국토의 중심에 임시행정수도가 설계되었으며, 이것은 세종시의 탄생으로 이어졌습니다. 국가나 지방 정부가 통일과 남북 화해를 내세우면서 SOC 사업을 일으킬 경우, 명분과 실체를 구분해서 그 사업의 실현 여부와 효과를 판단해야 합니다.

12. 한국의 국토가 좁다는 생각을 버려야 합니다. 이 강박관념 때문에 택지를 만들고 철도·고속도로 등의 교통망을 부설한 뒤 사용할 방법이 없어 그냥 버려두는 상황을 전국에서 무수히 확인합니다. 국토가 좁다는 강박관념을 버리고 압축도시 건설, 대중교통 시스템 개선 같은 구체적인 정책을 추진해야 합니다. 뚜렷한 전망을 세우지 않고 이루어지고 있는 SOC 사업은 수십 년 내에 지방자치단체들의 재정을 압박할 것입니다.

13. 행정과 정치의 난맥상만 줄여도 한국 도시의 미래는 밝아질 수 있습니다. 하지만 특히 지방자치단체 레벨에서 상황은 점점 나빠지고 있는 것으로 보입니다. 시민들은 정치와 행정이 자신의 삶과 자기가 사는 도시의 미래를 책임지지 않으리라 판단하고, 이러한 각자도생의 상황에서 살아남을 힘을 길러야 합니다. 이것이 바로 제가 이 책을 쓴 이유입니다.

목차

2부 - 한국 도시의 미래

1부

한국 도시의 미래를
예측하는 포인트

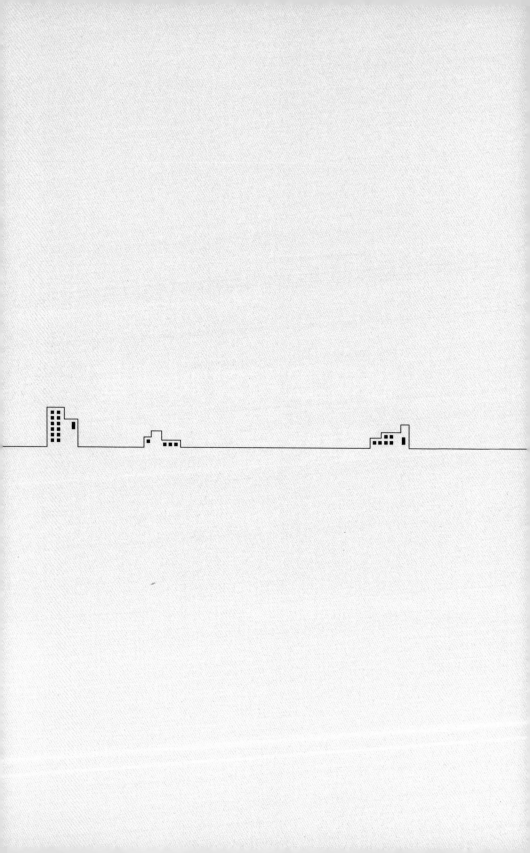

1장
국제 정세

한국 도시의 미래를
결정하는 국제 정세

　한국 도시의 미래를 이야기하는 책에서 국제 정세를 논하는 것이 낯설게 느껴질 수도 있습니다. 하지만『우리는 어디서 살아야 하는가』에서 이야기한 것처럼, 국제 정세는 한국 도시의 운명을 결정해왔습니다. 대표적인 사례로 강원도에서 손꼽는 규모의 대도시였던 철원이 6·25 전쟁 때 말 그대로 쑥대밭이 되어 지역 소멸을 겪은 일과 1970년대 말 북한의 위협이 커져 새로운 수도를 만들기로 결정한 것이 30여 년이 흐른 뒤 세종시를 탄생시킨 일이 있습니다.

　책이 출간될 2023~2024년 겨울 시점에 러시아의 침략을 받아 한때 멸망 직전에 몰렸던 우크라이나는 서방의 군사적 지원을 받아 독립을 지켰고, 점령된 지역들을 되찾기 위해 반격하고 있습니다. 6·25 전쟁과 비교하면 1950년 겨울쯤과 비슷합니다. 6·25 전쟁이 이로부터 2년 이상 이어진 것을 보면, 러시아·우크라이나 전쟁도 지금까지 흘러온 시간의 최소한 두 배 이상은 걸려야 어떤 형태로든 끝이 보일 것이라고 예상합니다.

러시아·우크라이나 전쟁을 계기로 한국 방산업체들의 호황도 이어질 겁니다. '한국판 록히드마틴'[1]을 꿈꾸는 한화그룹이 자리한 창원 등의 남부 도시는 미국 방산업체들이 밀집한 워싱턴 DC 일대[2] 같은 위상을 띨 것입니다. 창원은 1970년대에 박정희 정부가 핵무기를 개발했던 도시입니다.[3] 그 창원이 이번에는 서방 진영에 군수물자를 공급하는 핵심 거점으로 기능하고 있는 것입니다.

신냉전의 시작

러시아·우크라이나 전쟁은 신냉전의 시작을 알리는 전쟁이자 구소련이 해체되면서 끝난 것으로 여겨졌던 냉전이 부활한 것으로 볼 수 있습니다.

냉전의 시작을 알린 유명한 문헌으로, 조지 케넌의 「긴 전문(Long Telegram)」이 있습니다. 『포린 어페어스(Foreign Affairs)』1947년 7월호에 익명으로 실린 이 문헌에서 그는, "소련을 파트너가 아닌 경쟁자로 여겨야 한다"[4]라고 언급하며 미국이 소련과 정치적으로 우호관계가 될 수 없다고 선언했습니다. 이 문헌이 공개된 지 3년 뒤인 1950년에 두 체제는 한반도에서 충돌했고, 한반도는 오늘날까지 냉전의 최전선입니다.

「긴 전문」이 발표되고 44년이 지난 1991년, 소비에트 연방 즉 소련이 해체되었습니다. 소련을 이루고 있던 여러 나라, 그리고 중화인민공화국(이하, 중국으로 표기) 등은 모두 서방 세계의 질서를 받아들이겠다는 태도를 보였습니다. 서방 세계의 민주주의와 자유주의가 최종적으로 승리했음을 선언한 프랜시스 후쿠야마의 『역사의 종언(The End of History and the Last Man)』이 출판된 것은 그다음 해인 1992년이었습니다. 1999년에 러시아 대통령에 취임한 푸틴 역시, 집권 초기에는 서방 세계가 실시하고 있는 민주주의를 러시아에서도 실현하는 것만이 미래라고 단언할 정도였습니다.[5]

하지만 푸틴이 대통령과 총리 자리를 갈아타면서 러시아를 통치하고, 2013년에 중국의 국가주석으로 선출된 시진핑이 기존 집단지도체제를 무력화시키면서 상황은 달라졌습니다. 러시아와 중국의 권위주의 정권이 서방 체제와 충돌하는 일이 잦아졌습니다. 미국의 정치학자인 즈비그뉴 브레진스키는 유명한 책 『거대한 체스판』에서 러시아·중국·이란이 미국에 맞서는 연합을 맺을 가능성이 있다고 지적했었는데,[6] 그 예측이 실현된 것입니다.

뒤이어 브레진스키는 자신의 책 『전략적 비전』에서, 서방 세계가 러시아와 튀르키예를 포섭해서 "확장된 서방(a larger West)"을 이루어 낼 수 있다면 세계를 안정시킬 수 있다는 바람을 나타냈습니다.[7] 하지만 러시아는 소련과 제정 러시아(18세기 초부터 1917년 러시아 혁명까지의 러시아) 시대의 질서를 회복하겠다며, 2014년에 우크라이나의 크름반도를 점령했고, 2022년에는 우크라이나를 전면 침공했습니다. 이란과 중국이 러시아에 드론을, 북한은 포와 탄약을 지원하고 있고,[8] 한국은 간접적으로 탱크와 탄약 등을 서방 진영에 제공하고 있습니다.[9]

사진 1　　러시아 블라디보스토크에서 촬영한 벽화.
　　　　　　 "러시아의 섬, 러시아의 크름!"이라고 적혀 있습니다. 러시아가 우크라이나의
　　　　　　 크름반도를 점령한 지 4년이 지난 시점이었습니다. 2018년 5월

　　이 상황을 정리하면, 러시아·우크라이나 전쟁은 6·25 전쟁의 연
장전입니다. 남북한은 이번 전쟁에서 군사적으로 또다시 충돌하고
있는 것입니다. 남북한은 1970년대의 베트남 전쟁 때에도 직간접적
으로 충돌했습니다.[10] 즉 러시아·우크라이나 전쟁은 한반도 주민들
에게는 세 번째 6·25 전쟁이자 냉전의 부활입니다. 또한, 체제 경쟁
이 끝났다고 생각해온 사람들에게는 신냉전을 알리는 전쟁입니다.

　　조 바이든이 미국 대통령에 취임한 해에 미국의 싱크탱크 애틀
랜틱 카운슬이 「더 긴 전문: 새로운 미국의 중국 전략을 위해(The
Longer Telegram: Toward A New American China Strategy)」라는 문
헌을 공개했습니다. 이 문헌에는 한국·대만·일본을 비롯해 서방 세

계를 위협하는 중국의 다섯 가지 '레드 라인(Red Line)'이 나와 있습니다.[11]

조지 케넌의 「긴 전문」이 소련의 위협을 지적하면서 냉전이 시작되었음을 알렸다면, 「더 긴 전문」은 중국의 위협을 지적하면서 신냉전이 시작되었음을 알립니다. 중국에서 상대방 측의 고위급 인사와 설전을 벌였던 독일의 배어복 외무장관은 중국에 대해 "이제는 구조적인 경쟁자의 성격이 점점 더 커지고 있다"[12]라고 말했습니다. 신냉전이 시작되었다는 것은 미국만이 아니라 독일 등 다른 서방 국가도 공유하는 관점입니다.

중국 특수의 종료

신냉전은 한국 도시의 미래에 결정적인 영향을 미칠 것입니다. 신냉전이 시작되었다는 말은 곧 '중국 특수'가 끝났으며, 남북한 간의 통일이나 평화 체제도 상당 기간 불가능하다는 것을 뜻합니다.

중국의 개혁 개방 이후 전 세계적으로 일어난 '중국 특수'는 한국의 경제 성장도 이끌었습니다. 하지만 한국에서 일어난 중국 특수는 근본적인 사실 하나를 애써 잊었기 때문에 가능했습니다. 1950년, 북한이 한국을 침공했을 때 중국이 북한을 후원했고, 중국 군대가 직접 한국을 침공했다는 사실 말입니다. 화웨이의 런정페이 회장이 내세우는 '상감령 정신'은, 1952년에 강원도 김화군에서 중공군이 한국군과 미군과 싸웠을 때의 각오를 가리키는 말이기도 합니다.[13]

중국 측은 한국군과 미군이 북한을 침공했고, 자신들은 침공받은 북한을 지키기 위해 참전한 것이라고 한중수교 이후 계속 주장하고 있습니다. 2023년 7월에 중국 공산당 기관지인 《인민일보》는 6·25 전쟁 정전 70주년을 기념한 논평에서 다음과 같이 말했습니다.

> "70년 전 정의를 위해 인민군대가 의연히 출정했고, 70년이 지나서도 정의를 위해 인민군대는 언제라도 출정 준비가 잘되어 있다."[14]

북한이 또다시 한국을 군사적으로 위협한다면, 중국은 이를 도와 다시 한국을 침공할 수 있다는 말입니다.

이렇게 한국을 적국으로 간주하는 중국의 세계관을 애써 무시하고서야 가능했던 것이, 지난 30여 년간의 중국 특수였습니다. 중국 특수 덕에 한국 경제가 성장했다는 사실을 부정하는 것은 사실을 왜곡하는 것입니다. 그리고 중국 특수의 시효가 끝나가고 있다는 사실을 깨닫는 것은 한국 도시의 미래를 이해하기 위해 반드시 필요한 일입니다.

한국은 제2차 세계대전 당시 연합군의 도움으로 1945년 8월 15일에 독립했습니다. 그때 연합군에 속해 있던 중국은 공산당의 중국이 아닌 국민당의 '중화민국'이었습니다. 한국 사회의 일각에서는 중국과 한국이 힘을 합쳐 일본 제국주의에 맞서 싸웠다며 한중 우호를 외칩니다. 하지만 그들은 독립운동가들 가운데 한국을 건국한 인물들이 연합한 대상이 공산당이 아닌 국민당이었다는 사실은 잘 언급하지 않습니다.

국민당이 건국한 대만·한국·미국 등이 속한 서방 세계는 중국·북한·러시아 등의 권위주의 체제에 맞서 냉전을 벌였고, 이번에는 신냉전을 벌이고 있습니다. 이 두 세력이 충돌하는 지점은 전 세계 여러 곳에 있었습니다. 한반도에서는 DMZ와 서해안이었습니다.

한국 시민들은 자기 나라가 속한 서방 세계가 권위주의 체제와 충돌하는 지점이 DMZ뿐이라고 생각합니다. 하지만 한미 연합군은 1960년대부터 한국의 서해안에 여러 곳의 군사기지를 건설해서 중국의 위협에 대응해왔습니다. 냉전이 끝나면서 이 군사 시설들 가운데 일부는 폐쇄되었지만, 지금도 중국의 군사적 위협에 대응하기 위한 한미 양국의 군사 시설이 서해안 지역에 여럿 배치되어 있습니다. 신냉전 시대를 맞이해서, 새만금을 비롯한 한국 서해안 지역의 중장기적 미래를 낙관적으로 보지 않는 이유입니다.

사진 2·3　　　중국을 경계하기 위해 건설된 미군기지와 기지촌의 흔적. 위는 충청남도 홍성군,
아래는 충청남도 보령시입니다. 많은 한국 시민이 알지 못할 뿐, 서해안은 중국과 서방
진영 사이에 놓인 최전방입니다. 2021년 5월

박쥐는 살아남지 못한다

신냉전이 시작되었음을 알리는 신호는 무수히 많습니다. 화웨이의 5G 기기, 반도체, 전기차를 둘러싼 갈등이 대표적입니다. 먼저 인터넷상에서 벌어지고 있는 신냉전의 풍경을 살펴보겠습니다.

코로나19가 극성이던 지난 3년간, 세계적으로 재택근무와 온라인 회의가 유행했습니다. 어떤 사람들은 이런 추세가 정착될 것이라고 믿고, 대도시에 굳이 살 필요가 없어져 도시는 쇠퇴하고 농산어촌은 인구가 증가할 것이라고 주장했습니다.

하지만 코로나19의 확산이 진정되고 사회가 되돌아오고 있는 현재, 재택근무와 온라인 회의는 점차 축소되고 있습니다. 이런 상황이 일어나는 배경 가운데 하나는 지난 몇 년간 서방 세계에서 커지고 있는 줌(ZOOM)에 대한 경계심입니다.

줌은 2020년 5월에 천안문 시위 31주년을 추모하는 포럼 계정을 삭제했다가 복구한 적이 있는데, 그 이유가 포럼에 참석한 중국 측

참가자들이 "중국의 법을 위반했"[15]기 때문이라고 했습니다. 이런 일이 거듭되면서, 줌이 중국 정부의 검열을 받고 있다는 의혹이 제기되었고 서방 세계의 많은 시민은 줌을 보이콧하고 다른 플랫폼을 사용했습니다. 당시 일부 투자자는 줌이라는 회사의 미래를 밝게 보았지만, 신냉전의 상황을 이해하지 못한 데에서 비롯된 착각입니다.

한편, 줌에 대한 서방 세계의 보이콧과 비슷한 움직임이 최근 다시 확인되고 있습니다. 중국의 동영상 플랫폼 틱톡(TikTok)을 금지하는 움직임이 본격화되고 있는 것입니다. 틱톡을 개발한 중국의 IT 기업 바이트댄스는 중국 정부의 지령을 받아 서방 국가 측 사용자의 정보를 제공하고 있다는 의혹을 부정하고 있습니다.

하지만 바이트댄스의 미국 사업부에서 근무했던 사람이 법원에서 이러한 사실을 증언하고,[16] 미국 몬태나주에서 2024년부터 틱톡 사용이 전면 금지되기로 결정되는 등,[17] 틱톡은 줌의 길을 걷고 있습니다. 이 틈을 타 유튜브의 쇼츠(Shorts), 메타의 릴스(Reels) 같은 미국의 동영상 플랫폼이 지분을 확장하고 있습니다. 양쪽 진영에서 서로 상대 진영의 전기차 사용을 금지하려는 것도 같은 맥락에서 이해할 수 있습니다.[18]

이렇게 인터넷 세계에서 벌어지고 있는 신냉전의 상황은 사실 중국에서 먼저 시작한 것입니다. 만리방화벽(放火長城, Great Firewall)이라고 불리는 중국의 인터넷 검열 시스템을 들어보셨을 겁니다. 중국은 만리방화벽의 기술적 요소를 러시아에 소개하는 등, 자신들의 방식을 권위주의 진영에 퍼뜨리고 있습니다.[19] 또한, 2023년에는 '반간첩법'을 확대 시행하면서, 단순히 자료를 인터넷에서 검색하고 다운로드하는 행위조차도 위험해졌습니다.[20] 중국 정부의 인터넷 정책에 따르기를 거부한 서방 세계의 수많은 소셜미디어가 철수한 가운데에도 마지막까지 남아 있던 링크드인(Linked in)마저 2023년 8월에 철수하기로 결정했습니다.[21]

이처럼 인터넷 세계의 신냉전은 권위주의 진영과 서방 세계의 어느 한쪽이 아닌 양쪽에서 모두 전개되고 있는 상황입니다. 이런 상황을 모르고 섣불리 특정 회사의 주식에 투자하는 행위는 투자가 아니라 투기입니다.

국가의 미래를 결정 짓는 반도체 산업

'21세기의 석유'[22]인 반도체를 생산하는 한국과 대만은 권위주의 진영에 맞선 서방 세계의 최전방에 서 있습니다. 특히 중국의 위협에 노출된 대만의 시민들은 자국을 '반도체 산유국'으로 만들어준, 즉 서방 세계가 대만을 반드시 지켜야 하는 국가로 만들어준 TSMC(台灣積體電路製造)를 나라를 지키는 신령한 산이라는 뜻의 '호국신산(護國神山)'이라고 부를 정도입니다.[23]

한국에서도 반도체 공장 특히 삼성반도체·디스플레이는, 단순히 경제적으로 큰 비중을 차지하고 있는 회사가 아닙니다. 삼성 반도체·디스플레이의 존재가, 서방 세계로 하여금 한국을 반드시 지켜야 하는 나라로 만들어주고 있습니다. 박정희 정권 때 경제수석을 지낸 오원철은 창원에 중공업단지를 만든 이유를 이렇게 설명했습니다.

"미국은 일본과 같은 공업국에서는 철군하지 않는다. 그러나 월남이 나 한국과 같은 농업국은 버릴 수 있다"라는 미국 측 고위 관리들의 말을 듣고는 "일본과 똑같이 미·소 간 힘의 밸런스에 영향을 줄 만한 공장을 건설"[24]하기로 결심했다고요.

언론인 크레이그 에디슨은 『실리콘 방패(Silicon Shield)』에서 이렇게 말했습니다.

> "만일 대만이 첨단 반도체 제조업 강국이 아니었다면 진즉 중국에 흡수됐을 겁니다. '파인애플 방패' 같은 건 없죠."[25]

이와 똑같은 상황을 한국의 기업인들과 정부는 1970년대부터 깨달았습니다. 한국을 중공업 국가로 만들어서 서방 세계의 빼놓을 수 없는 일원으로 자리매김했고, 이로써 북한·중국·소련으로부터 나라를 지킨 것입니다.

대만의 TSMC가 그렇듯, 삼성 반도체·디스플레이도 신냉전의 세계에서 권위주의 진영과 서방 세계 간 힘의 밸런스에 영향을 줄 만한 공장입니다. 이것이 바로 제가 반도체클러스터가 형성되고 있는 경기도 수원·용인·화성·이천·평택, 충청남도 천안·아산을 '확장 강남' 이자 대서울권이라 부르며 중요시하는 이유입니다. 꽤 긴 기간 서울 강남을 대체할 도시가 탄생하지 않을 것처럼, 이 세계에서 기술적으로 근본적인 변화가 일어나지 않는 한 삼성 반도체·디스플레이가 자리한 확장 강남의 위상은 상당 기간 이어질 것입니다.

2023년 3월에 전국 15개 첨단산업단지 개발계획이 발표되었는데, 이 가운데 정부가 정말 하고 싶은 사업은 용인의 반도체클러스터이고,[26] 나머지 지역에 할당된 산업단지들의 실현 가능성에 대해서는 냉정하게 추이를 지켜봐야 한다는 의견이 많습니다.[27] 그만큼 반도체는 한국의 미래를 걸고 있는 산업입니다. 시민들이 삼성 반도체·디스플레이가 위치한 지역을 '삼세권'이라 부르는 것은 절대 호들갑이 아닙니다.

사진 4　　경기도 평택시 고덕동에 건설 중인 삼성전자 평택캠퍼스와 고덕국제신도시. 2021년 7월 류기윤 촬영

사진 5   충청남도 아산시 배방읍 장재리의 KTX 천안아산역 근처에서 마주친 모델하우스. "삼세권 프리미엄을 누리다"라고 적혀 있습니다. 2022년 11월

사진 6   용인에 반도체클러스터 산업단지를 개발하겠다는 정부 발표 일주일 뒤에 용인시 남사면에 갔습니다. 정부 발표에 찬성하는 측과 토지 수용에 반대하는 측이 벌써 플래카드를 내걸어 두었더군요. 저와 답사팀이 사진을 찍고 있으니, 주변 파출소의 경찰관 분들을 비롯한 마을 분들이 신기하다는 눈으로 저희를 쳐다보았습니다. 언론사에서 아직 현지 분위기를 취재하러 오지 않았구나 하는 느낌을 받았습니다. 2023년 3월

박쥐 전략은 자살 행위다

중국의 개혁 개방 이후 '안미경중(安美經中)', 즉 안보는 미국에 의존하고 경제는 중국에 의존한다는 말이 한국의 경제계에서 유행했습니다. 어느 대학에서 경영자들을 대상으로 특강했을 때도, 다른 부분에서는 지극히 보수적이던 참가자들이 안미경중 문제에 대해서는 옹호하는 태도를 보여서 당황했던 기억이 있습니다. 한중수교를 성사시키면서 대만과 국교를 단절한 것이 이른바 보수 정권인 노태우 정부 때였던 것을 생각하면, 안미경중이라는 이름의 박쥐 전략은 정파를 초월한 한국 오피니언 리더층의 공통된 세계관이었다고 볼 수 있습니다.

하지만 앞으로, 특히 반도체 분야에서는 이런 박쥐 전략이 통하지 않을 것입니다. 한때 미국의 적국이었고 현재는 미국의 최우방국인 일본이 이미 그런 일을 겪은 바 있습니다. 일본의 오타 야스히코 기자는, "미국이 진심으로 일본에 분노"했던 때가 세 번 있었다고 말합니다. 냉전 시절 일본이 전투기를 독자 개발하려 했을 때, 일본 대표 기업 도시바가 냉전의 적국인 소련에 공작기계를 수출했을 때, 그리고 미국과 일본 양국 간에 반도체 마찰이 일어났을 때라고 합니다. 일본에서는 반도체가 그저 '비즈니스 문제'였지만 미국에서는 반도체가 '국가를 지키는 문제'이자 '국력의 기둥'이었기 때문이라는 것입니다.[28] 이렇게 자국의 핵심인 반도체를 일본이 가볍게 취급하고, 두 진영 사이에서 줄타기하려는 일본의 시도를 미국은 결사 저지했습니다.

제가 일본을 공부하면서 배운 것이 바로 미국의 국가적 의지였습니다. 한국·미국, 유럽·미국, 중국·미국 등의 양자 관계만 바라보는 많은 한국 시민은, 2차대전 때의 적국이었던 미국과 일본이 2차대전 뒤에 우호 관계를 맺은 것이 무엇을 뜻하는지 잘 알지 못하는 것 같습니다. 그래서 지난 십수 년 동안 한국의 양대 정치 세력이 모두 미국과의 관계를 설정하는 데 실패했고, 최근 들어 그 실패를 만회하려는 노력이 이루어지고 있다고 생각합니다. 하지만 그 노력이 아직 많이 부족합니다. 그렇다 보니 미국이 일본을 철저히 굴복시켜 자신의 유라시아 동부 거점으로 삼았음을 이해하지 못하고 있습니다.

예를 들어 브레진스키는 『거대한 체스판』에서 일본의 군사력이 "일본 대외 정책의 수단"이 아닌 동아시아에 존재하는 "미국 군사력의 연장"이라고 말합니다. 미국 정부의 견해를 간접적으로 드러내는 VOA에서는 얼마 전 "미국은 다양한 비상사태에 대응해 더욱 유능한 동맹이자 스스로를 방어할 수 있는 일본을 원"[29]한다는 전 미국 고위 관료의 인터뷰를 싣기도 했죠. 심지어 조 바이든 미국 대통령은 일본이 방위비를 늘린 것은 자신의 설득에 따른 것이라고 말하기도 했습니다.[30] 일본의 군사력 강화를 '군국주의 회귀'라고 주장하는 한국 사회 일각의 주장이 얼마나 허구적인지 알 수 있는 뉴스들입니다.

반도체를 둘러싸고 철저하게 일본을 굴복시킨 미국 정부의 태도는 지금도 여전하며 더 강화되고 있습니다. 얼마 전 《파이낸셜타임스》의 칼럼니스트인 마틴 울프는 중국으로의 "반도체 수출에 대한 미국의 통제는 미국 안보를 강화하기 위해 고안된 것일 수 있지만,

이는 또한 중국 경제를 억제하는 것이기도 하"며, "이 둘은 분리될 수 없다"라고 지적했습니다.[31] 이런 상황에서 한국 기업들이 미국의 반대를 무릅쓰고 중국에 반도체를 수출하겠다고 계속 고집하는 것이 과연 미국 측에 어떻게 보일지 뻔합니다. TSMC를 창업한 모리스 창이 얼마 전 《뉴욕타임스》와의 인터뷰에서 "우리가 틀어쥐기 시작하면 중국이 할 수 있는 것은 아무것도 없다"라고 말한 바 있습니다.[32] 이처럼 결말이 보이는 싸움에서 한국이 경제적 이익을 취하려고 박쥐 전략을 쓰는 건 국가적 자살 행위입니다.

중국과 북한에 대한
한국 시민의 헛된 기대

　최근 몇 년 사이에 분위기가 많이 바뀌기는 했지만, 일부 한국 시민들은 여전히 중국과 북한에 대한 헛된 기대를 품고 있습니다.

　예를 들어, 중국은 세계 제1의 인구 대국이고 청년 인구가 많아서 미래가 밝다는 주장이 있죠. 하지만 2023년 4월 유엔은 인도가 중국 인구을 제쳤다고 발표했으며,[33] 중국 인구의 고령화 속도가 일본보다 빠르다는 지적이 나오고 있습니다.[34] 특히 청년층의 실업과 빈곤 문제가 심각해지면서 중국 공산당의 집권을 위협할 수 있다는 지적까지 나오고 있습니다.[35] 여기에 중국 특유의 반 외국적·기업적 분위기 때문에 수많은 외국 기업이 중국에서 실패하고 탈출하기를 되풀이했습니다. STX다롄 조선소[36]나 삼성전자[37]가 '탈중국'을 결정한 것은 잘 알려진 사례입니다.

　중국 대신 떠오르는 대안이 인도이죠.[38] 인도는 독립 때부터 비동맹외교 노선을 취하고 있고, 브릭스에 중국과 함께 회원국으로 가입되어 있습니다. 서방 세계에서 바라보기에 박쥐 전략을 펴는 국가로 보이기도 해서, 이런 인도에 빗대어 한국의 박쥐 전략을 옹호하는 사람들도 있습니다. 하지만 냉정하게 말하면 인도와 한국은 체급이 다른 국가입니다. 두 나라가 똑같은 세계 전략을 펼칠 수 없습니다. 어쨌든 한국 사회 일각에는 중국을 여전히 미래 가능성이 큰 나라라고 바라보는 경향이 남아 있고, 이런 착각은 북한에 대해서도 마찬가지입니다.

예를 들어, 어떤 사람들은 중국이나 북한의 인력이 저임금이면서 유능하다고 주장합니다. 애플이 중국 정저우에, 한국 일부 기업들이 북한 개성공단에 공장을 운영한 이유입니다. 하지만 이들이 말하지 않는 진실이 있습니다. 중국과 북한 인력의 매력이라고 주장하는 값싼 노동력은 인권 탄압의 결과라는 거죠. 중국 내의 인권 문제를 무시하던 애플이, 중국 시민들이 권리 투쟁을 시작하자 큰 타격을 입었습니다.[39] 설령 개성공단이 강제적으로 폐쇄되지 않았다고 해도, 북한 시민들이 빼앗긴 권리를 되찾으려 하는 순간 결말은 정해져 있었습니다.

물론 결말이 빤히 보임에도 서방 세계와 권위주의 진영 간의 갈등은 언제나 견고하지는 않을 겁니다. 그 틈새에서 이익을 얻을 수도 있습니다. 러시아에서 철수하지 않는 일부 서방 기업들처럼 말이죠. '하이 리스크 하이 리턴'이 투자와 사업의 본질이니, 위험을 무릅쓰고 기회를 찾는 것을 무어라 할 수는 없습니다.

사진 7   홍콩 민주화운동을 무력 진압한 홍콩 정부와 이를 조장한 중국 정부에 대한 찬반
논란은 한국에서도 치열했습니다. 2019년 11월 고려대학교에서 촬영

하지만 위기에 처했을 때 남한테 도와달라고 하거나 남 탓을 하면
안 됩니다. 그것이 자본주의의 원칙입니다. 부동산 광풍 때 갭투자
를 했다가, 코인 열풍 때 정체불명의 코인에 투기했다가 손해를 보고
나서 국가가 보상해달라고 주장한 사람들은[40] 자본주의 원칙을 위배
한 것입니다. 대중·대북 사업도 기본적으로 이와 마찬가지입니다.

남북 관계에 대한 헛된 기대

남북 관계 개선에 관한 기대감은 예전부터 파도처럼 주기적으로
한국 사회에 밀려왔다가 사라져갔습니다. 예를 들어 노태우 정부가
북방정책을 추진하던 1989년, 북한과의 관계 개선을 기대한 사람들

이 경기도 북부의 동두천시에 대거 투자하는 바람에 지가가 상당히 상승했습니다.[41] 이런 기대감은 정부가 조장한 측면이 있습니다. 노태우 정부가 경기도 파주에 '통일동산지구'를 조성하는 과정에서 건설되던 휴양시설이 사업성에 문제가 생겨서 미완성된 상태로 남아 있기도 합니다.[42] 남북 관계가 개선될 것이라는 정부의 말에 기대를 걸었다가 낭패를 본 사례입니다.

최근에 일본이 태평양전쟁에 패배하여 중단된 동해선 철도 공사를 재개하면서, 한국 정부가 "통일시대를 대비한 한반도 통합 철도망을 구축"[43]한다는 명분을 내세운 바 있습니다. 북한 측은 사업 추진에 일단 합의했습니다.[44] 하지만 동해선 강릉역-제진역 구간 착공 당일인 2022년 1월 5일 오전에 미사일을 발사함으로써, 실제로는 한국 측이 주도하는 사업을 거부한다는 뜻을 표했습니다.[45] 개성공단 폐쇄 및 남북공동연락사무소 폭파, 현대아산이 건설한 금강선 관광시설 철거 등도 이와 같은 맥락에서 이해할 수 있습니다.

이런 사건들의 배경에는 "남북 관계를 특수관계가 아닌 일반적 국가 관계, 즉 '투 코리아'"[46]로 간주한다는 북한 정부의 입장이 있습니다. 한국 사회에는 북한 땅을 아직 되찾지 못한 영토로 간주하고, 남북 관계는 다른 나라와의 외교 관계와 구분되는 민족 내부의 일이라는 관점이 여전히 남아 있습니다.

하지만 한국과 북한은 1991년 9월 17일에 각각 유엔 가입국이 된 별개의 국가입니다. 개성공단에 대해 민족적 특수성을 인정해달라는 한국 정부와 기업들의 요구는 국제 사회에서 거부되었습니다. 이런 요구는 유엔의 대북제재에 저촉되었습니다. 북한은 필요에 따라 "우리 민족끼리"라는 말로 한국 시민들에게 어필하려 하지만, 북한 측의 기본 입장은 북한과 한국이 독자적인 국가라는 것입니다. 그럼에도 한국의 민관에서는 자꾸만 북한을 거론하면서 온갖 사업 구상을 펼치고 있으니, 저들이 무슨 생각을 할지 모르겠습니다.

통일을 명분으로 한 사업들

지금 이 순간에도 한국의 중앙정부와 지방자치단체들은 남북 평화와 통일을 명분으로 내세워 여러 사업을 추진하고 있습니다.

예를 들어, 2013년에는 영종도와 강화도를 잇는 다리를 건설하려는 움직임이 있었습니다. 이와 관련해 어떤 인사는 영종도와 강화도를 잇는 다리가 "지역 균형 발전과 남북경협 확대 차원에서" 필요하다고 주장했습니다. 이 다리의 실제 목적은 인천시에 속해 있으면서도 육지로 연결되어 있지 않은 강화군의 인천 시내 접근성을 높이려는 것입니다. 저도 이 목적에 찬성합니다. 그러나 그 인사의 말에 따르면 영종도와 강화도를 잇는 다리만으로는 사업 타당성이 부족하다고 합니다. 그래서 그는 "개성공단까지 연결하면 B/C가 1.25~1.29로 나와 타당성 확보가 가능"[47]하다고 주장했습니다.

또 최근에는 포천-철원 고속도로를 연장하자는 제안을 하면서, 세종시에서 시작되는 이 고속도로가 포천을 거쳐 철원까지 연장되면 언젠가 북한의 원산까지 이어지는 "한반도의 중심축"[48]이 될 것이라는 주장을 펼치기도 합니다.

철원은 강원도에 속해 있기는 하지만 포천·의정부 생활권이기 때문에,[49] 포천까지 놓인 고속도로가 철원까지 연장되는 것은 필요한 일이라고 판단하고 있기는 합니다. 하지만 사업을 추진하려면 2조 원에 가까운 예산이 들다 보니, 타당성조사를 통과하기 쉽지 않은 상황입니다. 그래서 남북 관계를 끌어와 명분을 제시하는 것으로 짐작합니다. 이처럼 남북 관계를 끌어와 정당성을 주장하는 SOC 사업에 대해 한국 시민은 명분과 실리, 그리고 실현 가능성을 잘 구분하는 안목을 가져야 합니다.

2장
3대 메가시티와
소권역

3대 메가시티와
소권역들로 집중될 한국

앞으로 한국 도시는 3대 메가시티와 몇 개의 소권역으로 집중될 것입니다. 정치인과 행정가들은 여러 지방자치단체가 연합한 형태를 메가시티라고 하지만, 그들이 제시하는 개념에는 두 가지 문제가 있습니다.

첫째, 이들은 자신이 선출된 영역인 지방자치단체를 면적(面的)으로 망라하여 여러 지방자치단체를 기계적으로 결합하려 합니다. 그 결합에는 각 지방자치단체 내부의 도시와 농산어촌이 모두 포함됩니다. 하지만 시민들은 자기 지역의 농산어촌보다 다른 지역의 도시를 생활권으로 여기며 살아갑니다. 이런 현실을 외면한 채, 자신에게 표를 주는 주민이 사는 면적 단위를 기준으로 메가시티를 생각하니, 결과적으로 도시를 위한 것도, 농산어촌을 위한 것도 아닌 애매한 정책을 만들다가 메가시티 구상이 실패로 돌아갑니다.

둘째, 이들은 전통적인 도(道)의 경계를 넘지 않으려 합니다. 경상도권에서 제시되었던 '동남권 메가시티'[1] 또는 '영남권 그랜드 메가시티'[2], 인천을 포함한 경기도 서부 지역에서 제시되는 '인천 글로벌 써클'[3] 등의 개념이 그런 사례입니다.

하지만 시민들은 도(道)의 경계를 넘나들며 살아가고, 산업도 도(道)의 경계를 넘어 확장됩니다. 2022년에 취임한 김태흠 충청남도지사가 아산만을 감싸는 충청남도 북부권과 경기도 남부권을 아우르는 '베이 밸리 메가시티'[4] 개념을 제시한 것은 도의 경계를 넘는 예외적인 구상으로 주목됩니다.

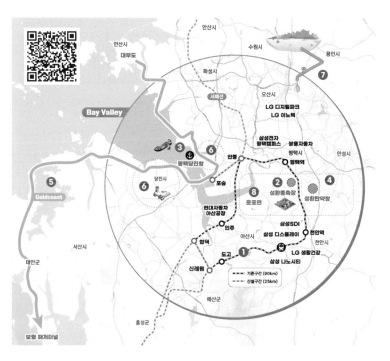

사진 1 김태흠 충청남도지사가 제시한 아산만권 베이 밸리 메가시티 구상도. 충청남도청

3대 메가시티와 소권역

저는 한국을 답사하고, 문헌 자료를 살피고, 시민들과 인터뷰하면서 한국이 3대 메가시티와 몇 개의 소권역으로 집중되고 있으며, 주로 도·시·군의 경계를 넘어 도시들까지 연결되는 방식으로 형성되고 있다고 생각했습니다. 3대 메가시티는 다음과 같습니다.

① 서울시를 중심으로 강원도와 충청남도 일부 도시부·공업지대를 포괄하는 대서울권

② 북한의 공격에서 안전한 콤비나트로서 구상된 포항·울산·부산·창원·거제·사천·진주·하동·여수·순천·광양의 동남권

③ 북한의 재래식 공격으로부터 안전하며, 한반도 전체가 아닌 대한민국의 국토 중심에 자리한 대전·세종·청주·계룡·논산 등에 국가 기관을 집중시킴으로써 성립한 중부권

소권역은 다음과 같이 나뉩니다.

① 독립적인 산업벨트를 구성하고 있는 대구·구미·김천 소권

② 철도로 이어져 있는 동부 내륙 소권

③ 전주·군산·익산 등을 아우르며 중부권과 일부 중복되는 전북 서부 소권

④ 광주에서 목포까지 아우르며 동남권과 일부 겹치는 전남 서부 소권

⑤ 고성부터 포항에 이르며 동남권과 일부 겹치는 동해안 소권

⑥ 제주 소권

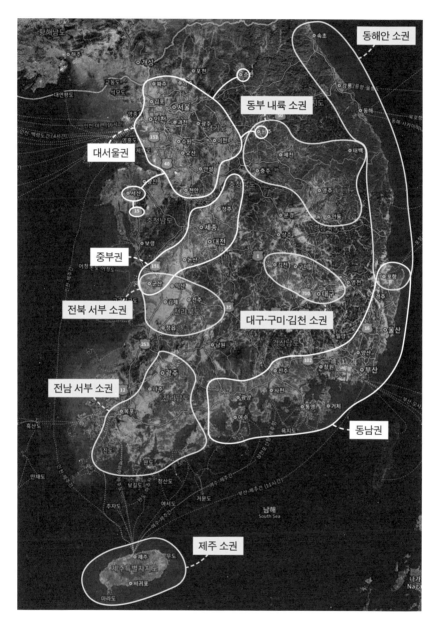

동해안 소권

동부 내륙 소권

대서울권

중부권

전북 서부 소권

대구·구미·김천 소권

전남 서부 소권

동남권

제주 소권

사진 2   3대 메가시티와 소권역들. 필자 제작

이들 3대 메가시티와 소권역들은 각각 고립되어 있지 않고, 일부 지역에서 접점을 만듭니다. 예를 들어 청주는 대서울권과 중부권의 접점, 익산은 중부권과 전북 서부 소권의 접점, 원주는 대서울권과 동부 내륙 소권의 접점, 영천은 대구·구미·김천 소권과 동부 내륙 소권의 접점입니다.

행정구역 개편 논의

제가 메가시티와 소권역을 말한다고 해서, 이런 형태로 행정구역 개편을 하자는 뜻은 아닙니다. 행정구역은 대단히 보수적인 성격을 띠고 있어서, 갑오개혁 때 전국을 337개의 군으로 나누고 23개 부로 통합하는 시도가 있었지만 1년 만에 취소된 바 있습니다(1895~1896).[5] 또, 조선총독부가 1914년에 지방체제를 개편하면서 지금까지 이어지는 행정구역이 대부분 이때 형성되었지만, 아직도 이 지방체제 개편을 비난하는 목소리가 들리고 있습니다.

1980년대에 지방자치제도를 준비하는 과정에서도 행정구역을 전면 개편하자는 논의가 있었습니다. 전라남도와 경상남도에서 각각 독자적인 생활권을 이루는 여수·순천·진주권을 따로 묶자는 논의와 경기도의 한강 이북을 경기북도로 독립시키자는 논의 등이 특히 주목됩니다. 전라도와 경상도라는 기존의 행정구역에 얽매여 드러나지 않는 섬진강·광양만권의 존재를 인정하자는 시도였고, 2023년부터 다시 진지하게 주장되기 시작한 경기북도 분도론의 원형도 이때 드러났기 때문입니다.

1988년 7월 4일에도 행정개혁위원회에서 전국을 22개도로 나누자는 논의가 이루어졌습니다.[6] 이때도 전라동도에 하동과 남해를 포함한 것이 비판을 받았습니다.[7] 따라서 저도 이 책에서 굳이 인위적으로 행정구역 개편을 하자고 주장하는 것은 아닙니다. 전국적인 행정구역 개편이 아니라 일부 도시부와 농촌부만 통합했던 1995년의 행정구역 개편을 둘러싸고도 여전히 갈등을 빚고 있는 지역이 많습니다. 이런 모습을 들여다보면, 인위적인 개편은 혁명적인 상황이 아니라면 불가능하다는 사실을 깨닫게 됩니다.

하지만 "오늘날의 행정구획이란 거리에 있는 것이 아니고 교통에 달려 있는 것"[8]이라는 1980년대의 논의는 여전히 유효하다고 생각합니다. 제가 쓴 답사·임장 책에서 도시를 면(面)이 아닌 선(線)으로 보자고 한 것도, 교통망을 따라 여러 행정구역을 넘나드는 것이 현대 시민의 특성이기 때문입니다.

그리고 공업과 무역에 기초해 성장한 현대 한국에서는 공업과 무역이 자연 시민들의 생활권을 형성합니다. 광양만권 경제자유구역청이 관할하는 영역이, 의식적으로든 무의식적으로든 1988년에 제안된 전라동도의 구상을 계승하고 있는 것이 그런 사례입니다. 광양만권은 좁은 의미로는 여수·순천·광양을 가리키고, 넓은 의미로는 진주·사천·하동·남해까지 포함합니다.[9] 저는 광양만권이 한국 동남해안에 형성된 콤비나트에서 서남부에 자리하고 있다는 사실에 주목하기 때문에 광양만권을 전라남도와 경상남도를 아우르는 넓은 의미로 이해하고 있습니다.

3대 메가시티의 특징

이 장에는 우선 3대 메가시티의 특징을 설명하고, 소권역들에 대해서는 제2부의 해당 장에서 이야기하겠습니다.

대서울권 메가시티

3대 메가시티 가운데 대서울권은 정치·행정·경제의 중심입니다. 서울의 3대 핵심 지역인 강남, 사대문 안팎, 영등포로부터 뻗어 나가는 교통망이 대서울권을 이룹니다. 아울러 인천·시흥·안산·화성·평택·아산·서산·당진의 서해안 지역에 형성되어 있는 산업벨트도 대서울권의 주요한 축을 이룹니다.

서울의 3대 핵심 지역 가운데 특히 강남은 관습적인 권역인 강남구·서초구·송파구를 뛰어넘고 서울시의 경계도 뛰어넘으며 확장되고 있습니다.

강남적인 공간의 특성은 20세기 초에 서울 사대문 주변에서 형성된 개량 기와집 및 문화주택단지와는 구분되는, 아파트단지라는 새로운 삶의 양식을 탄생시켰다는 데에 있습니다. 중산층을 대상으로 한 이 아파트단지는 택지개발에 따른 바둑판식 도로, 외부와 구분된 단지, 단지 내에 갖춰진 공공시설과 편의시설, 대형 쇼핑센터 등으로 구성되어 있습니다. 강남에서 새롭게 탄생한 삶의 양식은 1970년대 초에 한강 북쪽의 서울 원도심(동부이촌동), 한강 서남쪽의 영등포(여의도), 한강 동남쪽의 강남(압구정, 반포)에서 나타나기 시작하여 그 후 주로 강남 지역에서 확대 재생산되었습니다.

특히 송파구에서 잠실주공아파트단지, 석촌호수, 그리고 백화점이라는 세 가지 요소가 결합한 것이 결정적이었습니다. 원래 한강의 본류였던 것을 끊어서 만들어진 석촌호수에 복합쇼핑몰이 탄생하면서 호수는 강남적 삶의 양식의 필수 요소로 자리 잡습니다. 만약 호수가 없다면 일산신도시의 호수공원처럼 새로 만들어지기도 합니다.[10] 최근에는 인천 부평구에 있는 미군기지 캠프 마켓의 반환 부지를 호수로 바꾸자는 주장이 제기되었습니다.[11]

한편 운하는 부천의 중동신도시에서 계획되었으나 실현되지 못했고, 그 후 인천 송도신도시, 김포 한강신도시 등에서 실현되고 있습니다. 김포 한강신도시의 경우는 김포대수로라는 농업용 인공수로를 수변공간으로 조성한 것이며,[12] 전라북도 익산에서도 식민지 시기에 만들어진 전북 대간선수로[13]를 수변 공간으로 활용하려는 시도[14]가 최근에 시작되어 주목됩니다.

사진 3 옛 잠실주공아파트
4단지, 석촌호수,
롯데월드. 강남적
삶의 양식은
바로 이곳에서
완성되었습니다.
2019년 8월

사진 4 김포 한강신도시를
흐르는
김포대수로.
2023년 4월

사진 5   전북
대간선수로에서
익산 시내 방향을
바라보았습니다.
2023년 6월

이처럼 수변 공간을 확보하고, 가능하면 대형 쇼핑몰을 유치한다는 방식은 잠실에서 시작되어 전국으로 퍼져나갔습니다. 잠실에서 완성된 강남적 삶의 양식은 0기 신도시인 서울 강남에서 시작해서 1기 신도시인 분당·일산, 2기 신도시인 판교·동탄·고덕·아산 등으로 확대되고 있습니다.

저는 강남적 삶의 양식이 적용된 지역 가운데, 특히 교통망으로 강남과 연결된 지역을 확장 강남이라고 부릅니다. 서울의 강남 3구와 주변 구(區)들, 성남 분당·판교, 수원 광교·영통, 용인 수지·기흥, 화성 동탄, 오산, 평택 고덕·지제, 천안 두정·성성·백석·불당, 아산 배방·탕정 등의 신도시가 확장 강남을 이루고 있습니다.

이렇게 급속히 강남화가 되어가는 지역은 불과 얼마 전까지 농촌이었습니다. 서울시 서초구 양재동의 말죽거리처럼 도시 한복판에 농촌 시절의 공간 구조를 남기는 경우도 있고, 수많은 택지지구처럼 흔적도 없이 사라지는 경우도 있습니다. 천안아산역이 자리한 아산시 배방읍과 옛 아산시의 중심인 온양시가지 사이에 낀 모종동에서 보듯이, 지금 이 순간에도 강남적 공간을 탄생시키기 위해 농촌은 사라져가고 있습니다. 현대 한국의 많은 시민이 공통적으로 "새로 이사한 아파트단지의 바로 옆에는 논밭이 펼쳐져 있어서, 겨울이 되면 물을 뿌려 얼려 썰매 타고 놀았다"라고 기억하는 것은 도시가 농촌 지역을 없애며 확대됐음을 증언합니다.

신도시가 농촌 지역을 택지개발해서 만들어지다 보니, 도시는 만들어져도 버스·열차 등의 대중교통이 갖춰지지 않아 입주민들이 고생한다는 이야기를 많이 들어보셨을 겁니다. 강남 개발 때부터 지적되어온 일종의 전통이죠. 『우리는 어디서 살아야 하는가』를 읽은 어떤 분은 저의 주장에 공감하면서 SNS에 이런 말씀을 남겼습니다.

"내가 거주하는 곳은 택지개발로 이루어진 역세권이다. 전철역이 걸어서 10분 안에 가능하다. 그런데 버스로 이동해야 하는 딸아이는 지금 이곳을 너무 힘들어한다. 전철역은 가깝지만, 딸아이가 이용해야 하는 버스는 배차 간격도 너무 길고 동네를 너무 빙글빙글 돈다. 자차로 이동하는 나와 신랑은 예상 못 했던 문제점이었다."

국가나 지방 정부는 신도시를 조성해서 인구를 유입시키고 세수를 늘리는 데는 열심이지만, 신도시에 새로 버스와 열차를 갖추는 데 드는 비용은 아까워합니다. 도로만 많이 깔아서 자가용을 이용할 것을 직간접적으로 권하고 있습니다. 하지만 신도시 입주민들이 고령화되고 인구가 줄기 시작하면 신도시의 교통문제를 어떻게 해결할지 지금부터라도 심각하게 고민해야 합니다.

동남권 메가시티

포스코 25년사 기념 책자의 제목인 『영일만에서 광양만까지』가 뜻하듯이, 동남권은 경상남도 동북부의 포항에서 전라남도 동남부의 여수·순천·광양까지 바닷가를 따라 형성되어 있습니다. 동남권은 북한에서 가장 먼 곳이고, 바닷길로 일본과 미국과 이어져 있습니다. 이러한 지리적 특성이 동남권에 안보적·교통적 독립성을 부여했고, 방위산업을 비롯한 현대 한국의 기간산업을 이곳에 배치하도록 만들었습니다. 동남권은 곧 한국의 콤비나트[15]입니다.

1977년에 건설부가 제작한 『국토개발 장기구상 부문별 연구(산업입지)』에는 〈중화학 계획기지 및 그 후보지〉라는 지도가 실려 있으며, "남해안 지역은 벨트를 형성하고 있어 '콤비나트' 형성 적정지역"이라고 설명합니다. 물론 지도에 표시된 모든 위치에 중화학 기지가 건설되지는 않았습니다. 예를 들어, 고군산군도에 원유비축기지를 건설한다고 지도에 나와 있지만, 현재 고군산군도는 새만금 방조제로 육지와 연결돼 있으며 중공업단지가 아닌 관광단지입니다.

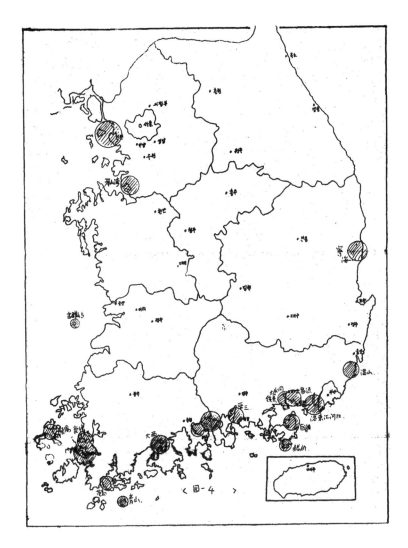

사진 6　　『국토개발 장기구상 부문별 연구(산업입지)』(건설부, 1977)에 실린 〈중화학 계획기지 및 그 후보지〉. 빗금이 칠해진 부분이 중화학 계획기지 및 후보지입니다.

많은 사람이 특정 정치인들이 경상도 지역 출신이라서 동남권 메가시티가 탄생했다고 말하지만, 여천공단 즉 여수국가산업단지와 광양제철소에 한 번이라도 가보았다면 그렇게 말하지 못할 것입니다. 『우리는 어디서 살아야 하는가』에서 자세히 살펴본 것처럼, 박태준 회장과 전두환 전 대통령이 포항제철 제2제철소의 유력한 입지 후보였던 아산만권 대신 광양만을 선택한 사례 역시 전라도니 경상도니 전통적인 행정구역에 얽매여 세상을 보면 볼 수 없는 동남권 메가시티의 실상입니다.

사진 7　　전라남도 광양시 태인동 용지마을 또는 광양국가산업단지명당2지구 공장 부지에서
　　　　　　바라본 포스코 광양제철소. 2023년 3월

〈사진 8〉은 동남권 메가시티에 공업단지가 건설된 시기를 표기한 것입니다. 대구·구미·김천 소권을 나타내는(C)를 제외한 나머지 공업단지들이 부산을 중심으로 양쪽으로 이어져서 동남권 메가시티를 형성하고 있습니다.

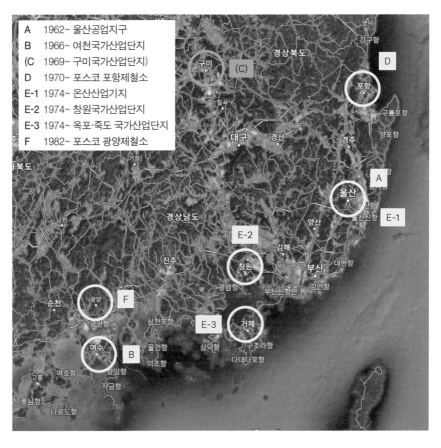

A   1962~ 울산공업지구
B   1966~ 여천국가산업단지
(C)   1969~ 구미국가산업단지)
D   1970~ 포스코 포항제철소
E-1 1974~ 온산산업기지
E-2 1974~ 창원국가산업단지
E-3 1974~ 옥포·죽도 국가산업단지
F   1982~ 포스코 광양제철소

사진 8　　　동남권 메가시티의 형성. 필자 제작

동남권 메가시티의 핵심은 부산입니다. 특히 근대에 급속도로 도시화된 부산역·부산항 일대의 바닷가가 동남권 메가시티의 출발점이었습니다. 부산의 원래 중심은 동래였습니다. 즉 부산은 농업도시였으며, 광복 후에 부산시가 아닌 동래시가 되는 것이 맞습니다. 하지만 현재 부산이 부산시라고 불리고, 〈부산 갈매기〉라는 노래가 부산의 정신을 상징하는 데에서 알 수 있듯이, 내륙 동래보다는 바닷가 쪽이 대도시 부산의 출발점입니다.

지난 몇백 년간 부산 외곽의 바닷가와 강가에서는 지속해서 도시화와 공업화가 이어졌습니다. 특히 음성 한센인 정착촌인 서남쪽의 구평농장, 남쪽의 용호농장, 동북쪽의 삼덕농원이 소멸하고, 부산 원도심의 철거민들을 집단적으로 외곽에 밀어내어 형성한 정책이주지들이 재건축되고 있는 상황은 부산 외곽까지 도시화가 진행되고 있음을 상징합니다. 포항제철과 광양신항이 자리 잡은 곳의 예전 바닷가 풍경이 참 아름다웠다는 지역 주민들의 회고는, 동남권 메가시티가 탄생하는 과정에서 주변의 농산어촌이 수없이 소멸했음을 증언합니다.

현재 이 지역에서는 지자체들 간에 일종의 동맹을 결성하려는 움직임이 보입니다. 하지만 정치인·행정가들이 주도하는 지역 동맹은 제가 말하는 동남권 메가시티와 겹치지 않습니다. 정치인과 행정가들은 자기 도시, 자기 군 전체를 대상으로 하는 사람들이고, 경상북도·경상남도·전라남도와 같은 행정적 경계를 넘어서서 상상력을 잘 발휘하지 못합니다.

산죽섶을 이용한 김양식장(1949.7)

사진 9　전라남도 광양시 태인동의 광양김시식지 기념관에 전시된 1949년 광양만의 사진. 김
양식장이 광양만 전체를 뒤덮고 있는 모습을 확인할 수 있습니다. 기념관 주변 지역은
아직 한적한 어촌 마을의 모습을 지니고 있지만, 광양국가산업단지명당2지구 공장
부지로 지정되어 택지개발될 예정입니다. 2023년 3월

　제가 답사하면서 확인한 동남권 메가시티는 부산을 중심으로 동
북쪽으로는 포항·울산, 서남쪽으로는 광양·여수까지 행정적 경계를
넘어 바닷가를 따라 이어져 있습니다.

　부산에서도 내륙인 동래와 바닷가 지역이 각자 다른 길을 걸었듯
이, 동남권 메가시티에 속하는 각 지역의 해안권 산업단지·신도시에
사는 시민들은 자기 도시의 농산어촌 시민들이 아니라 다른 도시의
해안권 산업단지·신도시 시민들과 생활 방식을 공유합니다. 정치인
과 행정가들이 제공하는 세계관에서 벗어나 지역을 바라보아야, 동
남권 메가시티의 현재 상황을 파악하고 미래를 예측할 수 있습니다.

중부권 메가시티

중부권은 아직 완성되지 않은 메가시티입니다. 하지만 중부권이 한국의 국토 중심에 위치해주는 것이 한국의 미래에 좋다고 믿기 때문에, 저는 그 향방에 주목하고 있습니다.

중부권 메가시티를 구성하는 도시들 중에서 대전·세종은 행정을 담당하고 있으며, 논산·계룡은 군사, 청주는 경제를 담당하고 있습니다. 이 도시들은 서로 협력하기보다는 경쟁하는 모습을 보입니다. 게다가 우열조차 쉽게 가릴 수 없습니다. 이처럼 서로 견제하고 경쟁하는 양상이 과열되다 보니 중부권 메가시티의 형성은 어려움을 겪고 있습니다.

중부권 메가시티는 1977~1979년 사이에 진행된 임시행정수도 구상에서 시작됩니다. 이 구상이 3분의 1 규모로 실현된 것이 세종시 남쪽에 자리한 국가기관 밀집 지역입니다.

세종시의 탄생은 키메라 도시의 탄생이라고 할 수 있습니다. 충청남도 연기군 전체와 공주시의 일부, 충청북도 청주시의 일부를 초경계적으로 결합해서 탄생시킨 세종시는 한국 최초의 인공 도시인 성남시의 탄생에 맞먹을 정도로 실험적인 존재입니다.

세종시의 원형인 임시행정수도는 애초에 대전의 위성도시로서 구상되었습니다. 그리고 임시행정수도가 대전·청주·공주의 중간에 놓여 있으므로, 이들이 하나의 권역으로 묶일 가능성을 당시 입안자들이 예측했을지는 모르겠지만 충분히 높았습니다. 하지만 실제 탄생한 세종시는 임시행정수도의 3분의 1 규모이다 보니, 대전·청주·

공주 등의 주변 도시들을 하나의 메가시티로 이어줄 역량이 다소 부족한 것이 사실입니다.

세종시 내부에서도 국가적 차원에서 조성된 도시 지구와 옛 연기군의 중심지인 조치원 간의 거리가 멀어서 아직 연담화되어 있지 않습니다. 반면 세종시의 도시지구와 공주시는 장군면(공주시 장기면)을 매개로 조금씩 연담화가 이루어지려 합니다. 임시행정수도의 구상이 자연스럽게 실현되고 있는 것이죠.

제가 관찰하는 중부권 메가시티의 현재 상황은 이렇습니다. 전통적으로 하나의 생활권인 세종시 북쪽의 조치원과 충청북도 청주시 오송 지역이 KTX 오송역 역세권 개발을 통해 연담화를 시작했고, 세종시 남쪽의 시내동 지역이 대전 북부 지역과 연담화를 시작한 상태입니다.

대전·세종·청주 등의 도시가 지역감정과 경쟁의식을 뛰어넘어 중부권 메가시티를 이룰지는 아직 알 수 없습니다. 하지만 국토의 중심인 중부권에 메가시티가 만들어져야 한국이 앞으로 균형 발전을 이루고 인구 감소 속도를 늦출 수 있다고 믿습니다. 거점 지역이 하나가 아닌 여러 개일수록 도시와 국가의 쇠퇴를 늦출 수 있습니다.[16] 중부권은 국토의 양쪽 끝에 자리한 대서울권과 동남권의 중간 지점에 있어서, 전국 어디에서도 접근하기 편리하다는 것이 가장 큰 강점입니다. 인구 감소와 지역 소멸을 막고 국토의 균형 발전을 이룰 수 있는 거의 유일한 방법은 중부권 메가시티가 확고히 자리를 잡는 것입니다.

사진 10   청주시 서북부는 첨단산업 거점입니다. SK하이닉스와 LG에너지솔루션이 위치한 것을
기념하기 위해 에스케이로·엘지로라는 도로명이 부여되어 있습니다. 2022년 6월

사진 11   KTX 오송역 서남부의 오송리는 청주시 오송읍의 원래 중심지이자 조치원과 하나의
생활권을 이루어왔습니다. 최근 역세권 개발을 위해 오송읍의 마을들이 철거되고
있습니다. 2022년 7월

행정의 연속성

심오하게 미래를 구상하여 행정을 진행하는 경우는 많지 않습니다. 대부분의 행정가와 정치가는 자신보다 앞서서 계획을 세웠던 사람들이 남긴 구상을 이어받아 어찌어찌 실현하게 하고, 그 과정에서 문제가 생기면 그 문제를 해결하는 과정에서 새로운 가능성과 한계를 만들어냅니다. 이들이 참고하는 앞 시대의 계획은 현대 한국 초기인 경우도 있고, 식민지 시기인 경우도 있고, 조선 시대나 고려 시대인 경우도 있습니다. 『우리는 어디서 살아야 하는가』에서는 아라뱃길, 한강다목적댐, 행정수도와 세종시의 탄생을 사례로 들어 행정의 연속성을 설명했습니다.

제가 말씀드리는 행정의 연속성의 대표적인 사례이자, '식민 잔재 청산'이라는 주장이 얼마나 허무한지 잘 보여주는 사례는 식민지 시대 초기인 1914년에 이루어진 행정구역 개편입니다. 이 1914년의 행정구역 개편이 지닌 근본적인 의의에 대해 『서울 도시계획 이야기』

라는 서울 창세기를 쓴 손정목 선생은 다음과 같이 설명합니다.

"1914년의 군·면 개편은 오늘날의 지방 행정구역의 기틀이 되었다고 하는 점에서 대단히 중요한 것이었었다. 북한의 경우는 8·15 후에 어떻게 변했는지 확실히 알지 못하나 남한의 경우는 도시 행정구역의 확장으로 도시 주변의 군·면 구역에 약간씩의 변동이 있는 것을 제외하고는 1914년의 군·면 구역 대부분이 오늘날에 이르기까지 이어오고 있는 것이기 때문이다."[17]

현대 한국의 행정구역은 대부분 이때 형성되었으며, 이때 만들어진 행정구역이 앞으로 근본적으로 바뀔 가능성은 없습니다. 예를 들어, 현재의 충청남도 아산시는 조선 시대에 존재했던 온양군·아산현·신창현을 1914년에 통합하여 만들어진 아산군을 계승합니다. 아산시와 천안시를 통합하자는 주장이 지역에서 제기되고 있는데, 천안시와 가장 거리가 멀고 생활권이 다른 옛 신창현 지역의 주민들은 천안·아산 통합에 극렬히 반대하였죠.[18]

만약 정말로 식민 잔재를 청산하려고 한다면, 조선총독부가 실시한 1914년의 행정구역 개편을 먼저 취소하여 온양·아산·신창 지역을 다시 쪼갠 뒤, 통합에 가장 적극적인 아산시 동부 지역만 천안과 통합하는 것도 방법입니다. 하지만 옛 온양·아산·신창 지역에 현재 거주하는 시민들은 이미 100년 이상 아산 사람이라는 정체성을 지녔기 때문에 제 갈 길을 가려는 움직임은 보이지 않습니다.

이처럼 행정의 연속성은 국가와 왕조, 그리고 민족을 뛰어넘어 확인됩니다. 식민지 시기의 건물 한두 동을 헐어내고는 식민 잔재를 청산했다고 주장하는 사람들은 문제의 본질을 깨닫지 못하고 있거나 모른 척하는 것입니다.

동남권 메가시티를 확장시키는 방위산업체

8·15 해방과 6·25 전쟁 이후, 전근대와 식민지 시기의 각종 계획은 여전히 이어졌습니다. 하지만 국제 정세와 북한이라고 하는 독특한 독재 정권과의 대립이 한국의 도시, 특히 3대 메가시티의 형성에 큰 영향을 미쳤습니다.

6·25 전쟁 이후 두 번째로 북한의 침공이 있을지 모른다는 가능성은 대서울권의 발전을 제약했습니다. 서울 강북의 인구 증가를 억제하기 위해 광주대단지와 강남을 개발했고, 서울 전체의 인구 증가를 억제하기 위해 과천·안산·창원을 만들었습니다.

그리고 포항에서 여수와 광양에 이르는 최후방에 콤비나트를 배치함으로써 동남권을 형성했습니다. 또한 1976년에 창원에 공장을 설립한 현대양행[19]과 1977년에 창설된 삼성정밀공업[20]은 방위산업체의 거점이라는 동남권의 성격을 상징적으로 보여줍니다. 이 두 업체는 중공업 육성과 국방 자주화라는 제3공화국의 목표를 실현하기 위해 창설되었습니다.

특히 오원철 경제수석이 적극적으로 지원한 현대양행은 핵무기 개발을 상당 수준까지 실현했다고 전해집니다.[21] 하지만 박정희 전대통령이 암살당하고 전두환 정권이 들어서면서 현대양행은 해체되

었고, 삼성정밀공업은 2014년에 한화그룹에 넘어갑니다.[22]

　이리하여 동남권의 방위산업적 성격은 현대와 삼성에서 한화로 이어져 현재에 이르고 있습니다. 한국의 록히드 마틴을 꿈꾸는 한화 에어로스페이스는 본사를 창원에 두었으며, 순천과 고흥에는 우주 분야 공장을 설립할 계획입니다.[23] 물론 현대로템 디펜스솔루션 등도 창원에 있지만[24] 한화에어로스페이스의 위치는 더욱 주목할 만합니다. 박태준 회장이 경상북도 포항부터 전라남도 동부까지 동남권의 범위를 결정했다면, 한화에어로스페이스는 동남권의 범위를 전라남도 동부에서 중부로 확장하고 있습니다.

　〈사진 12〉에 소개한 1976년도 건설부 문건 『수도권 인구 재배치 계획(기본구상)』(1976)에 실려 있는 〈인구 배치의 구상〉을 봐주십시오. 포항에서 목포까지 세 개의 화살표가 그려져 있는데, 가장 왼쪽에 순천·목포 사이에 그려진 화살표는 다른 화살표와 달리 빗금이 칠해져 있지 않습니다. 1976년 당시까지는 포항에서 여수·순천·광양까지 확립된 동남권 메가시티가 전라남도 서부까지 확산할 가능성이 적다고 판단한 것이라고 이해할 수 있습니다. 이렇듯 당시에는 가능성이 적다고 판단되던 동남권 메가시티의 확장을 실현하고 있는 것이 방위산업체인 한화에어로스페이스입니다.

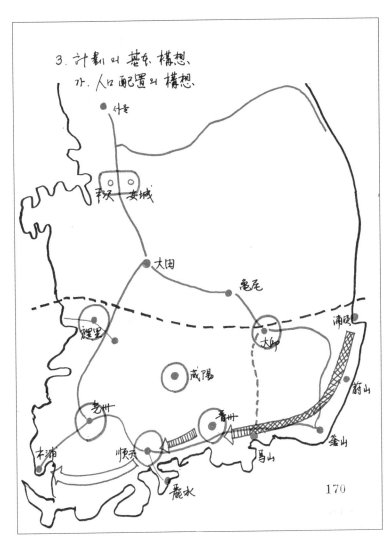

3. 計劃의 基本 構想
   가. 人口配置의 構想

170

사진 12 『수도권 인구 재배치계획(기본구상)』(건설부, 1976)에 실려 있는 〈인구 배치의 구상〉.
이 지도에서 빗금이 칠해진 파란색 화살표로 표시된 곳, 즉 포항부터 순천에 이르는
범위가 동남권 메가시티입니다. 국가기록원 소장

남해안 콤비나트, 완성될까?

나로우주센터가 자리한 고흥은 여수·순천·광양과 마찬가지로 전남 동부권이어서 동남권 메가시티로의 편입이 가능할 것입니다. 하지만 보성·장흥·강진·영암(동부)을 거쳐 조선산업이 자리한 영암(삼호읍)·목포·해남 등의 전남 서부권까지 동남권 메가시티가 확장되어 남해안 콤비나트가 완성될지는 모르겠습니다. 순천·고흥과 영암·목포·해남 사이의 보성·장흥·강진은 공업보다는 농업과 관광에 주력하는 지역이고, 가까운 미래에 이 지역이 산업단지가 될 가능성도 보이지 않기 때문입니다.

지난 100년 동안 수없이 간척이 이루어진 이 지역은 제주도와 마찬가지로 상수도 및 농업용수가 부족해서, 평야 곳곳에 물탱크를 설치함으로써 간신히 대응하고 있습니다. 이런 상황에서 공업용수까지 추가로 안정적으로 공급하려면 1960년대부터 시작된 영산강 유역 종합개발과 같은 대규모 수리사업을 추진할 필요가 있습니다. 하지만 2023년 봄에도 광주·전남 지역에 역대 최대 규모의 가뭄이 들었다가[25] 5월에 큰비가 내리면서 간신히 해결된 사실[26]이 이 일대의 현재 상황을 보여줍니다.

사진 13　　전라남도 영암군 동부 지역에서 농사를 짓기 위해 용수를 모아둔 물탱크. 2023년 2월

안보 중심지, 중부권과 동남권

한편 삼성 이병철 회장 이야기를 빼놓을 수 없습니다. 대서울권－
반도체, 동남권 메가시티－방위산업, 이렇게 두 곳의 메가시티에 두
개의 산업이 자리 잡는 과정에 삼성 이병철 회장이 모두 개입하였습
니다. 한화에어로스페이스의 모태가 되는 삼성정밀공업이 1977년에
창원에서 창업된 사실은 위에서 말씀드렸습니다. 1969년에 삼성전
자를 설립하고 1977년에 한국반도체를 완전 인수,[27] 그리고 1983년
에 도쿄 선언을 통해 반도체 개발을 추진하는 과정에서는 이병철 회
장의 경영자로서의 의지가 확인됩니다.

그리고 이병철 회장이 삼성정밀공업을 창업하고 한국반도체의 지분을 완전히 매수한 1977년. 같은 해 2월 10일에 박정희 전 대통령은 통일이 될 때까지 임시행정수도를 중부권에 두겠다고 발표합니다.[28] 국제 정세와 안보 상황 때문에 대서울권의 인구 증가를 억제하고 동남권을 콤비나트로 육성하는 현대 한국 정부의 의지가, 수도를 중부권으로 옮기는 결정으로 이어진 것입니다. 즉, 1977년은 한국이라는 국가에 3대 메가시티가 형성되리라는 미래가 결정된 해입니다.

한반도 전체가 한국의 영토라면 대서울권이 국토의 중심이 되겠지만, 대한민국 정부가 실제로 통치하고 있는 영역에서는 중부권이 국토의 중심이 됩니다. 대서울권과 동남권이라는 두 거점 중간에 자리하고 있다는 입지적 장점도 있고, 조선왕조를 건국하던 초기에 이 일대가 수도 후보지로 언급되던 행정의 연속성도 있습니다.

박정희 전 대통령이 암살되면서, 지금의 세종시 남부와 공주시 중부를 합쳐 임시행정수도를 만들겠다는 계획은 중단되었지만 이 일대에는 그 후로도 행정시설과 안보시설이 착착 집중되었습니다.

1983년부터 1989년까지 삼군본부가 계룡으로 이전했고,[29] 1985년의 둔산지구 개발계획에 따라 일부 정부 기관이 둔산신도시로 이전하면서 정부대전청사가 형성되었습니다. 둔산신도시 자리에 있던 일부 부대가 1992년에 대전과 세종 사이로 이전하면서 자운대가 성립했습니다. 그리고 12년 뒤인, 2004년에 노무현 전 대통령이 행정수도 이전 계획을 발표하면서 중부권 메가시티의 탄생은 되돌릴 수 없는 일이 되었습니다.

사진 14	둔산신도시 건설에 따라 고향을 떠나야 했던 둔지미 마을 사람들의 망향비가 정부대전청사에 세워졌습니다. 2019년 4월
사진 15	정부대전청사 중간의 보라매공원에 전시된 전투기. 둔산신도시가 건설되기 전의 땅의 역사를 증언합니다. 2022년 12월

또한 1978년에는 공군기지가 청주 북부에 건설되고, 1985년에 서울 동작구의 공군사관학교가 청주와 대전 사이로 옮겨왔습니다. 한국원자력연구소, 한화에어로스페이스 대전사업장 등도 대전·세종·청주의 중간 지점에 자리하고 있습니다. 이렇게 방위산업이 중부권에 집중되면서, 최근에는 대전 북부에 안산 첨단국방융합클러스터(안산산단)가 건설 중이고[30] 서울 성북구 홍릉에 자리한 한국과학기술연구원을 옮겨오자는 이야기까지 나오고 있습니다.[31]

중부권은 비록 인구 규모는 크지 않지만, 이처럼 '국가'라는 산업을 가진 곳으로 메가시티가 될 조건을 갖춘 곳입니다. 중부권과 동남권은 공통으로 안보 중심지라는 성격을 띠고 있다 보니 서로 경쟁하는 구도가 만들어져 있습니다. 최근에는 우주방위청을 중부권의 대전과 동남권의 사천이 유치하기 위해 경쟁하다가 사천으로 정해지기도 했습니다.[32] 그 대신 대전에는 정부과천청사에 있던 방위사업청이 이전하기 시작해서, 중부권이 지닌 안보 중심지라는 기능도 유지하게 되었습니다.[33] 1970년대에 본격화된 중부권과 동남권의 안보 중심지라는 성격은, 행정의 연속성에 따라 앞으로도 유지될 것으로 전망됩니다.

오송역을 둘러싼 변화

행정의 연속성과 관련해서, 경로 의존성이라는 개념을 이용해서 한국 도시의 미래를 예측할 수도 있습니다. KTX 오송역을 둘러싼 변화가 경로 의존성을 가장 잘 보여줍니다.

원래 오송역은 충청북도 청주시에 자리한 충북선의 작은 역이었지만, KTX가 정차하고 호남선이 분기하면서 급성장하게 됩니다. 특히 KTX 고속선에서 호남선이 갈라져 나가는 역을 어디로 할 것인가를 둘러싸고는 논란이 컸습니다. 논란 끝에 오송역이 호남선의 분기역으로 결정되자, 교통에 관심 있는 시민들 사이에서는 오송역에 대한 비판적 여론이 형성되어 지금까지 이어지고 있습니다. 이 문제에 대해서는 충청북도 내에서도 자성의 목소리가 나오고는 합니다.[34]

오송역은 충청북도 청주시에 자리하고 있지만, 실제로는 세종시의 관문역으로서 기능합니다. 청주 시민들은 청주시 북쪽 외곽의 오송역에서 열차를 타기보다는 시내에서 고속·시외버스를 타는 경우가 많습니다. 서울·청주 간의 열차 편이 불편하여, 고속·시외버스가 발달했기 때문입니다.

그런데도 충청북도와 청주시는 오송역을 활성화하기 위해, 세종시에 KTX역이 건설되는 것을 반대하고 있습니다. 이에 대해 세종시·충청남도·대전시 등은 충청북도가 범 충청남도 권역의 문제에 간섭한다며 반발하고 있고요.[35] 흔히 "충청도는 이렇다"라고 충청북도와 충청남도를 묶어 말하지만, 실제로는 충청북도와 충청남도 사이에는 꽤 큰 차이가 있고 경쟁도 심합니다.

범 충청남도권에 대해 충청북도가 내정 간섭한다는 주장[36]은 좀 가혹하다고 저는 생각합니다. 세종시는 충청남도 연기군과 공주시뿐 아니라 충청북도 청주시 일부도 합쳐서 만들어진 도시이기 때문에, 충청북도가 세종시에 대해 지분이 있다고 느끼고 관심을 가지는 것은 당연합니다.

어찌됐든 충청북도와 청주시는 오송역을 KTX 정차역으로 만들었고, 호남선 분기역으로까지 끌어올렸습니다. 백여 년 전에 대전역이 경부선과 호남선의 분기역이 되면서 대전시가 급성장한 것을 롤모델로 삼고 있을 터입니다.

철도가 사회에서 차지하는 역할이 예전과는 비교할 수 없이 작아졌기 때문에 오송역 일대가 대전시만큼 커질 것 같지는 않습니다. 하지만 KTX 천안아산역 주변의 천안시와 아산시 일대에서 보이는 성장세가 KTX 오송역 주변에서도 확인됩니다. 오송역세권, 오송생명과학단지, 오창과학산업단지, 철도클러스터 국가산업단지 지정[37]과 같이 KTX 오송역을 발화점으로 삼아 이 일대를 개발하겠다는 강한 의지를 충청북도와 청주시가 지니고 있음을 확인하고 있습니다.

사진 16   오송생명과학단지 건설을 위해 고향을 떠난 원주민들이 세운 망향비. 오송역세권의
수변공간인 연제저수지 한쪽에 자리하고 있습니다. 2021년 6월

사진 17   전통적으로 충북선 철도를 통해 충남 조치원, 충북 오송과 하나의 생활권을 이루고
있던 충청북도 청주시 오창읍에도 최근 오창과학산업단지가 건설되어 에코프로,
LG에너지솔루션 등의 업체가 속속 입주하고 있습니다. 2023년 4월

정세 변화

그레고리 헨더슨은 저서『소용돌이의 한국 정치』에서 한국이 전근대부터 식민지 시기에 걸쳐 '수도'라는 하나의 중심을 향해 모든 사람이 소용돌이처럼 빨려 들어가는 사회 구조로 되어 있다고 지적했습니다.[38] 그러나 이런 소용돌이의 사회 구조는 '문화적 DNA'나 '민족성' 같은 것이 아니며, 한국이 서방 사회에 더 열릴수록 다양화될 가능성이 있다고 예측했습니다.

그가 예측한 대로 6·25 전쟁 후에 한국에서는 중부권과 동남권이라는 메가시티가 탄생했습니다. 한국 사회를 하나의 중심만 있던 사회에서 여러 개의 중심이 있는 사회로 바꾼 것은 무엇보다 북한이라는 독특한 독재집단이 한국을 다시 침략할 수 있다는 가능성이었습니다.

서울이 아니면 안전할까?

'서울은 최전방'이라는 인식은 여전히 한국 사회에 뿌리 깊게 남아 있습니다. 2023년 초에 《파이낸셜타임스》 크리스찬 데이비스 서울 지국장은 남북한 간에 전쟁이 나면 자신들이 그 직후에 사망할 것이라는 서방 국가 외교관들의 말을 전했습니다.[39] 또 2023년 5월 31일에 북한이 미사일을 발사하자 서울시가 대피 문자를 발송해서 혼란을 초래한 일이 있었죠. 평소 즐겨 찾는 온라인 지리 커뮤니티를 보니, 남부 지방 출신의 어떤 청년은 문자를 받은 뒤 이런 글을 남겼더군요.

> "오늘 일로 인해 취직은 ㄹ ㅇ 대전이나 넓게는 세종/충남/충북 정도에서나 할 것 같다."[40]

『우리는 어디서 살아야 하는가』에서도 말씀드렸습니다만, 서울시 노원구의 예비군훈련장 정문에는 "서울은 최전방이다"라는 문구가 적혀 있습니다. 일산신도시와 분당신도시 가운데 북한에서 먼 쪽인 분당신도시를 택한 어떤 시민의 사례를 소개하기도 했지요. 대서울권 시민들은 기본적으로 자신들의 거주지가 최전방이라는 사실을 무의식 속에 지닌 채 살고 있습니다.

그러나 국제 정세 및 안보 상황이 변하면서 대서울권의 안보적 특성도 변하고 있습니다. 잇따라 중부권과 동남권 메가시티의 위상도 변하고 있지요. 현재는 북한 측이 여전히 재래식 무기로 대서울권을 위협하고 있지만, 점점 핵무기와 ICBM 등의 비중을 높이는 방식으로 세계 전략을 세우고 있습니다. 이러한 무기 체계에서 한국은 국토 전체가 공격 대상이 됩니다. 휴전선 근처라서 위험하고 중부권이나 남해안 지역이라고 안전하다는 생각은 점점 통용되기 어려운 것이죠. 아마 북한이 한국을 전면 공격하면, 창원의 방위산업체는 제1 표적이 될 것입니다.

이렇다 보니 역설적으로 대서울권에는 기회가 찾아오고 있습니다. 그동안 군사 작전 지역으로 묶여서 개발되지 않던 지역이 열린 것입니다.

얼마 전 발표된 김포한강2 콤팩트시티 개발계획의 경우, 김포한강신도시를 개발할 때 군사적인 이유에서 빠졌던[41] 양촌읍·장기동·마산동·운양동 일원을 추가로 개발하는 것이 골자입니다.[42] 김포한강신도시와 김포한강2 콤팩트시티 일원에는 1967년에 양곡리를 중심으로 하는 신도시 계획이 제시되었지만, 그 후 안보 상황이 악화되면서 군사지역으로 묶여 있었습니다. 그로부터 50여 년 만에 아직 원래 계획상의 북쪽 지역까지 모두 실현하지는 못했지만, 양곡신도시 계획이 어느 정도 구현되고 있습니다. 국제 정세와 안보 상황의 변화, 그리고 행정의 연속성이 밀고 당기면서 도시가 만들어지는 과정을 보여줍니다.

사진 18   김포한강2 콤팩트시티 조감도. 김포시청

사진 19   구글 지도에 표시한 양곡신도시 개념도와 한강1·2신도시의 영역. 구글맵, 필자 제작

파주에 세워진 LG디스플레이 공장

다른 사례는 파주 월롱면의 LG디스플레이 공장 건설입니다. LG 디스플레이는 최근 경상북도 구미시의 구미국가산업단지에서 투자 규모를 줄이고 있습니다. 그 반면에 점점 개발 여지가 커지는 경기도 북부에 LG디스플레이 파주공장을 건설했습니다.

지금까지 대서울권의 반도체·디스플레이 공장은 대부분이 한강 이남에 자리 잡고 있었습니다. 안보적 상황을 고려해서 한강을 넘지 않고, 경기 남부와 충남 북부에 반도체 콤플렉스를 조성하겠다는 민 관의 의지는 그간 확고했습니다. 기존의 이런 움직임과는 달리, LG 디스플레이는 북한과의 국경에서 10km도 되지 않는 곳에 자리 잡았 습니다. 미국의 싱크탱크인 랜드연구소가 북한 포병 부대의 LG디스 플레이 공격을 상정하는 보고서를 작성한 적도 있을 정도입니다.[43] 공장 근처에는 곧바로 북한의 포병 부대와 폭격을 주고받을 수 있는 군부대도 주둔하고 있는데, 그곳으로부터 LG디스플레이가 또렷이 보일 정도로 가깝습니다.

이런 곳에 디스플레이 공장이 자리한 배경으로는, 구미시가 구미 국가산업단지 4단지의 분양가를 너무 높게 요구해서 LG디스플레이 측이 파주를 선택했다는 설, 노무현 정부가 정책적으로 북한과의 국 경 지역에 공단을 조성했다는 설, 파주시의 땅값이 싸서 LG디스플레 가 이곳을 선택했다는 설 등이 있습니다.[44] 또, 대서울권에 공장을 짓 고 싶었지만, 수도권 규제 때문에 곤란을 겪자 노무현 전 대통령이 국방부를 설득했다는 설도 있지요.[45]

구미를 답사했을 때 탑승한 택시의 운전 기사분은 첫 번째 설, 그러니까 당시의 구미시장이 분양가를 너무 높게 불렀다는 설을 말하셨습니다. 그래서 구미시가 반성하고 5단지의 분양가를 적절하게 설정한 덕분에 5단지의 분양이 호조를 보인다고 덧붙이셨죠. 카더라 통신입니다. 여러 가지 설 가운데 진짜 이유가 무엇인지는 알 길이 없습니다. 하지만 LG디스플레이와 한국 정부가 예전보다 북한으로부터의 위협이 낮아졌다고 판단했다는 것은 분명합니다.

다음 장의 〈사진 20〉은 30여 년에 걸쳐 대서울권의 서북부가 서서히 열리고 있는 상황을 보여주는 지도입니다. 이 지도를 보면 LG디스플레이 파주공장은 남북 평화가 추진되고 개성공단이 잘 굴러가서 북한과의 국경 지대에 건설된 것이 아닙니다. 일산신도시·인천공항·운정신도시 등 대서울권에서 조금씩 서북쪽으로 열려온 가장 끝 지점에 자리 잡고 있습니다. 앞서 살펴본 김포한강신도시와 한강2 콤팩트시티도 마찬가지입니다. 대서울권 동북부에서는 군사지역이었던 의정부·양주·동두천 가운데 의정부시가 미군기지촌의 성격을 거의 탈피했고, 양주에도 서서히 신도시가 건설되고 있습니다.

이렇게 대서울권이 열리면서, 예전 같으면 대서울권이 아닌 지역으로 가야 하는 공장과 인력이 대서울권에 남게 될 가능성이 점점 많아지고 있습니다. 경기도 남부와 충청남도 해안 지역에 반도체 콤플렉스가 조성되고 있는 것도, 예전보다 한국 북부 지역의 안보적 상황이 개선되고 있기 때문입니다. 이 '개선'은 한국과 북한 사이에 평화가 찾아와서가 아니라 북한의 군사 전략이 바뀌고 있으므로 대서울

권에 찾아온 기회를 뜻합니다. 반대로 대서울권 이외의 지역은 진정

한 도전을 맞이하고 있음을 뜻합니다.

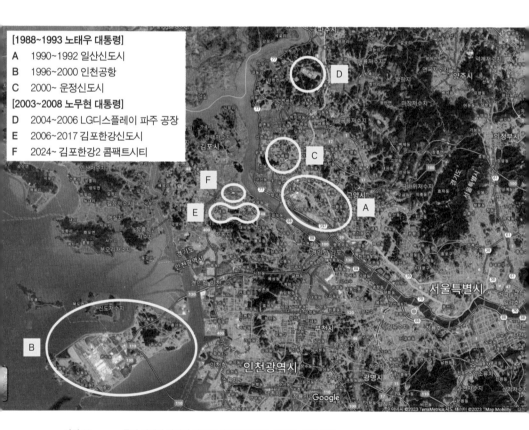

[1988~1993 노태우 대통령]
A 1990~1992 일산신도시
B 1996~2000 인천공항
C 2000~ 운정신도시
[2003~2008 노무현 대통령]
D 2004~2006 LG디스플레이 파주 공장
E 2006~2017 김포한강신도시
F 2024~ 김포한강2 콤팩트시티

사진 20   국제 정세의 변화와 경기도 서북부의 변화. 구글맵, 필자 제작

동남권의 새로운 과제

얼마 전 수도권전철 5호선 공덕역에서 구미시를 홍보하는 스크린 도어를 보았습니다. 광고 왼쪽 위에는 앞으로 대구경북통합신공항에서 이륙할 항공기를, 오른쪽 아래에는 구미산단 3단지의 LG디스플레이를 그려두었더군요. 4단지에 LG디스플레이를 입주시키지는 못했지만, 대구 군위군과 경상북도 의성군에 통합신공항이 건설되면서 5단지의 분양은 잘 되고 있다고 합니다.[46] 대구는 시내에 자리한 공항을 외곽으로 이전하기 위해 간신히 경상북도를 설득해서 군위군을 편입했는데, 가장 큰 혜택을 그 옆에 자리한 구미시가 받았습니다.

8·15 광복과 6·25 전쟁, 그리고 냉전은 한국 도시들의 현재 모습을 결정했습니다. 구소련의 붕괴와 중국의 개혁 개방으로 이런 흐름에 한 차례 큰 변화가 생겼고, 신냉전의 도래는 또다시 큰 변화를 가져오고 있습니다. 이러한 두 차례의 큰 변화는 3대 메가시티에 각각 중대한 영향을 미치고 있습니다. 대서울권의 인구와 산업 집중은 전체적으로 심화될 것이고, 중부권과 동남권은 이로부터 부정적인 영향을 받을 가능성이 큽니다.

중부권과 동남권 가운데, 중부권은 '국가라는 산업'을 보유하고 있어 영향을 받는 정도가 상대적으로 약합니다. 따라서 진정한 도전을 맞이하는 것은 동남권 메가시티입니다. 최전방 및 대서울권으로부터 멀고 미국과 일본에 가깝다는 지리적 조건이 동남권을 한국의 콤비나트로 성장시킨 가장 중요한 요인입니다. 신냉전이 시작되었다고 해서 이런 지리적 요인이 동남권에 미치는 영향이 완전히 사라지지는 않을 것입니다. 동남권이 방위산업의 메카라는 현실이 만들어내는 경로 의존성이 완전히 사라지지도 않을 것입니다.

하지만 대서울권이 압박과 규제를 받는 동안 반사이익을 얻어온 그간의 흐름이 점차 약해지는 것은 확인됩니다. 이 시점에 동남권은 대서울권과 대등한 링 위에 서서, "동남권에 살아야 하고 동남권에 투자해야 하는 이유는 무엇인가?"를 시민과 기업을 상대로 설득해야 하는 새로운 과제를 안게 되었습니다.

3장

인구

지역 소멸은 이번이 처음이 아니다

'인구 감소'와 '지역 소멸'이라는 말이 한국 사회를 떠돌고 있습니다. 농산어촌, 중소도시, 울산·부산 같은 광역시, 심지어는 서울[1]과 경기도[2]에 대해서도 인구 감소를 예측하는 말들이 나오고 있습니다.

물론 서울의 청년 인구가 줄어드는 것은 과도하게 높은 주거 비용 때문입니다. 서울에서 집을 구하지 못한 시민들은 대서울권 외곽에 주거를 구하지만, 여전히 서울로 통학·통근합니다. 그러므로 그 지역에서 활동하는 인구 자체가 사라지는 농산어촌이나 중소도시의 지역 소멸 문제와 일대일로 비교하기는 어렵습니다.

인구 감소와 지역 소멸은 절대 과장이 아니며, 실제로 일어나고 있는 현상입니다. 하지만 인구 감소와 지역 소멸이 지금 처음 일어나는 일이 아니라는 사실을 우선 염두에 두어야 합니다. 그래야 예전에 일어난 인구 감소 및 지역 소멸과 지금 일어나는 현상이 어떻게 비슷하고 어떻게 다른지 구분하고 대응할 수 있습니다.

인구 감소와 지역 소멸은 지금까지 한반도에서 수없이 일어난 일입니다. 생각해봅시다. 경상도라는 말은 경주와 상주가 가장 크고 중요한 도시일 때 붙은 이름입니다. 하지만 지금 경상남북도에서 경주와 상주가 인구·산업·정치면에서 차지하는 비중은 다른 도시들과 비교할 수 없을 정도로 작습니다. 충청도에서의 충주, 전라도에서의 나주도 전근대보다 지금은 인구 감소가 심각합니다.

전쟁으로 인한 인구 소멸

1947~48년의 제주 4·3 사건 때에는 제주도 중산간 지역 마을들이 전멸해서 '잃어버린 마을'이라는 이름이 붙었습니다. 남부 지방에서는 지리산에서 빨치산이 극성을 부리다 보니 수많은 인구가 빠져나갔습니다. 정치영에 따르면 이때 인구가 빠져나갔던 마을들은 절반 정도만 되돌아왔고, 많은 마을이 사라졌다고 합니다.[3]

6·25 전쟁도 수많은 지역에서 인구 감소와 지역 소멸을 일으켰습니다. 분단으로 경기도 장단과 강원도 철원·김화·고성의 중심지가 사라졌고, 철원에는 군인 경제를 바탕으로 하는 신철원이라는 신도시가 형성되었습니다.[4] 북한에 넘어가지 않고 한국 측에 남은 장단의 주민들도 군사 작전을 위해 고향에서 쫓겨났습니다. 이들 가운데 일부가 파주 남쪽의 고양시 일산 지역에 정착해서, 지금도 "장단 사람들이 이루었다"라는 뜻의 장성마을이 지명으로 남아 있습니다.

사진 1   제주교육박물관에 전시된 4·3 유적지 안내판. 한라산 중턱 지역에 수십 곳의 '잃어버린
마을'이 표시되어 있습니다. 2020년 12월

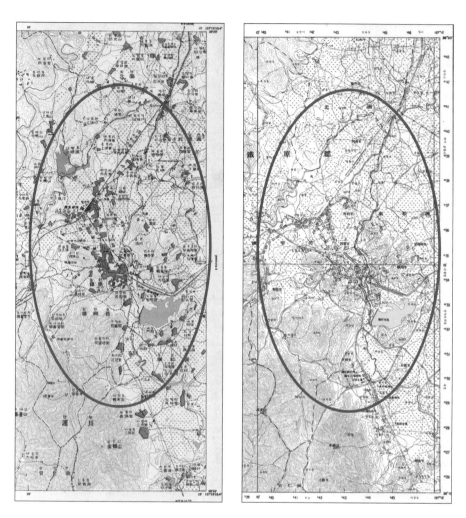

사진 2·3   1957년과 1964년의 철원 지도를 비교해보면 경원선·금강산전기철도의 역 주변에 발달했던 도시가 모두 사라져버렸음이 확인됩니다. 강원도 유수의 도시였던 철원은 6·25 전쟁 때문에 문자 그대로 초토화되었습니다. 국토지리정보원

1971년에는 주한미군 일부가 본국으로 철수했습니다. 이 부대가 주둔하던 기지촌 경제로 번성하던 포천과 파주도 돈과 인구가 빠지면서 큰 충격을 받았습니다. 특히 포천 북부의 영북면 운천리 같은 곳에서 미군을 상대로 장사하던 여성들이 업주들로부터 클럽을 인수해서 어떻게든 생계를 꾸려보려 하다가 실패했다는 이야기가 전해지기도 합니다. 구조적인 변화를 시민들의 노력만으로 막을 수는 없었다는 뼈아픈 교훈을 얻을 수 있습니다.

정책으로 인한 인구 소멸

전쟁뿐 아니라 국가 정책으로 인해 수많은 지역이 소멸했습니다. 산악 지역에서 숲을 보호해 평야 지역에서 수해를 줄이고 농사를 지을 수 있도록, 박정희 정부는 깊은 산속에서 숲에 불을 붙여 농사를 지으며 떠돌아다니던 화전민들을 산기슭으로 정착시켰습니다.

또 1968년 11월에 북한이 침투시킨 대규모의 게릴라 부대를 섬멸한 울진·삼척 무장공비 사건 때에는, 이승복 어린이의 사례에서 보듯이 화전민들의 집이 게릴라전의 거점이 되기도 했습니다. 그래서 정부는 화전민을 산 아래로 끌고 내려와 집단으로 거주하게 했습니다. 이런 마을을 일반적으로 독가촌이라 부릅니다. 철원에서는 키와니스촌, 삼척에서는 승공마을이라는 화전민 정착촌도 만들어졌습니다. 그리고 화전민의 집터에는 '화전 금지'라는 비석을 세워서, 화전민들이 다시는 산속으로 돌아오지 못하도록 했습니다.

사진 4 강원도 철원군 동송읍 오지리의 화전민 정착촌인 '키와니스촌'. 2022년 5월

사진 5 경기도의 감악산에서 화전민이 농사짓다가 버리고 간 밭의 흔적인 '묵은 밭'. 2022년 5월

사진 6　화전민들이 정착한 강원도 삼척시 근덕면 상맹방리의 승공마을. 공산주의에 이기자는 뜻에서 이런 이름이 붙었습니다. 지금은 맹방해수욕장과 유채꽃 축제로 유명합니다. 2023년 4월

사진 7　오대산 중턱의 화전민 집터에 세워진 '화전금지' 비석. 비석 아래로 화전민 집의 축대였던 돌들이 뒹굴고 있습니다. 2022년 7월

광산촌의 탄생과 소멸

이렇게 수많은 인구 감소와 지역 소멸이 발생한 뒤에 등장하는 것이 광산촌입니다.

강원도 최초의 탄광촌인 강원도 영월군 북면 마차리는 한때 다국적 광부들이 모여들며 번성했지만, 1990년에 영월탄광이 폐광하면서 지금은 한적한 산촌으로 되돌아갔습니다. 충청남도 보령시 성주면이나 전라남도 화순군 동면처럼, 강원도 바깥에서도 탄광이 폐광하면서 인구 감소와 지역 소멸을 겪는 광산촌을 찾아볼 수 있습니다. 경상북도 봉화군 춘양면 우구치리에서는 한때 금정금광이 운영되어, 춘양면은 군청 소재지인 봉화읍보다 더 번성했습니다. 하지만 금광이 폐광된 뒤로는 광산촌이 소멸해서, 지금은 금광 가는 길에 폐허가 된 건물들이 있을 뿐입니다.

현재도 탄광이 운영되는 강원도 삼척시 도계읍의 영동선 도계역 앞에는 '석탄 산업전사 안녕 기원비'라는 비석이 서 있습니다. 이 비석의 뒷면에는 "도계여 영원하라"라는 글귀가 적혀 있습니다. 만약 탄광이 폐광하면 이곳 또한 다른 광산촌의 전철을 밟지 않을까 생각합니다.

사진 8   충청남도 보령시 성주면의 탄광촌. 2019년 10월

사진 9   경상북도 봉화군 춘양면 우구치리의 금정금광 광산촌에서 운영되던 구멍가게. 2023년
          8월

행정구역 개편으로 인한 인구 감소

1995년에도 전국 여러 곳에 인구 감소와 지역 소멸을 일으킨 큰 사건이 있었습니다. 대규모 행정구역 개편입니다. 이때 전라북도에서는 이리시와 익산군이 통합했고, 전라남도에서는 순천시와 승주군이 통합했습니다. 통합 당시의 여러 약속에도 불구하고, 결국 익산군청과 승주군청 소재지였던 함열읍과 승주읍은 쇠락 일로를 걷게 됩니다.

익산군청은 원광보건대학교가 사용하다가 현재는 익산시청 북부청사로 사용되고 있지만, 예전 군청 소재지 시절의 규모를 회복하지 못하고 있는 것 같습니다.[5] 제가 함열읍을 답사한 뒤 SNS에 사진을 올리자, 어떤 분께서 이런 코멘트를 남겨주셨습니다. 이 분이 기억하시는 옛 경관을 저는 현장에서 확인하지 못했습니다.

"함열읍은 익산군과 이리시가 통합해 익산시가 되기 전까지는 익산군청 소재지였습니다. 2, 7일 오일장이 (지금도 열리지만) 저 어렸을 때만 해도 군청 소재지라 꽤 큰 규모로 (열려) 주변 면 단위에서 사람이 모였습니다."

승주군청도 순천제일대학이 사용하다가 대학이 폐교하면서 군청 소재지 일대가 몰락했고, 2023년에 순천시는 옛 군청 건물을 되사기로 했습니다.[6] 아마 익산군청의 전철을 밟게 되겠지요. 이처럼 도농통합이 이루어지면 농촌적인 성격이 강하거나 세력이 약한 지자체는 쇠락하는 것이 그간의 상황이었습니다.

전라북도 전주시와 완주군을 통합하자는 논의에서, 도시인 전주에서는 찬성 입장이 많지만 완주에서는 반대 입장이 많습니다. 전주와 완주는 하나의 생활권이기 때문에 통합하는 것이 자연스러워 보입니다. 그래서 통합에 반대하는 완주 측을 비판하는 주장도 있습니다.[7] 하지만 익산군과 승주군의 전례를 돌이켜 보면, 완주 측에서 통합을 반대하는 것은 어쩌면 당연합니다. 특히 전주완주혁신도시가 만들어지면서 완주군 이서면의 인구가 늘어나고 전주시에서 완주군으로 빠져나오는 인구도 늘다 보니, 완주군은 전주시와 통합하기보다는 독자적으로 시가 되는 쪽을 선호하는 것으로 보입니다.

사진 10   익산군이 사라진 뒤 쇠락하고 있는 함열읍. 2023년 6월

사진 11 승주군이 사라지기 직전까지 시가지 조성을 하다가 중단된 군청 소재지 일대. 2022년 10월

사진 12 전주완주혁신도시의 완주군 쪽 버스정류장에 게시되어 있는 완주 관광안내도. 완주군 이서면이 그 밖의 완주군과 떨어져서 육지 속의 섬처럼 자리하고 있습니다. 2023년 6월

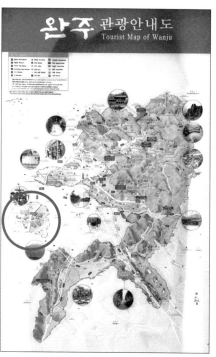

군대 해체로 인한 인구 소멸

그리고 현재 다가오고 있는 또 하나의 거대한 인구 감소, 지역 소멸 요인은 일부 한국군 부대의 해체 및 재배치 사업입니다. 군 복무를 할 수 있는 청년 남성 인구가 줄어들면서, 몇몇 군부대가 기존에 배치되어 있던 일부 전방 지역에서 철수하고 있습니다.

대도시에서는 군부대를 다른 지역으로 보낸 뒤에 개발사업을 하려 합니다. 하지만 강원도 전방 지역에서는 군부대가 빠지면 기지촌 경제가 붕괴하여 인구 감소와 지역 소멸을 겪습니다. 이는 일찍이 1970년대에 미군 부대가 철수하면서 경기도 전방 지역이 겪었던 일입니다. 그래서 한국군 기지촌이 발달한 강원도 양구[8]·인제[9]·화천[10]·양양[11] 등의 민관은 심각한 위기의식을 호소하고 있습니다.

울산[12]이나 대구[13]처럼 거점 도시에서 빠져나오는 군부대를 유치하려는 경쟁이 전국 여러 지역에서 일어나기도 합니다. 전라북도 임실군처럼, 전주시의 군부대를 유치한 뒤 극진히 배려한 덕분에 지역 경제가 살아나는 선순환을 만들어낸 사례도 있습니다.[14] 그렇다 보니, 서울 노원구에 있는 육군사관학교를 유치하려는 지자체들이 과열 경쟁을 벌이고 있을 정도입니다.[15]

최근에는 50명의 군인 인구를 둘러싸고 경상북도 영양군과 봉화군이 갈등을 빚고 있습니다. 경상북도 영양군 일월면에 주둔하는 레이더기지의 관사가 봉화군 춘양면에 있는 것이 문제의 발단입니다. 영양군은 군부대만 자기 지역에 있어서 희생을 강요당하고 있다며, 이 부대에서 근무하는 군인이 묵는 관사 건물도 영양군으로 옮겨와야 한다고 주장합니다. 봉화군은 관사 건물이 자기 지역에 있는 이유가 영양군보다 제반 조건이 낮기 때문이고, 또 관사 건물이 자기 지역에 있었던 역사가 길기 때문에 양보할 수 없다고 주장합니다.[16]

인구 1만 6000여 명의 영양군과 3만여 명의 봉화군이 군인 50명을 둘러싸고 벌이는 갈등을 보면서, 이들 지역이 인구 감소와 지역 소멸 문제를 얼마나 심각하게 느끼고 있는지 확인합니다.

육군 제27사단 이른바 이기자 부대가 주둔하던 화천군 사내면은 이기자 부대가 빠지면서 입은 경제적 타격을 어떻게든 만회하기 위해 이기자 부대를 다시 활용하려 하고 있습니다. 사내면이라는 지명을 이기자면으로 바꾸면, 이 부대에서 근무했던 사람들이 추억을 찾아 한 번이라도 올 것이라는 생각입니다.[17]

화천군은 베트남 전쟁에 파병되는 군인들이 훈련하던 장소를 '월남 파병용사 만남의 장'이라는 이름으로 정비했습니다. 이곳에서 훈련받았던 퇴역 군인들이 추억을 되새기기 위해 찾아오길 바라는 것입니다. 군부대가 주둔하면서 성장했다가 군부대가 떠나면서 위기를 맞은 기지촌 지역들의 절박한 상황을 짐작할 수 있습니다.

사진 13   공군 50명이 주둔하는 관사를 이전해달라는 영양군의 주장을 반박하는 봉화군 측의 플래카드. 2023년 8월

사진 14   강원도 화천군 간동면 오음리의 월남 파병용사 만남의 장에 남아 있는 그 당시의 막사. 2018년 7월 28일

여담이지만 화천군 사내면에 아직 부대가 주둔하고 있을 때, 미래에 기지촌 경제가 붕괴될 가능성이 있는 지역을 미리 살펴본 적이 있습니다. 저는 사내면을 답사하면서 참 좋은 느낌을 받았습니다. 군부대가 없어지더라도, 기지촌 시절에 조성된 도시 구조와 천혜의 자연을 결합하면 관광지로서 충분히 매력을 지닐 것이라고 생각했습니다. 그러려면 지명을 인위적으로 바꾸지 않고 그대로 두는 것이 낫지만, 이것은 개인적인 의견일 뿐 어떤 길을 선택할지는 현지 시민분들의 몫입니다.

군부대 이외에 교도소(청송),[18] 공항터미널(의성),[19] 양수발전소(봉화·영양·합천·구례·곡성)[20] 등을 자기 지역에 유치하거나 시설 확장을 해달라고 요구하는 지역이 늘어나고 있습니다. 특히 양수발전소 유치 운동을 벌이고 있는 경상북도 봉화군에는 이미 환경 문제가 심각한 영풍 석포제련소까지 있어서, 여러 지역이 인구 감소 문제에 맞서 얼마나 처절하게 노력하고 있는지를 뼈저리게 느끼게 해줍니다.

지금까지 살펴본 것처럼, 인구 감소와 지역 소멸은 최근 들어 일어나는 현상이 아닙니다. 전근대까지 거슬러 올라가지 않더라도, 현대 한국 시기에도 수많은 선례를 찾을 수 있는 보편적인 현상이었습니다. 인구 감소와 지역 소멸을 이야기할 때 외국 사례만 끌어올 것이 아니라, 위에서 말씀드린 것처럼 한국 사회가 겪었던 사례들을 되돌아보고 참고할 점을 찾아내는 작업이 필요합니다.

사진 15   양수발전소 유치를 요구하는 플래카드 너머로, 영풍 석포제련소가 보입니다. 경상북도
봉화군 석포면. 2023년 8월

도시들의 인구 구조가 바뀌고 있다

　미래에 한국에서 일어날 가능성이 있는 가장 큰 변화는, 인천이 부산을 뛰어넘어 한국에서 두 번째로 인구가 많은 도시가 되는 것입니다. 인구 규모가 서울, 인천, 부산, 대구 순이 된다는 것이죠.[21] 이것은 인천의 행정이 탁월하고 부산이 부족해서가 아니라, 인천이 서울 및 경기도와 함께 대서울권의 핵심에 자리하기 때문입니다.

　물론 동남권은 한국에서 가장 남쪽에 자리한 안보벨트로서 위상을 유지할 것입니다. 남동임해공업지역이라 불리는 콤비나트가 이미 형성되었다는 경로 의존성도 작용할 것입니다. 그러므로 동남권의 중심 도시인 부산이 중요성을 잃는 일은 없겠지만, 인구 면에서 인천에 추월당한다면 부산의 민관이 느낄 충격은 클 것입니다.

　또한, 충청남북도와 전라남북도의 인구가 역전된 사실도 두 지역에 큰 영향을 주고 있습니다. 원래는 전라도가 충청도보다 인구가 많았으나, 2013년 5월에 충청도의 인구가 전라도를 뛰어넘었습니다.

이때부터 충청남북도에서는 '영·호·충(영남·호남·충청)' 시대가 끝나고 '영·충·호' 시대가 왔다는 말이 나오기 시작했습니다.[22]

전라북도의 반발

충청남북도가 '영·충·호' 시대를 언급하자, 전라남북도 특히 전라북도 측에서는 맹렬하게 반발했습니다. 1963년에 전라북도 금산군 전체와 익산시 황화면이 충청남도로 소속을 바꾸었는데, 그 배경에 당시 여당의 유력 정치인들이 있다는 설이 있습니다.[23] 그래서 충청도가 전라도 인구를 뛰어넘었다고 하지만, 만약 1963년에 충청남도로 넘어간 땅을 되돌려받는다면 다시 전라도 인구가 충청도보다 많아진다는 주장이 나옵니다.[24] 1963년에 경상북도로 울진군을 빼앗긴 강원도와 힘을 합쳐 행정구역을 되돌리자는 주장도 들립니다.

또 전라북도에서는 충청도뿐 아니라 전라남도에 대해서도 "본래 전남과 충남의 일부 지자체는 과거 전북에 포함됐"[25]었다며 피해의식을 주장합니다. 원래 호남이라고 하면 전주와 나주가 중심이었지만, 언제부터인가 전라북도가 아닌 전라남도 쪽, 그중에서도 전라남도 중간에 자리한 광주광역시가 호남을 대표하는 도시로 언급되는 일이 늘었습니다.

이에 대해 전라북도 특히 전주시 쪽에서는 반발하는 목소리가 들립니다. 얼마 전부터 전주시 곳곳에서 "전주, 다시 전라도의 수도로!"라는 구호를 목격합니다. 전주가 전라남북도를 포함하는 수도였던 적은 없습니다. 그러나 아마도 전주가 조선 왕족들의 고향이라는 점을 강조하는 구호인 듯합니다. 그리고 아마 저 구호가 지목하는 경쟁 상대는 나주가 아니라 광주광역시겠죠. 전주와 나주가 호남을 대표하던 시절에는 존재감이 미미하던 광주광역시가, 지금은 인구 65만 명의 전주시보다 두 배 이상 많은 150만 명의 인구를 보유하고 있는 현실에 대한 전주시 측의 복잡한 심경이 읽힙니다.

사진 16　　1963년에 전라북도 익산군에서 충청남도 논산군으로 소속을 옮긴 황화정리에 남아 있는, 1970년대 말의 취락구조 개선사업에 따른 새마을 주택, 2022년 11월

너도나도 100만 도시

전주시가 광주광역시의 인구 수를 능가하려면, 100만 명 상당의 인구를 늘려야 합니다. 실제로 2002년도에 당시 전주시장이 10년 내로 전주시 인구를 100만 명으로 늘리겠다고 선언하자 전주시 직원들도 놀랐다는 후문이 들렸죠.[26] 그러나 이러한 희망이 무색하게도 이 책을 쓰고 있는 2023년에 전주시 인구는 65만 명 전후에 머물고 있습니다.[27]

전주의 사례는 그래도 나은 편입니다. 인구 30만 명을 넘나드는 충청남도 아산시의 모 시장은, 2010년까지 100만 도시가 되겠다는 선언을 했지만,[28] 2023년 11월 기준 현재 34만 명 정도에 그치고 있습니다. 아무리 아산시가 삼성반도체·디스플레이가 있는 '삼세권'이라고 해도, 앞으로 60만 명 이상의 인구가 아산시에 더 거주하게 될 것이라고 예상하기는 어렵습니다. 천안시와 합치면 100만 명 정도이므로,[29] 현지에서는 두 도시를 통합해서 천안아산통합특례시(또는 아산천안통합특례시)를 만들자는 주장이 나오기도 합니다.[30] 물론 아산시보다 두 배 정도 많은 66만여 명의 인구를 보유한 천안시에서는, 아산시를 통합할 것 없이 자체적으로 100만 도시를 만들겠다는 주장이 들립니다.[31]

100만 인구를 주장하는 것은 전주·천안·아산뿐만이 아닙니다. 제가 확인한 것만 해도 파주,[32] 광주,[33] 평택,[34] 남양주,[35] 세종,[36] 청주,[37] 서산,[38] 군산,[39] 구미,[40] 김해,[41] 강릉,[42] 춘천[43] 등에서 인구 100만 도시를 내건 바 있습니다. 제가 확인하지 못한 곳들도 더 많을 겁니다. 다들 이렇게 미래를 장밋빛으로 그리고 있으니,[44] 지자체의 도시계획대로라면 한국 인구가 1억 명이 넘을 것이라는 말이 나오는 것이죠.

세종·군산·춘천의 경우

100만 도시를 꿈꾸는 지역들 가운데 세종·군산·춘천은 좀 더 들여다볼 필요가 있습니다.

우선 세종시에서 100만 도시를 만들겠다는 주장이 나오는 것은, 1970년대 말에 임시행정수도를 건설하면서 이 도시를 '인구 100만의 신도시'[45]로 만들겠다는 구상이 있었기 때문입니다. 하지만 세종시의 인구는 2023년 초에야 39만 명을 넘었고,[46] 이 책을 쓰고 있는 2023년 8월에는 인구 감소가 시작되었습니다.[47] 세종시는 중앙정부 부처 및 공공기관이 이전해오면 인구가 늘다가, 이 흐름이 멈추면 인구 증가도 멈추는 경향성을 보입니다. 국가가 산업인 도시다운 특성입니다.

그렇다 보니 세종시의 민관에서는 임시행정수도 계획에 포함된 서울과의 직통 고속철도를 건설해서, 다시 인구를 늘릴 수 있다고 생각하는 경향이 있습니다. 하지만 전국의 여러 도시에서 보듯이 서울과 세종 간에 직통철도가 생기면, 교통이 불편해서 세종 및 주변 도시에 정착했던 공무원들이 다시 서울에서 출퇴근할 가능성이 커질 것입니다. 서울에서 KTX를 타고 오송역에 내려서 버스로 세종 도심으로 이동해야 하는 상황에도 현지에 정착하지 않는 공무원이 많은데, 지금보다 교통이 편리해진다면 오죽하겠습니까.

충청남도청이 도청이 자리한 내포신도시 바로 옆에 서해선 삽교역(내포역)을 만들지 않고, 약간 거리가 떨어진 예산군 삽교읍 삽교리에 미니 신도시를 건설하기로 한 것도[48] 공무원들이 서해선을 타고 내포신도시와 서울·경기도 지역을 출퇴근하는 것을 막기 위해서라고 추측합니다. 이렇게 해도 내포신도시는 애초에 목표로 삼았던 인구 10만 명에 턱없이 미치지 못하는 3만여 명에서 머물러 있습니다. 2023년 9월 시점에 내포신도시의 인구가 3만 5000명에 접근하고 있다는 보도가 나오고 있지만,[49] 10만 명으로 가는 길은 여전히 멀기만 합니다.

　　한편 군산시에서는 예전부터 하나의 생활권인 충청남도 서천군 장항읍, 새만금 간척지를 통해 육지로 연결될 전라북도 김제군과 부안군을 합치면 인구 100만의 도시를 만들 수 있다는 주장이 제기된 바 있습니다. 이 주장에 따르면 통합 새만금 광역시는 군산의 30만 명, 서천의 7만 명, 김제의 9만 명, 부안의 10만 명을 합쳐서 100만 도시가 될 수 있다고 합니다. 이 정치인이 제시한 네 개 도시의 인구를 산술적으로 합치면 56만 명이어서, 만약 네 개 도시의 통합이 이루어지더라도 현재의 전주나 천안보다 인구가 적습니다.

경기도 성남시의 사례

100만 도시를 만드는 것이 얼마나 어려운지, 속칭 '강남 4구'라고 불리는 분당신도시를 포함한 경기도 성남시의 사례에서 확인할 수 있습니다. 통계청에 따르면 성남시가 출범한 1973년 당시의 인구는 190,580명이었습니다. 이로부터 15년이 지난 1988년에는 50만 명을 돌파했고, 분당신도시가 건설된 1992년에는 60만 명, 1993년에는 70만 명, 1994년에는 80만 명, 1996년에는 90만 명을 돌파, 판교신도시의 입주가 시작된 뒤인 2010년에는 인구 최대치인 996,524명을 기록했습니다. 이 흐름대로라면 성남시가 인구 100만 명을 넘는 것은 시간문제일 것 같았습니다.

하지만 성남시의 인구는 2010년을 정점으로 줄어들기 시작해서, 2021년에는 20년 전 수준인 945,037명으로 되돌아갔습니다. 이처럼 성남시의 인구가 더 늘지 않은 이유는 분당·판교신도시의 주택 가격이 너무 비싸다 보니, 성남시에서 근무하는 시민들이 성남시가 아닌 도시에 거주하면서 통근·통학하기 때문으로 보입니다.

몇 년 전에 만난 성남시의 고위 공무원은, 성남시가 인구 100만 명을 넘지 못하는 바람에 행정적으로 할 수 없는 일이 많다고 아쉬워하더군요. 그러면서, 성남시에서 근무하면서 시외에서 거주하는 청년 인구를 성남시로 끌어들이기 위해 어떤 구상을 하고 있는지 들려주었습니다.

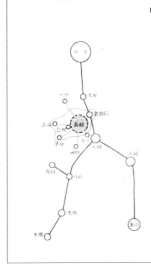

사진 17   『행정수도 건설을 위한 백지계획 - 후보지 선정에 관한 2차 조사』(기획단, 1978)에 보이는 100만 도시 언급. 세종시 탄생과정 기록관 공개

사진 18   서해선 내포역 예정지에서 바라본 내포신도시. 제가 답사한 2022년 11월 당시에는 역 이름이 삽교역이었지만, 충청남도청에서 이 역의 이름을 내포역으로 바꾸려 해서 홍성군 측에서 반발하고 있습니다.[50]

그러나 결국 성남시는 인구 100만 명을 넘지 못했습니다. 성남이라고 하면 한국 전체에서도 가장 역동적인 도시들 가운데 하나입니다. 그런 성남시도 100만 명의 벽을 넘지 못했는데, 하물며 앞서 언급한 십여 개의 도시가 인구 100만 명을 넘는 것은 더욱 어려울 것이라고 판단할 수밖에 없습니다. 성남시 분당신도시와 고양시 일산신도시는 똑같이 1기 신도시이면서도 아파트 가격에서 차이가 크다는 점이 일산신도시 쪽 주민들의 불만이라고 합니다. 하지만 그 아파트 가격 차이로 인해서, 성남시는 인구 100만 명을 넘지 못했고 고양시는 100만 명을 넘어서 2022년에 특례시로 지정되었습니다.

'1000만 서울'이라고 흔히 말하는 서울시도 서울 열린데이터 광장에 따르면 1988년에 1000만 명을 돌파한 10,286,503명을 기록했다가, 22년 뒤인 2020년에 1000만 명 아래인 9,911,088명으로 내려간 뒤 계속 인구가 줄고 있습니다. 서울시에서 빠져나간 인구는 경기도로 이동해서, 경기도 인구가 최근 증가세를 보입니다.

중심과 주변 도시 사이의 인구 빼앗기 현상

성남과 서울이 하고 있는 고민을 부산·대전·광주·대구 등의 광역시에서도 똑같이 하고 있습니다. 대도시에서 빠져나오는 인구를 흡수하는 주변 도시들에서는 인구가 증가하는 경향이 보입니다. 중심 도시와 주변 도시들 사이에 인구 빼앗기 현상이 보이는 것입니다. 한때 세종시에 인구를 빼앗기던[51] 충청남도 공주시도 최근 들어 미세한 증가세를 보입니다.[52] 일부 언론에서는 이를 도시재생사업 덕분으로 보고 있지만 저는 세종시의 주택 가격이 높다 보니 공주로 빠져나오는 인구가 발생한 탓이라고 추정하고 있습니다.

전라북도에서는 전주·익산·군산이라는 3대 도시의 인구가 줄고, 이들 도시의 외곽에 자리한 김제·완주의 인구가 늘고 있습니다. 2023년에 전주시를 떠난 인구의 절반이 인접한 완주군으로 옮겨갔으며,[53] 전라북도 지역에서는 2022년 8월에 완주와 김제만 인구가 늘었습니다.[54] 이런 추세는 전라북도 내에서 상당한 관심을 끌어서, 완주와 김제가 주거환경을 개선함으로써 이웃 도시들의 인구를 흡수할 수 있었다는 분석을 내놓는 지역 언론도 있었습니다.[55] 주거환경을 개선한다는 말은 곧 중상층 시민들에게 고급 주택을, 그리고 중하층 시민들에게 가성비 좋은 주택을 공급한다는 말이겠지요. 전주·익산·군산에서 김제·완주로의 인구 이동뿐 아니라, 익산에서 전주·군산 택지개발 지역으로 이동하는 흐름도 보여서, 주거환경 개선이 인구 증가의 핵심임을 다시 한번 확인하게 됩니다.

사진 19   김제 시내의 동쪽 외곽인 검산동에 건설된 아파트단지. 농촌 시절의 마을을 병풍처럼
포위하고 있습니다. 2023년 5월

사진 20   김제시청은 "전북권 4대 도시로 웅비하는 김제"라는 구호를 내세우고 있습니다. 현재
김제시의 인구는 전주, 익산, 군산, 정읍, 완주에 이어 전라북도에서 6위를 기록하고
있어서 "전북권 4대 도시"라는 구호가 아직은 낯설게 느껴지기는 합니다. 하지만 최근
인구가 조금씩 증가하고 있는 김제시의 낙관적 분위기를 느끼게 하는 구호입니다.
2023년 5월

신도시 개발로
인구가 늘어난다는 환상

경상북도 구미시의 구미 하이테크밸리 국가산업단지(5단지)를 답사하기 위해 시내에서 택지조성 현장까지 택시로 이동한 적이 있습니다. 택시를 타고 가는 중에 기사님이 흥미로운 말씀을 하시더군요. 제가 구미국가산업단지 확장단지나 이 5단지를 언급하면서 "이렇게 자꾸 신도시를 외곽에 만들면 도심 공동화가 일어나지 않겠습니까?"라고 묻자, "외곽에 신도시를 만들어야 도심과 연담화돼서 인구가 늘지요. 계속 외곽에 신도시를 만들어야 합니다"라고 답하셨습니다.

구미는 한때 전국에서 가장 인구성장률이 높은 도시였습니다. 2015년 419,915명으로 정점을 찍었지만, 그 뒤로 조금씩 인구가 줄고 있습니다. 최근 들어 인구 감소세가 멈추긴 했으나 구미시의 공무원들이 주장하는 것처럼 기하급수적으로[56] 인구가 늘 것 같지는 않습니다.

신도시에는 대도시 인구만 유입될까?

전국적으로 인구가 감소세를 보이는 지금, 도시 외곽에 신도시를 만들면 도심이나 도시 주변 농산어촌의 인구가 옮겨가는 경향을 보입니다. 또, 도시 외곽의 신도시와 기존 도심이 연담화되지 않는 일도 늘고 있습니다. 1기 신도시인 고양시 일산신도시는 여전히 주변 도심과 연담화되지 않았으며, 부산 기장군의 정관신도시처럼 처음부터 주변 도시와의 연담화를 염두에 두지 않고 산속에 고립된 형태로 만들어진 곳도 있습니다.

하지만 많은 도시의 시민들은 도시 외곽에 신도시를 만들면 도심이나 주변 농산어촌의 인구는 이동하지 않고, 오로지 서울을 비롯한 대도시에서만 인구가 유입된다고 생각하는 것 같습니다. 그래서 자기 지역의 인구가 전체적으로 늘어날 것이라는 희망을 품는 것이지요. 그렇게 신도시를 만들어서 외부 유입 인구가 늘어나면, 기존 도심과의 연담화도 실현된다고 믿는 것 같습니다.

하지만 "정부는 주민등록인구상 혁신도시의 계획인구 76% 이상을 달성했다고 주장하지만, 이는 수도권이 아닌 주변 구도심 인구를 블랙홀처럼 빨아들인 것"이라는 지적이 나온 지 오래입니다. 특히 경상남도 진주혁신도시는, 혁신도시가 만들어지면서 진주시 "내부의 인구 이동과 도시의 쇠퇴 현상"[57]이 심각한 지역으로 지적되기도 했습니다. 지역 언론에서도 진주시가 인구 50만이라는 목표를 달성하기 위해 도시의 외연을 확장시키는 것이 "주요 거리마다 상가건물 공실화와 도심 활력을 저하시키는 원인으로 작용하고 있"으며, "주요

구도심 특색을 쇠퇴시키고 신도시마저 정주 의욕을 상실시키고 있다"[58]며 비판하고 있습니다.

이런 상황을 관찰하고 있자면, 어쩌면 중심 도시 특히 신도시에 거주하는 시민들은 자기 도시가 원도심이나 주변 도시의 인구를 빨아들여서 이 지역들이 소멸되어도 관계없다고 생각하고 있는 게 아닌가 하는 의심을 품게 됩니다.

혁신도시의 현실

최근 도심 외곽의 허허벌판에 많이 만들어지는 것이 혁신도시입니다. 혁신도시는 기존 도심의 외곽이나 두 개 이상의 지자체의 경계에 걸쳐서 만들어지는 것이 일반적입니다. 이렇게 기존 생활권과 전혀 관계없는 곳에 신도시를 만들고는, 자기 지역의 기존 인구는 가만히 있으면서 서울·경기 등에서 '청년 인구'가 유입되어서 자기 지역 인구가 늘기를 바라는 지자체를 많이 봅니다.

하지만 그 신도시에 유입되는 것은 대개 원도심이나 주변 지자체에 살던 시민들이다 보니, 주변 도시의 공동화가 발생하고 있습니다.[59] "특히 중소도시에 입지한 7개 혁신도시의 원도심 및 주변지자체 인구가 혁신도시로 유출되고 있으며 이들 중 대부분이 유소년(0~14세) 및 핵심생산가능인구(25~49세)에 해당하여 혁신도시·원도심·주변 지자체 간 발전 격차"[60]가 우려된다는 지적도 나왔습니다.

일각에서는 신도시를 개발하면서 그곳에 각종 시설을 집중시켜 압축도시(콤팩트시티)의 기능을 수행시키겠다고 주장합니다. 하지만 지금까지 전국에 조성된 혁신도시와 같은 신도시들은 도심 외곽에 만들어지다 보니 해당 도시의 거점이 여러 개가 되는 바람에, 하나의 거점을 육성하고 교통망을 집중시킨다는 압축도시의 취지와 달라지고 있습니다.[61] 혁신도시는 결국 또 하나의 택지개발에 불과한 사업이었다고 평가할 수밖에 없습니다.[62]

이런 지역을 실제로 답사해서 주민들의 생활을 관찰하고 이야기를 나누어 보면, 신도시에는 다양한 시설이 갖춰 있지 않고, 기존 도심에 조성된 시설을 이용하려고 해도 대중교통이 열악해서 수많은 시민이 불편을 강요당하고 있다는 현실을 확인할 수 있습니다.[63]

부산 강서구의 명지신도시에서 원도심인 명지항 쪽으로 이동하기 위해 강서구 21번 버스를 기다린 적이 있습니다. 강서구 측의 안내에는 버스가 25분 간격으로 온다고 되어 있었지만, 실제로는 일요일 오전 10시부터 11시까지 거의 한 시간 이상 기다려야 했습니다. 신도시의 버스 배차 간격이 너무 커서 버스정류장에서 기다리는 경우는 심심찮게 경험하지만, 부산 같은 대도시의 명지신도시처럼 인구가 밀집된 지역에서 버스를 한 시간이나 기다리게 될 줄은 몰랐습니다.

제가 답사한 곳들 가운데에는 특히 전라북도 전주와 경상남도 진주가 대중교통으로 다니기에 불편했습니다. 전주완주혁신도시에 입주한 공무원·공공기관 직원분들도, 그곳에 정착하려고 해도 신도시에는 시설이 미비하고 기존 도심과는 동떨어져 있는 데다가 대중교통도 불편해서 곤란하다고 말하시더군요. 진주의 경우는 버스 기사들의 불친절을 성토하는 여론이 진주시 홈페이지의 열린시장실과 지역 언론[64] 등에서 쉽게 확인됩니다. 버스 기사들이 친절하지 않은 이유는 대체로 열악한 근무 조건 때문입니다. 그리고 이 열악한 근무 조건은 노선과 배차 간격 문제에서 비롯됩니다.

지역의 주요 도시들은 대서울권 등 주요한 지역의 기관을 이전해 오거나 외곽에 신도시를 만드는 데에만 주력하지 말고, 새로 찾아온 시민들에게 편리한 삶을 어떻게 보장할지, 신도시가 건설되면서 외면받기 쉬운 원도심 및 주변 도시들을 어떻게 배려할지 고민해야 합니다.

하지만 원도심을 재개발하는 것보다 신도시를 만드는 데에만 관심이 있는 주요 도시의 행정가들은, 자신들이 행정을 집행한 결과 쇠퇴한 원도심을 지역 소멸이라는 패러다임으로 설명하면서 자신들의 책임을 회피하고 있습니다. 인구가 늘면 행정가·정치가들 덕분이고,[65] 인구가 줄면 수도권 인구 집중 때문이라고 회피합니다. 그렇게 아무도 책임지지 않는 상황에서 거점 도시의 외곽 신도시로 인구가 빠져나간 원도심과 주변 지역은 쇠퇴해가고 있습니다.

혁신도시는 국가 차원의 사업이기 때문에 지자체가 결정할 수 있는 일이 별로 없습니다. 또 최근 들어서는 기존의 공공기관 이전이나 혁신도시 사업에 대한 반성에서, 앞으로 2차 공공기관 이전 때에는 신도시가 아닌 기존 시가지로 옮기겠다는 발언이 중앙부처에서 나오기도 했습니다.[66]

문제는 지자체 단위에서 원도심을 희생시키고 신도시를 개발하려는 움직임입니다. 이 경우는 지자체가 원도심 소멸에 전적으로 책임이 있습니다. 예를 들어, 원도심에 있던 버스터미널을 외곽으로 이전시키면 터미널 주변의 원도심이 쇠퇴한다는 것은 그간 무수히 확인된 현상입니다. 철도역은 국가시설공단이 정하기 때문에 어쩔 수 없다고 해도, 버스터미널은 시가 의지를 갖는다면 원도심 쇠락 문제를 막을 수 있습니다.

경상북도 안동시는 예전에도, 선로 개량에 따라 중앙선 안동역이 위치를 바꾼 뒤에도, 버스터미널을 역 근처에 두는 정책으로 시민들의 편의를 도모했습니다. 다만 이에 따라 옛 안동역 주변 원도심의 쇠락은 피할 수 없습니다. 충청남도 서산시의 경우는 이런 문제를 해결하기 위해 원도심의 기존 공용버스터미널은 시내버스용으로, 시내 동남 쪽에 조성되는 수석동 택지에 신설하는 버스터미널은 시외버스용으로 구분하는 방식을 택할 것 같습니다.[67] 시민의 편의와 원도심 소멸 방지라는 두 가지 토끼를 잡기 위해 행정당국이 고민하는 모습을 이들 도시에서 확인할 수 있습니다.

전라남도 순천시와 경상남도 진주시는 원도심에 있는 버스터미널을 외곽으로 옮긴 뒤에 옛 버스터미널 부지를 어떻게 할지에 대해 정반대의 대안을 제시하고 있습니다. 순천시의 모 공무원은 터미널 부지에 대형 광장을 설치하면 "젊은 층이 자연스럽게 유입돼 원도심에 놓인 터미널 주변 상권이 덩달아 활성화할 것"이며 "도시재생과 거리가 먼 고층의 주상복합건물 건설은 추진하지 않"[68]는다고 말합니다.

사진 21　　　　2020년 12월에 운영을 종료한 옛 안동역 역사가 운영되던 당시의 모습. 2020년 10월

그 반면에 진주시의 모 정치인은 "진주 시외버스터미널 부지를 가칭 '복합타운'으로 조성"해서 "KBS 진주방송국을 이전하고 다양한 문화체험을 할 수 있는 공간을 갖추"[69]자고 주장합니다. 대형 광장과 복합타운, 이 둘 중에 어느 쪽이 터미널이 떠나간 원도심을 지킬 수 있을지, 또는 둘 다 원도심 쇠락을 막지 못할지 지켜봅시다.

기승 전 인구 감소,
기승 전 지역 소멸은 아니다

'인구 감소'와 '지역 소멸'이라는 말이 언론과 정치권에서 유행어처럼 사용되다 보니, 모든 문제의 근원이 인구 감소 때문이고, 자기 지역에 어떤 시설이 들어서지 않으면 지역이 소멸한다는 식의 주장을 하는 사람이 많습니다.

얼마 전에 부산의 모 지역방송이 「'인구 감소' 부산 신입생 0명 초등학교 임시 휴교」[70]라는 제목의 기사를 내보냈습니다. 요즘 지역 언론사에서 '인구 감소'로 학교가 휴교한다는 기사를 많이 내보내고 있기에,[71] 이번에는 부산의 어느 농촌 지역에서 인구가 감소했나 하고 기사를 봤습니다. 그랬더니 주변을 재건축하는 바람에 주민들이 이주해서 학교가 임시 휴교한다는 기사인데, 마치 인구 감소 때문에 지역이 소멸할 것 같은 뉘앙스의 제목을 붙였더군요. 이렇게 기사 제목을 붙이면 정말 인구 감소로 고민하는 지역들은 뭐가 될까요?

요즘 지역 담론을 들여다보면 이런 식으로 '기승 전 인구 감소'인

경우가 많습니다. 예를 들어, 코로나19가 유행한 2020년부터는 인구가 감소해서 버스터미널이 폐업하는 바람에 지역 소멸이 가속화되고 있다는 뉴스가 많이 나오고 있습니다.[72] 그러나 인구 100만 명에 육박하는 경기도 성남시의 성남 버스터미널도 2022년 말에 폐업하여 시민들에게 큰 불편을 주고 있으며, 경기도 고양시 화정터미널도 2023년 5월 31일에 폐업하였습니다.[73] 이 버스터미널들의 폐업이 정말 지역 소멸 때문일까요? 저는 철도 교통의 확충, 지방 간의 이동 수요 감소, 민영 교통 시스템의 문제(목포 시내버스 폐업 문제도 상통합니다) 등이 복합적으로 얽힌 결과라고 생각합니다.

또, 세종시에서는 상가 공실 문제가 심각한데, 이 문제의 원인이 세종시의 인구 증가세 감소 때문이라고 일부 언론들이 보도하고 있습니다.[74] 하지만 세종시 상가 공실 문제에 대해서는, LH가 다른 택지개발 지역에서와 마찬가지로 상가 분양료를 높게 받았다거나,[75] "행정도시 품격과 경관미, 환경보호"를 위해 금강을 바라보는 방향의 상가에 업종 제한을 강하게 걸었기 때문이라는 지적도 있습니다.[76]

특히 업종 제한 문제는 정부 기관이 모여 있는 세종시의 도시 기능을 저해시키는 지경에 이르렀습니다. 업종 제한 때문에 세종시에 숙박시설이 부족하다 보니, 세종시에서 행사를 치르고도 이웃한 대전에서 숙박해야 하는 일을 저도 몇 번이나 겪었습니다. 그래서 소규모 숙박시설을 입점시키기 위해, 세종시는 주민들의 반대를 무릅쓰고 업종 제한을 완화하려는 움직임을 보이기도 하지요.[77]

이처럼 세종시 상가 공실 문제의 원인과 해결책은 비교적 명확한

편입니다. 그럼에도 세종시의 인구 증가세 감소가 문제라고 주장하는 이유는 이 문제가 요즘 세종시의 관심사이기 때문인 듯합니다. 세종일자리경제진흥원을 설립하려고 이런 논리를 펼치는 것 같기도 하고요.[78] 세종시는 산업단지 등이 부족하고 도농 격차가 심한 지역이다 보니, 정부 관련 기관을 제외하면 의외로 일자리가 많지 않습니다. 그래서 국가 기관 이전과는 별도로, 세종시 자체적으로 일자리를 관리하고 증가시키려고 노력하는 모습을 보입니다.

귀농과 귀촌이 인구 감소의 해결책?

한편, 도시의 청년과 베이비부머가 농산어촌으로 귀농·귀촌하는 것이 인구 감소와 지역 소멸의 해결책 중 하나로 제시되기도 합니다.[79] 하지만 막상 도시민이 귀농·귀촌하려고 하면 마을에서 고액의 마을세를 요구하거나,[80] 새마을운동 당시 공동으로 조성한 새마을도로에 대한 소유권을 주장하며 관습 도로를 물리적으로 막는 등[81]의 문제가 발생하고 있습니다. 지자체의 행정가나 정치인들은 자신들의 일자리와 지역구가 걸렸다 보니 인구 감소에 민감하지만, 막상 해당 지역의 농산어촌에 사는 주민들은 인구 감소와 지역 소멸에 대한 위기의식이 없는 것으로 보입니다.

경상북도 포항을 답사하다가 택시를 탔는데 기사님이 경기도 남부 출신이면서 포항시 북쪽 청하읍 어느 마을의 이장을 맡고 계시더군요. 포항에서 버스 기사로 취직해서 그 동네를 드나들다가 마을 주민들과 친해져서 정착을 권유받았다고 합니다. 현재 그 마을은 토박

이보다 외지로부터의 유입 인구가 더 많은 상황이라고 합니다. 그래서 그분은 이장직을 수락할 때 이렇게 말하셨다고 하네요.

"여러분이 외지인을 차별하면 우리 마을은 소멸합니다. 토박이와 귀농·귀촌한 사람을 차별하지 않는다고 약속해주시면 이장직을 수락하겠습니다."

이렇게 열린 마음을 가진 마을만 있으면 좋겠지만, 그렇지 않은 곳도 있다 보니 귀농·귀촌하는 분들이 어려움을 겪는 경우가 발생합니다. 마을 주변에 공장이 들어서면서 제공하는 보상금을 토박이만 받고, 외지에서 와서 정착한 사람들이나 세입자에게는 나눠주지 않거나 소액만 주어서 갈등을 빚는 경우도 심심치 않게 봅니다.[82]

귀농·귀촌은 최근에 시작된 일이 아닙니다. 1960년대에는 도시에서 직업을 찾지 못한 시민들을 정부가 자발적·강제적으로 귀농시키는 사업이 있었지만, 이들도 결국 정착하지 못하고 대부분 도시로 돌아갔습니다.

그 당시의 귀농·귀촌 사업지 가운데 거의 유일하게 성공한 사례가 충청북도 진천군 덕산면의 귀농마을입니다. 정부는 새마을운동 당시 이 진천군의 귀농마을을 모범 사례로 자주 소개했습니다. 다른 지역에서 이루어진 귀농·귀촌 사업의 결과가 좋지 않다 보니, 진천군의 귀농마을이 거듭 소환되었던 겁니다. 지금보다 훨씬 더 농업 국가적 분위기였을 반세기 전에도 귀농 사업이 만만치 않았는데, 하물며 산업화·도시화 정도가 훨씬 심해진 지금은 어떻겠습니까?

사진 22 대통령비서실이 발행한 『새마을』(1975)에 소개된 충청북도 진천군 덕산면 화산리
귀농마을. 사진 속의 마을은 지금도 귀농1구라는 이름을 유지하고 있고, 현재 마을
인근에는 진천산수산업단지가 입주해 있습니다. 필자 소장

자기 지역 중심주의

거점 도시가 주변 지역에 보이는 강압적인 태도도 지역 문제의 원
인 중 하나입니다.

인구 감소와 지역 소멸에 대한 말이 나오면 수도권 인구 집중 이
야기가 반드시 따라붙습니다. 하지만 대서울권에서는 서울시가 주
변 지역에 대해 제국주의적인 행동을 보여서, 주변 지역에 거주하는
시민들의 반감을 사는 일이 자주 있습니다. 저의 책 『갈등 도시』에서
말씀드린 것처럼, 서울 사람들을 화장하기 위해 고양시에 벽제화장
장을 짓고, 서울 사람들을 묻기 위해 파주시에 용미리 묘지를 지었습
니다. 마포구의 난지도 매립지를 없애기 위해 인천시와 김포시 사이
에 수도권매립지를 만들기도 했습니다. 얼마 전에는 서초구 서초동

을 개발하기 위해 국군정보사령부를 성남시와 안양시 지역에 추가로 이전했습니다. 안 그래도 개발이 억제되고 기존에 군부대가 밀집되어 있던 지역인데 말입니다.[83]

서울과 주변 도시 사이에서 보이는 차별적 정책은, 어떤 지역에서 거점 도시와 그 주변 지역들 사이에서 보이기도 합니다. 특히 도청소재지와 나머지 도시들 사이의 인구 차이가 큰 지역에서는 'ㅇㅇ공화국'이라는 말이 심심치 않게 들립니다.[84] 서울을 향해 '서울공화국'이라고 목소리를 높이는 지역의 정치인·행정가들이 정작 자기 지역에서 도청소재지 중심적인 정치·행정을 펼치고는 합니다. 아이러니한 일입니다.

최근 청주에서는 대전-세종-충북 광역철도를 청주 도심으로 통과시키자는 주장이 강하게 일어나고 있습니다. 그런데 이런 소식을 전하는 지역 뉴스에서는 청주 도심으로 지하철이 통과하면 "충북의 운명이 바"[85]뀐다는 주장을 합니다. 그러나 냉정하게 말하면, 청주 도심으로 지하철이 통과하느냐는 음성·진천·충주·제천·단양·옥천 등의 도시와는 관련이 없습니다. 청주가 곧 충청북도라는 청주 중심주의가 이런 식으로 드러난 것이 아닌가 생각합니다.

또, 새만금 간척지 곳곳의 관할권을 두고 군산시와 김제시가 오랫동안 법정 다툼을 벌이고 있습니다.[86] 두 도시에 가면 상대방을 비난하는 플래카드가 가득 걸려 있는데, 그 내용이 참 암담합니다. 김제시에서는 군산시를 "좀도둑"에 "도적 떼"라고 비난하고 있고, 군산시에서는 새만금의 발전을 인구 "8만 김제시가 발목 잡느냐"며 "27만

군산 시민의 단결된 힘으로 새만금을 사수하자"라고 주장합니다.

두 도시의 발언 모두 선을 넘은 것 같습니다만, 군산시 측에서 인구를 가지고 김제시를 비난하는 것은 특히 씁쓸했습니다. 한국의 여러 대도시 인구와 비교하면 군산시의 27만 인구는 절대 많은 편이 아닙니다. 그런 군산시가 김제시를 인구로 공격하는 것은 보기 좋은 모습은 아니었습니다.

물론 군산시의 박탈감은 이해합니다. 군산공단·군산항·군산공항을 더 발전시켜야 하는데, 갑자기 전라북도가 새만금공단·새만금신항·새만금공항을 내세우면서 전북 대표 산업도시 군산의 이미지를 지우는 것 같은 상황이니까요. 하지만 아무리 그래도 이웃 도시들끼리 이렇게 험한 말을 주고받는 것이 좋아 보이지는 않습니다.

중심 도시의 이익이 곧 주변 도시의 이익은 아닙니다. 지방이 대서울권의 독점 현상을 비판한다면, 지방 중심 도시들도 그 지역의 다른 지역으로부터 마찬가지 비판을 받을 각오가 되어 있어야 합니다. 그레고리 헨더슨은 소용돌이 구조로 서울을 향해 집중되는 구조의 한국 사회가, 서구 세계를 만나면서 변화의 조짐을 보인다고 말했습니다. 전근대를 지배해온 소용돌이 구조가 깨지면 지방으로의 분권도 심화될 것이라고도 예측했습니다.[87] 하지만 각 지역의 거점 도시들이 자기 지역에서 소제국주의적으로 행동한다면, 한국 사회의 소용돌이 구조는 깨지지 않을 것이고 대서울권 일극 집중 현상도 깨지지 않을 것입니다.

사진 23 새만금 간척지 관할권 다툼에서 군산시 측을 비난하는 김제시 측의 플래카드. 2023년
6월

사진 24 새만금 간척지 관할권 다툼에서 김제시 측을 비난하는 군산시 측의 플래카드. 2023년
7월 류기윤 촬영

산업은행의 부산 이전 논의

자기 지역이 지역 차별과 지역 소멸의 대표주자인 것처럼 주장하는 지역들이 많습니다. 이런 주장은 자기 지역에 혜택이 주어지면 국토의 균형 발전이 이루어진다는 논리로 이어집니다. 부산의 경우는 산업은행 등 "7개 정책 금융기관이 이전해야 부산 금융중심지가 육성되고 국가 균형 발전을 이룰 수 있다고 주장"[88]하고 있습니다.

부산 측의 이런 주장에 대해 KDB산업은행 강석훈 회장이 정곡을 찌르는 말을 했지요. 그는 "산은 이전의 논리로 제시하는 국가 균형 발전을 더는 강조하지 말라고 조언"했습니다. "균형 발전을 위한다면 부산이 아니라 부산보다 더 낙후된 곳으로 산은을 옮겨야 하기 때문"[89]이라는 거죠. 산업은행을 옮기는 것이 정말로 국가 균형 발전이라면 부산보다 훨씬 세력이 약한 전주[90] 같은 도시로 옮기는 것이 합리적인 판단일 것입니다.

한편 산업은행 노동조합은 부산에서 집회를 열고 "1등 도시에 있는 정책금융기관을 빼서 2등 도시로 넘기는 것이 국가를 위한 것인가"[91]라고 주장했습니다. '1등 도시'와 '2등 도시'라는 단어가 살벌하게 다가옵니다. 산업은행 등의 부산 이전 논의를 전하는 기사의 제목이 「"나 떨고 있니"… 산은 부산행 속도에 기은·수은 '긴장'」[92] 류인 것도 아직 서울 바깥은커녕 서울 사대문 바깥으로도 나오지 않는 중앙 언론들의 세계관을 노골적으로 드러내고 있습니다.

사진 25 산업은행을 부산으로 이전하는 것을 반대하는 플래카드. 2022년 7월

사진 26 산업은행이 이전할 예정지인 부산 문현혁신도시. 2020년 7월

현재 산업은행에서는 퇴사자가 속출하고 있다고 합니다.[93] 물론 국내외 금융기관이 서울에 집중된 현실을 고려하면, 무조건 지역균형을 내세워 금융기관들을 골고루 뿌리는 것이 합리적인 정책인지에 대해서는 논의할 여지가 있습니다. 하지만 기관이 서울을 떠난다고 퇴사한다는 것은 저에게 반세기 전의 일을 떠올리게 했습니다. 훗날 포항제철을 설립하는 박태준 회장이 1964년에 대한중석 사장으로 취임하면서, 직원들에게 강원도 영월 텅스텐 광산촌으로 거점을 옮기라고 하자 서울 사무소 직원들이 대규모로 퇴사했다는 이야기를 『우리는 어디서 살아야 하는가』에서 소개했었죠.

공공기관이 서울·경기도 바깥으로 이전하면 직원들이 퇴사하는 현상은 어제오늘 일이 아닙니다. 이것은 지난 100년간 이어져 온 길고도 긴 과정이고, 이런 반발에도 국가는 굽힘 없이 이 정책을 추진해야 한다고 저는 믿고 있습니다. 국가는 효율성을 초월하는 균형 발전을 추구해야 합니다. 다만, 지자체들이 민간 기업들을 자기 지역에 유치하려고, 정치적으로 기업들에 압박을 주는 일은 정치가 기업을 탄압하는 반자본주의적인 행위로서 철저히 막아야 한다고도 생각합니다.

인구를 늘리는 가장 현실적인 대책

한국 사회에서 '인구 감소'와 '지역 소멸' 문제가 유통되는 현상은 자신의 공무원직과 지역구를 유지하고 싶어 하는 행정가·정치인과 인구 감소와 지역 소멸을 막기 위해 지역 개발 예산을 달라고 주장하고 그 공사를 수주할 지역 유지의 의지를 반영한 결과라고 봅니다. 인구 감소와 지역 소멸 문제에 대해 일반 시민들이 느끼는 감도는 낮은 편이며, 행정가·정치인·지역 유지가 장악한 지역 사회를 빠져나가 대도시로 가면 된다고 생각하는 시민들도 많습니다.

만약 정말로 인구 감소와 지역 소멸을 걱정한다면, 지역에서 인구를 늘릴 방법이 몇 가지 있습니다. 하지만 제가 제안하는 방법들이 채택될 것이라는 생각은 하지 않습니다. 박지원이 쓴 소설 『허생전』을 보면, 허생이 정부 관료에게 청나라에 대한 세 가지 대책을 건의했다가 모두 거절당하자 "내 그럴 줄 알았다" 하고 체념하는 장면이 나오죠. 이 대목을 쓰고 있는 저도 같은 심정입니다.

다양한 가족 형태를 인정해야 한다

인구가 늘어나려면 다양한 가족 형태를 인정하면 됩니다. 남자와 여자가 결혼해서 자녀를 낳는다는 '정상 가족'만을 가족으로 인정하는 분위기가 한국 사회에는 강하게 자리 잡고 있습니다. 정상 가족이 아닌 가족에게서 태어난 수많은 한국인 아이들이 '입양'이라는 이름으로 해외에 수출되어온 역사가 현대 한국에는 존재합니다. [94] "한국이 역사적 잘못을 바로잡는 데 집착하지만, 정작 뼈아픈 입양의 역사를 인정하는 데 있어선 실패했다"라는 해외 입양아분의 비판이 《뉴욕타임스》에 실리기도 했습니다. [95]

정책을 입안하고 행정을 집행하는 정치인·행정가들은 상당수가 중상층에 속합니다. 그렇다 보니 자신들과 다른 계층에서 얼마나 다양한 형태로 가족이 구성되는지를 진심으로 이해하지 못하는 것 같습니다. 그리고 아직은 한국인이라는 인종적 단일성, 가부장제, 정상 가족 이념을 지키는 것이 인구 감소를 막는 것보다 급하다고 느끼는 한국 시민이 많은 것 같습니다.

여성이 살기 좋아야 한다

여성이 살기 좋은 도시를 만들면 인구가 늘어납니다. 정치권과 지자체에서는 '청년'이라는 단어를 즐겨 사용하지만, '여성 청년'과 '남성 청년'이 지역에서 처한 상황은 아주 다릅니다. 2023년 6월 보도에 따르면 전체적인 고용률이 10년 연속으로 전국 2위를 한 충청남도 당진시가, 남성 고용률은 80%이고 여성 고용률은 56%라고 합니다. [96]

2023년에 지역 활성화와 청년 인구 증가를 논의하는 한 회의에 참석한 적이 있습니다. 수십 명의 관계자가 점심을 먹기 위해 모였는데, 저를 포함한 전원이 중년 남성이었습니다. 회의에서의 발제자와 진행자 모두 중년 남성이었습니다. 행사 진행을 맡은 분들 가운데에는 여성 청년분들이 많이 있었고요. 이렇게 위계가 뚜렷이 드러나는 자리에서 여성 청년의 지역 유입이 논의되는 모습을 지켜보면서, 많은 분이 문제의 본질을 인식하지 못하거나 인식하려 하지 않는다는 느낌을 받았습니다. 발제 순서가 저에게 돌아왔을 때, 저를 포함한 발제자 전원이 남성이라는 점을 청중분들에게 사과했습니다.

비건과 할랄을 제공해야 한다

비건과 할랄을 제공할 수 있는 도시를 만들어야 인구가 늡니다. 즉, 다양한 성향의 외국인을 외국계 한국인으로 받아들인다면 인구를 늘릴 수 있다는 것이지요. 충청남도 천안시 동남구 동면의 경우, 자녀를 맡길 수 있는 유일한 시설이 초등학교 병설 유치원뿐인데, 정원을 채울 수 없어서 다른 면에서 외국인 자녀들을 관용차량으로 데려와 간신히 시설을 유지하고 있습니다. "지금 현재 3명이 외국인으로 구성돼 있어서, 외국인 1명이라도 너무너무 소중하고 귀하"[97]다는 관계자의 말이 절박하게 들립니다.

현대 한국은 농업은 물론 조선소 같은 기간산업까지도 외국인이 없으면 운영이 중단되는 상황입니다. 농촌에서는 "외국인 일손을 제때에 확보할 수 있는지가 한 해 농사를 좌우할 정도"[98]이며, 깻잎을

비롯한 주요 농산물도 외국인 노동자가 없다면 도시에 유통되지 못할 상황입니다.[99]

일요일에 경상남도 거제시를 답사했을 때에는 휴일을 맞이해서 시내로 나온 외국인 노동자들을 도시의 어디에서나 볼 수 있었습니다.[100] 삼성중공업 거제조선소 앞에는, 자전거는 전용도로를 이용하라는 안내문이 인도네시아어와 싱할라어로 적혀 있더군요.

경상남도에서 창원시에 이어 두 번째로 인구가 많은 김해시는, 수로왕릉이 자리한 원도심을 공장 및 농촌에서 일하는 외국인들이 활성화했다고 말할 정도입니다.[101] 몇 년 전에 모 방송국에서 김해 원도심을 촬영하고 싶다고 하기에, 반드시 외국인 거리가 언급되어야 실태를 제대로 반영하는 것이라고 제안했습니다. 그런데 현장을 다녀온 방송국 측에서는, "원도심의 한국인들이 외국인을 언급하는 것을 싫어한다"라는 말을 들려주었습니다. 결국, 김해 원도심 촬영은 무산되었지만, 원도심의 한국인들이 아직도 김해의 현실을 받아들이고 싶어 하지 않는다는 느낌을 받았습니다. 경기도 안산시에서도 비슷한 느낌을 받고는 합니다.[102]

외국인을 받아들여 인구를 늘린다는 건, 외국인 며느리에게 한국 문화를 강제하라는 말이 아닙니다. 운전면허 시험지를 여러 언어로 제공할 수 있는 사회가 되어야 한다는 말입니다. 2023년 8월에 실패로 끝난 새만금 잼버리대회에서, 주최 측이 비건·할랄식을 제공해주지 않아 곤란했던 참가자들이 많았다는 보도가 나왔습니다.[103] 자기 돈을 내고 손님으로 온 외국인들도 먹을 음식을 제대로 공급받지 못

사진 27   경상남도 거제시에 자리한 삼성중공업 거제조선소 앞에
                 한국어·인도네시아어·싱할라어로 적혀 있는 안내문. 2023년 5월

사진 28   외국인 인구가 많은 지역에는 이슬람사원이 많이 설치되어 있습니다. 이슬람센터와
                 법무부 운영기관, 프로테스탄트 교회가 한 건물에 자리하고 있는 모습이 김해 원도심의
                 상황을 상징합니다. 2023년 6월

했는데, 농촌과 공장에서 일하고 있는 외국인들이 어떤 대접을 받고 있을지는 상상하기 쉬울 것입니다.[104]

2023년에 전라북도청에서 대담한 제안이 나왔습니다. 전라북도 인구의 10%에 해당하는 외국인에게 이민 비자를 발급할 수 있는 권한을 지자체장에게 달라는 요구였습니다. "짧은 시간에 가시적인 효과를 볼 수 있는 '단기 극약처방'"[105]이 필요하다는 절박한 심정이 느껴졌습니다. 충청북도 괴산군에서는 공공형 계절 근로제를 시행하면서 외국인 노동자들 한 사람 한 사람에게 밀착하는 행정을 벌인 결과, 단 한 사람의 노동자도 이탈하지 않았다는 보도가 있었습니다.[106]

이민 사회로의 전환

제가 일본에서 유학하던 2000년대 초, 일본에서는 자국의 폐쇄적인 외국인 노동자 정책을 비판하는 보도가 연이어 나왔습니다. 요양원·병원 등의 간병인이 될 수 있는 필리핀의 간호 인력을 놓고 일본과 캐나다가 경쟁하고 있는데, 일본 측이 영주권 취득 조건을 지나치게 까다롭게 설정하는 바람에 우수한 외국인 인력을 캐나다에 빼앗기고 있다는 내용이었습니다. 이렇게 일본 대신 캐나다를 택한 외국인들이, 국토와 비교하면 인구가 적어서 문제였던 캐나다의 인구를 늘려주었습니다.[107]

한국이나 일본 시민들은 자기 나라로 일하러 오고 싶어 하는 외국인 노동자가 무한히 있으리라는 착각을 하고 있습니다. 하지만 간병인 같은 고급 인력의 수요가 선진국에서 모두 높아지면서, 우리가 외국인 노동자를 고용해주는 게 아니라 외국인 노동자가 우리를 위해 일해주는 상황으로 바뀐 지 오래되었습니다. 최근 들어 한국에서도 비로소 외국인 노동자 유치 경쟁에 관한 관심이 높아지고 있지만, 한국 바깥의 선진국들은 이미 십수 년 전부터 이민 문제를 국가적 과제로 생각하고 있었습니다.

저는 가까운 미래에 한국 인구가 감소할 것이므로 대책이 필요하다는 논의에 큰 의미를 두지 않고 있습니다. 이 논의는 한국에 이민자가 들어오지 않는다는 전제를 하고 있으므로 비현실적이라고 생각합니다.

일본의 저명한 진보적 사회학자 우에노 지즈코는, 일본의 이민정책이 객관적으로는 실패했고 주관적으로는 단일민족 신화의 일본 국민들이 이민자들과의 공존에 실패할 것이라고 합니다. 그러므로 그는 "일본은 인구 감소와 쇠퇴를 받아들여야 합니다. 평화롭게 쇠퇴해가는 사회의 모델이"[108] 되자고 주장한 바 있습니다. 여담이지만, 이렇게 가난한 미래를 맞이하자고 일본 시민들에게 말한 우에노 지즈코가 사실은 여유로운 생활을 하고 있다는 사실이 뒤늦게 밝혀져서 '내로남불'이라는 비판을 받은 바 있습니다.

저는 우에노 지즈코의 주장이 이해는 되지만 납득은 되지 않고, 더욱이 한국의 상황은 일본과 다르다고 생각합니다. 무엇보다 한국 정부는 이민과 난민을 거부할 만한 강력한 행정력을 발휘할 의사와 능력이 일본 정부보다 부족합니다. 저는 한국 사회가 일본처럼 이민 개국이냐 쇄국이냐를 선택할 시점을 지나, 이미 이민 사회로 바뀌었다고 생각합니다. 이미 한국이 이민 사회가 되었다고 전제하고 근미래 한국의 모습을 설계해야 합니다. 기존의 한국 시민들이 해야 할 것은 이 현실을 받아들일 것이냐 부정할 것이냐의 선택입니다. 이 지점에서 가까운 시일 내에 한국 사회의 정치적 지형이 큰 전환을 보일 것으로 예상합니다.

마지막으로 저 개인적으로는, '한민족'은 의미가 없고 '한국 시민'이 유의미하다고 생각하므로, 이민자들이 한국 시민이 되어 한국 사회에 문화적 다양성의 충격을 주기를, 그리하여 한국이 복합적·다층적 성격을 띤 강한 국가가 되기를 바랍니다. 대한민국은 지난 100년 사이에 중국 문명에서 서구 문명으로 옮겨가면서, 한반도 역사상 유례없는 강력한 국가가 되었습니다. 이민·다인종 국가로 나아가기 위한 마지막 한 걸음을 주저하고 있는 일본보다 한국이 담대하게 나아간다면, 한국이 일본을 앞질러 동북아시아의 미래를 보여주는 나라가 될 수 있는 시점이 왔음을 느낍니다.

사진 29　　　경상남도 김해시 원도심의 수로왕릉 앞 타일랜드 식당. 하늘에서 내려온 남성과
인도에서 바다 건너온 여성이 만나서 가야를 만들었다는 『삼국사기』의 가락국기 신화는
미래 한국의 모습을 보여주는 예언서로 읽을 수도 있습니다. 2023년 6월

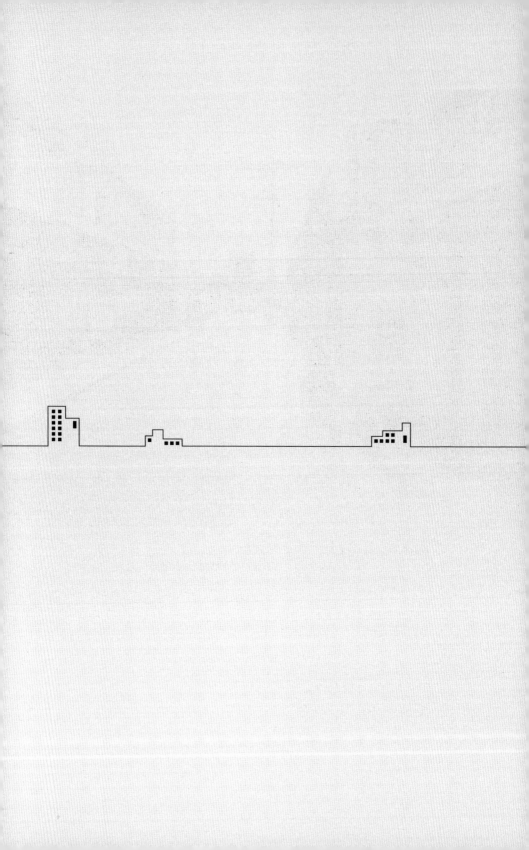

4장

교통

철도 건설 공약들,
결국 어떻게 됐나?

대중교통에 관한 정치인들의 공약은 언제나 최대한 보수적으로 바라봐야 합니다.

공사를 착공까지 하고도 중단한 철도 노선을 『우리는 어디서 살아야 하는가』에서 여럿 소개해 드렸습니다. 그중에서도 특히 한국 도시의 미래를 결정지은 사건은 충청남도 서천군 비인면과 장항읍, 전라북도 군산시를 잇는 서해안 공업 벨트를 구축하려다가 좌절된 일이었습니다. 비인면에 비인공단을 건설하려다가 중단된 사건에 관해서 이미 앞의 책에서 이야기했지만, 정치인들의 공약을 곧이곧대로 믿으면 안 된다는 교훈을 가장 잘 알려주는 사건인 만큼 다시 한 번 짧게 소개합니다.

1966년 4월 29일에 충남 서천군 서면 도둔리의 서도국민학교에서 비인공업단지 기공식이 열렸습니다.[1] 1962년 2월 3일에 울산 공업센터 기공식이 열리고 나서[2] 4년 뒤였습니다. 같은 해인 1966년에 건설부는『군산–서해안 지역 건설종합계획 조사보고서』를 제작해서, 1936년부터 조선제련주식회사[3]가 영업하고 있던 장항을 중심으로 북쪽으로 비인에서 남쪽으로 군산까지 이어지는 공업벨트를 건설하겠다는 구상을 밝히기도 했습니다. 동해안의 울산에 이어, 이번에는 서해안에 또 하나의 공업단지가 형성되리라는 사실을 의심하는 사람은 없었습니다.

하지만 비인공단은 끝내 완공되지 못했습니다. 1967년 5월 3일 제6대 대통령선거와 6월 8일 제7대 국회의원 선거가 끝나자 비인공단에 관한 이야기는 점점 사라지기 시작했습니다. 장항선 서천역에서 미래의 비인 시가지까지 공사 중이던 비인선 철도는 1966년 4월에 착공해서 1968년까지 전체 공정의 11.5%가 시공된 상태였지만,[4] 지금은 몇 개의 교대와 터널만을 남기고 잊혔습니다. 현재 이곳에는 공단 대신 한국중부발전 신서천발전본부가 영업하고 있지만, 반세기 전 구상되었던 비인공단의 규모에는 전혀 미치지 못합니다.

비인공단 계획이 무산되고 장항제련소도 폐업하면서, 충청남도와 전라북도에 걸쳐 조성될 예정이었던 산업단지 구상도 결국 무산되었습니다. 그 대신 군산산업단지를 그 남쪽의 새만금 간척지로 확장해서 새만금산업단지를 만드는 구상이 현재 조금씩 실현되고 있습니다. 비인공단 계획의 소멸이 충청남도와 전라북도의 연담화를 막았고, 새만금 간척지의 용도를 농업에서 공업으로 전환시키기에 이르렀다고 할 수 있습니다.

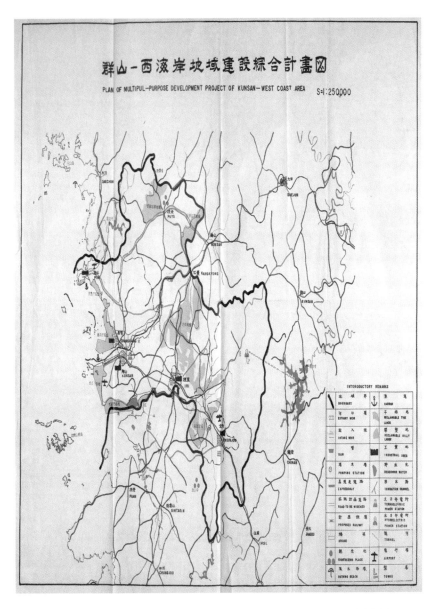

群山-西海岸坡域建設綜合計畫図

PLAN OF MULTIPUL-PURPOSE DEVELOPMENT PROJECT OF KUNSAN-WEST COAST AREA   S=1:250,000

사진 1　　『군산-서해안 지역 건설종합계획 조사보고서』(건설부, 1966)에 실린 〈군산-서해안지역
　　　　　　건설종합계획도〉

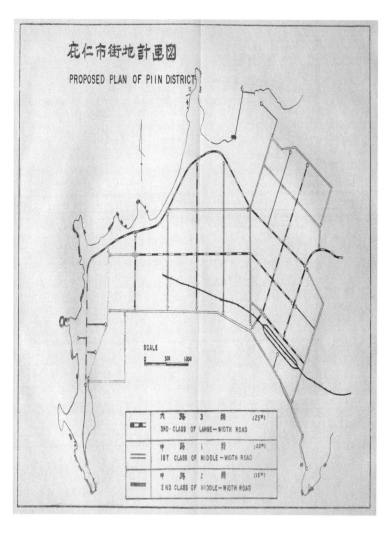

사진 2　　『군산-서해안 지역 건설종합계획 조사보고서』(건설부, 1966)에 실린 〈비인 시가지
　　　　　　계획도〉

사진 3   비인선 예정 노선상에 건설되었지만 버려진 교대. 2019년 10월

사진 4   비인선 예정 노선상에 건설되었지만 버려진 웅지터널. 2019년 10월

믿을 수 없는 철도 관련 공약

비인공단 계획이 무산되면서 비인선 철도 계획까지 버려진 일은 한국의 철도 건설사에서 드문 일이 아니었습니다. 그런데도 여전히 많은 시민이 정치인들의 철도 관련 공약에 일희일비하고, 이런 순진함을 이용해서 사기를 치려는 사람들도 끊임없이 나타납니다. 지금 당장 관심 있는 철도 건설 계획을 온라인에서 검색해보세요. 정치인들의 말을 비판 없이 받아들여 환상의 나래를 펼치거나, 신뢰할 수 없는 정보를 제공하여 조회 수를 높이려는 사이트와 채널을 무수히 확인하실 수 있습니다.

반세기 전과 비교하면 정부가 SOC 사업을 추진하는 데 대한 신뢰도가 높아지기는 했습니다. 하지만 문제는 시민들이 철도 건설 사업에 민감해지고, 이런 여론을 정치인들이 예민하게 받아들이거나 정치적인 목적으로 조장하는 바람에, 사업을 집행해야 하는 행정가들이 곤란함을 느끼는 경우도 늘어났다는 것입니다. 예전의 독재 정권 때라면 대통령·시장·도지사가 의지를 가지면 쉽게 추진될 수 있었던 사업이, 민주화 이후에는 지역 주민들 간에 철도 노선을 놓고 싸우다가 어정쩡하게 합의되는 바람에 노선이 이상해지는 경우가 늘어나고 있습니다. 이렇다 보니 세력화한 유권자들이 요구한 철도 관련 사업을 정치인들이 채택해서 공약으로 만든 경우, 그 사업의 실현 가능성은 여전히 보수적으로 검토해야 합니다.

오랫동안 여러 차례 공약으로 나왔지만 아직 실현되지 않았고 앞으로도 실현될 가능성이 크지 않은 대표적인 사업은 경인선 철도 지하화 사업과 부산 시내 구간의 경부선 철도 지하화 사업입니다.

경인선 노선은 부천과 인천의 시내를 남과 북으로 단절한다는 비판을 끊임없이 받고 있습니다.[5] 물론 이런 비판은 앞뒤가 뒤바뀐 것이기는 합니다. 부천과 인천의 시내를 철도가 단절한 게 아니라, 철도가 먼저 놓이고 나서 철로 남북으로 시가지가 각각 형성된 것입니다. 어찌 됐든 실제로 시민들이 불편하게 생활하는 것은 사실이므로 어떻게든 대책이 필요합니다.

사진 5   인천 원도심을 가로지르는 경인선 철로. 2018년 7월

이런 배경이 있다 보니 경인선 노선의 지하화 공약도 정치인들이 즐겨 채택하지만 아마 쉽지 않을 겁니다. 막대한 예산이 투입되어야 하는데, 이 예산을 또 대서울권에 투입한다면 대서울권 바깥 지역의 시민들이 가만 있지 않으리라고 쉽게 예상할 수 있습니다. 또 대서울권만 살기 좋게 만들 거냐고 말이죠. 그렇다면 대안은 민간 투자인데, 그러기에는 경인선 지상 구간의 길고 좁은 형태가 사업성을 낮춥니다.

부산 시내 구간 철도 노선의 지하화 문제도 경인선과 마찬가지로 쉽지 않아 보입니다. 그렇다 보니 부산시는 엑스포를 개최한다는 전제로 이 사업을 추진하겠다는 전략을 세웠습니다.[6] 가덕도 신공항의 조기 완공 역시 엑스포 개최를 명분으로 추진했으나,[7] 엑스포 개최가 무산되었으므로 SOC 사업들을 계속 추진할 동력을 어디서 찾을지 지켜봐야 할 것입니다. 정부에서는 2023년 말에 가덕도 신공항 기본계획을 발표한다고 하는데,[8] 엑스포 개최 여부에 따라 사업 규모를 확정하겠다는 뜻이었겠지요.

가덕도 신공항을 건설한다는 전제로 두 개의 철도 노선과 네 개의 고속도로를 건설하는 자금만 10조 원 가까이 들 거라고 합니다.[9] 새만금 잼버리대회를 명분으로 사업의 예타를 면제받았다가, 대회가 끝나는 시점까지도 착공하지 못한 새만금공항의 사례[10]가 재현되지 않기를 바랍니다.

한편, 한동안 고속철도 정차를 공약으로 즐겨 채택했던 정치인들이, 최근에는 GTX 정차 및 노선 신설을 공약 거리로 애용하고 있습니다. 그런데 지난번 대선 때 나온 GTX 관련 공약들 가운데 일부가 경제성 부족을 지적받으면서 추진력을 잃고 있습니다.[11] GTX뿐 아니라 신분당선을 고양시까지 서북부로 연장하겠다는 계획도 2023년 8월에 예타를 통과하지 못했음이 밝혀졌습니다.[12] 또 GTX가 지하를 통과하는 지역마다, 자기 지역을 비껴가도록 노선을 바꿔 달라고 요구하고 있습니다.[13] 이들 가운데 일부는 소송으로 이어질 것이고, 노선 변경 요구 가운데 일부만 받아들여지더라도 그만큼 공사 일정은 늦춰질 것으로 예상합니다.

선거 때면 항상 수많은 철도 노선 건설 및 고속철도 정차·연장 공약이 쏟아져 나옵니다. 그때마다 꼭 현명하게 판단하시길 바랍니다.

철도역·버스정류장·버스터미널의 위치 문제

저는 운전면허가 없어 대중교통을 이용하여 전국을 다니고 있습니다. 그러다 보니 자가용으로 이동하는 것을 디폴트로 알고 있는 오피니언 리더들이 도시 구조를 얼마나 자가용 이용자 위주로 설계했는지 자주 확인합니다.

얼마 전 강연을 하러 갔던 경기도 안산시는 계획도시이다 보니 도로가 널찍널찍해서, 자가용을 이용하는 시민들로부터는 쾌적하다는 평가를 많이 받고 있습니다. 하지만 대중교통을 이용하는 사람의 관점에서 안산시를 답사하다 보면, 71만 명의 인구를 보유한 대서울권의 공업도시 치고는 버스 노선과 정류장이 주거지역들에 효율적으로 배치되어 있지 않고 배차 간격도 나쁘다는 느낌을 받습니다.

화랑유원지·안산와스타디움에서 세 정거장 정도 거리에 자리한 고대안산병원으로 가는 버스를 기다리고 있었는데, 20분 이상 오지 않던 버스들이 한꺼번에 우르르 몰려오더군요. 이렇게 열차처럼 버스들이 한꺼번에 오는 건, 노선 설계와 배차 간격에 문제가 있음을 뜻합니다. 또, 6~700m 정도 떨어진 초지역 역세권의 아파트단지에서 마땅한 버스를 탈 수 없었는지 손주를 안고 제가 있는 버스정류장까지 힘겹게 걸어오는 노인이 있었습니다. 너무나도 힘겨워 보여서 계속 지켜보았는데, 그 노인과 손주도 저처럼 한참이나 버스를 기다려서는 세 정거장 정도 버스로 이동해서 내렸습니다.

이러한 상황이 벌어지는 곳은 바로 수도권전철 4호선과 수인분당선이 교차하고 최근에는 서해선도 추가된 초지역 주변에 안산화랑역세권 도시개발구역으로 지정된 벌판이었습니다. 언젠가 도시개발이 이루어지면 사정은 조금 나아지겠지만, 저나 그 노인처럼 대중교통을 이용하는 시민들은 꽤 오랜 기간 고통스러울 것 같았습니다. 버스를 기다리는 사이에도 자가용들은 왕복 8차선의 화랑로를 빠르게 스쳐 가고 있었습니다.

서해선과 신안산선 개통 이후의 문제

요즘 안산시에서는 두 가지 철도 노선이 화제입니다. 하나는 한강 이북의 경기도 고양시 대곡역부터 안산시 초지역을 거쳐 충청남도 홍성군 홍성역까지 연결될 예정인 서해선입니다. 또 하나는 서울 여의도와 안산시·시흥시 그리고 화성시 향남역까지 연결될 예정인 신안산선입니다. 이날 강연 현장에서는, 안산 시민들이 서울로 향하는 신안산선에는 관심이 많지만, 서해안의 간선축이 될 서해선에는 상대적으로 관심이 적다고 느꼈습니다.

그래서 저는, 2023년 7월 1일에 서해선 대곡－소사 구간이 개통되면서 경기도의 한강 이북 도시와 이남 도시들이 서울을 거치지 않고 바로 이어진다는 것이 서해선의 가장 중요한 점이라 말씀드렸습니다. 서울에서 방사선 형태로 뻗어 나오는 교통망에 의존하지 않고 경기도 도시들끼리 연결되는 것은, 경기도가 서울 제국주의를 벗어날 중요한 첫걸음이 될 거라고 말이죠.

또한, 신안산선이 생긴다면, 다른 지역 시민들이 안산으로 들어오기보다는 안산 시민들이 여의도를 비롯한 다른 지역으로 빠져나갈 가능성이 커집니다. 그래서 과연 안산시 차원에서 신안산선이 반갑기만 한 존재인지 잘 모르겠다고도 말씀드렸습니다. 경기도 도시들끼리 연결되는 서해선보다 서울과 경기도 도시를 잇는 신안산선을 중시하는 발상은, 경기도라는 아이덴티티를 만들지 못하고 서울 제국주의에 굴복한 모습처럼 보였습니다. 이런 관점은 한국의 여러 거점 도시들과 그 주변 도시들의 관계에도 적용됩니다.

서해선과 신안산선이 개통되면 안산시·시흥시에서 살 집을 구하는 시민의 수가 늘어날 가능성이 있습니다. 그리고 서해선·신안산선을 타고 통근·통학하는 시민은, 예를 들어 초지역이나 중앙역에서 자기 집으로 갈 때는 자가용보다 버스를 이용할 가능성이 큽니다. 그런데 저의 체감으로는 안산시의 버스 체계는 이런 수요 증가에 대응하기에는 다소 미흡해 보입니다. 하교·퇴근 시간에 수도권전철 4호선 및 수인분당선 전철역에 내려서 집에 가는 버스를 타는 시민들이 만원버스에 시달리는 모습을 안산에 갈 때마다 목격합니다.

| **사진 6** | 신안산선 성포역-중앙역 구간 공사 현장. 이곳도 수도권전철 4호선, 수인분당선, 신안산선이 교차하는 교통의 요지가 될 예정입니다. 2023년 6월 |

| **사진 7** | 시화호를 지나 놓이고 있는 철교 공사 현장. 신안산선이 이 철교를 건너 시화호 남쪽의 송산차량기지로 향하고, 나아가 화성시 서부의 향남역까지 연장될 것으로 예상됩니다. 이 철교 공사가 늦어지고 있어서 신안산선의 개통도 영향을 받고 있습니다. 2023년 2월 |

도시형 통근 열차가 개통돼서 자기 도시의 인구가 늘어나기를 바라다면, 그 열차를 타고 자기 도시에 도착한 시민들이 각자의 집까지 갈 수 있는 버스 교통 체계도 정비해야 합니다. 하지만 정치인들이나 행정가들은 서울·부산 같은 거점 도시와 자기 도시를 잇는 광역철도 노선을 신설하거나 정차역을 늘리는 문제에는 관심이 많지만, 자기 도시 내부에서 자가용을 이용하지 않는 시민들이 타는 버스 노선 체계에는 상대적으로 관심을 덜 보입니다.

철도가 새로 놓임으로써 새로운 시민들이 자기 도시에 유입된다는 건, 그들이 시내에서도 대중교통을 이용할 가능성이 크다는 뜻입니다. 그런데 막상 시내 이동은 자가용 위주로 해놓아서 대중교통 시스템이 불편하다면 앞뒤가 맞지 않습니다. 오피니언 리더라 불리는 높은 분들이 자차를 애용하니, 자기 도시의 대중교통 상황이 어떤지 관심이 없고 본인들 편하게 도로만 넓힙니다. 서울시의 도로 교통이 이런 식으로 자가용 위주로 설계되었음을, 서울 도시개발의 산증인인 손정목 선생은 『서울 도시계획 이야기』 시리즈 곳곳에서 성토하고 있습니다.[14]

대중교통으로 가기 힘든 철도역

서울·부산·대구 정도를 제외하면 지하철 시스템이 잘 갖춰진 도시가 없습니다. 그렇다 보니 어느 정도 여유가 되는 시민들은 자가용으로 광역 철도역에 도착해서는, 거기서부터 철도를 이용해서 다른 도시로 이용하는 모습을 자주 봅니다. 하지만 자가용으로 철도역에

간다는 것을 전제로 설정해버리고, 버스로 철도역에 접근하는 것을 불편한 상태로 내버려 두는 것은, 자가용을 사용하지 않는 시민들이 열차를 타고 이동할 권리를 빼앗는 것입니다.

전라남도와 광주시에 연고가 있는 젊은이들이 모여 있는 어느 대화창에서 이 문제를 논의하는 모습을 지켜본 적이 있습니다. 광주 도심에 자리한 광주역과 외곽에 자리한 광주송정역 가운데 어느 쪽이 접근성이 좋은가에 대한 논의였습니다. 광주시 대부분 지역에서 광주송정역으로 접근하는 대중교통 시스템이 좋지 않다 보니, 경제적으로 여유 있는 시민들은 자가용을 이용합니다.[15]

이들의 대화 중에 한국의 위정자들이 근본적으로 교통 정책을 잘못 수립하고 있음을 지적하는 인상적인 대목들이 있어 인용합니다. 다소 과격한 표현이 포함되어 있지만 편하게 논의하는 공간에서 이루어진 대화이니 그 점은 너그러이 넘어가 주시기 바랍니다.

"KTX를 자차 타고 가야 하는 순간 대도시에 걸맞은 대중교통이 구축되어 있는 것인지 생각을 다시 해봐야 하지 않나요?"

"기차 타러 가는데 자차 끌고 가는 사람보단 대중교통 이용해도 편하게 가게끔 하거나, 대중교통이 편리한 곳을 발달시켜야지. 그래야 자차 이용률 떨어뜨릴 수 있고, 자차 이동 안 하는 사람들을 위해서라도 필요함. 그래서 역을 외곽에 꼬라박는 짓을 극도로 혐오하는 거임. 대중교통에 해당하는 기차역을 왜 외곽에 꼬라박으려고 안달인지 모르겠다. 대중교통이라는 개념을 망각한 거 같음."[16]

물론 광주송정역이 광주 시내와 떨어진 곳에 자리를 잡은 것은 광주시의 결정이 아니라 국토교통부의 결정입니다. 광주권 정차역으로 세 가지 대안이 있었습니다. 광주 도심과 현재 광주송정역 사이에 상무대역을 신설하는 것, 광주송정역에 고속철도를 정차시키는 것, 광주송정역 북쪽의 하남역에 고속철도를 정차시키는 것, 이 세 가지 대안을 비교하고 검토한 결과 "호남고속철도 목포행 열차의 경우 광주권 정차장으로 송정리를 선정함은 필연적"[17]이라는 판단에서였습니다.

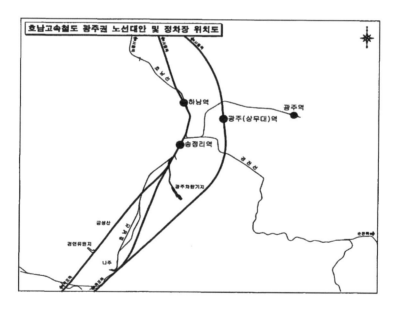

사진 8　　『호남고속철도건설 기본계획 조사연구 용역』(교통개발연구원, 2002)에 보이는 고속철도 정차역 후보지 세 곳

166

광주 도심에 자리한 광주역은 처음부터 고속철도역으로서 후보에서 제외되어 있었습니다. 그리고 도심에서 가장 가까운 상무대 지역은 지장물이 많아서 건설이 어렵고, 호남선·경전선과 환승하기 어려우며, 가칭 상무대역의 "역세권 범위가 광주 도심 지역만으로 제한"[18]된다는 점이 제척 이유로 거론되었습니다. 이렇게 정부 차원에서 철도역의 입지를 정해버렸기 때문에, 광주시 차원에서 철도역의 입지에 개입할 여지는 적었습니다.

하지만 광주시 차원에서 할 수 있는 일이 없는 건 아닙니다. 도심에서 거리가 상당히 먼 곳에 자리한 고속철도역까지 시민들이 쉽게 접근할 수 있도록, 여러 곳의 부도심에서 버스 노선을 직결시키는 정비 작업을 충분히 할 수 있을 겁니다. 하지만 광주송정역에 고속철도가 정차하기 시작한, 2015년으로부터 이미 8년이 흐른 지금까지도, 광주시의 주요 지역에서 광주송정역까지 대중교통으로 이동하기 위해서는 최소한 한 번은 환승해야 합니다.

사정이 이렇다 보니 광주의 종합버스터미널인 유스퀘어는 언제나 이용객으로 만원입니다. 광주에서는 유스퀘어를 광주송정역 근처로 옮겨서 철도역과 버스터미널을 가까운 곳에서 이용하게 하자는 논의가 나옵니다.[19] 만약 그렇게 된다면 안동역 – 버스터미널과 마찬가지로 환승에는 편리해질 겁니다. 하지만 고속·시외버스를 타기 위해 송정까지 자가용을 타고 간다는 구조가 만들어지면, 자가용을 이용하지 않으면서 도심·부도심에 거주하는 시민들의 시외 이동에는 더 큰 제약이 발생할 것으로 예상합니다.

강원도의 중심 도시인 원주시도 마찬가지입니다. 예전에는 버스터미널과 원주역이 시내에 자리 잡고 있어서 외부와의 교통이 편리했습니다. 하지만 버스터미널과 원주역이 시내를 벗어나 남쪽 외곽으로 나가고, KTX 만종역과 서원주역도 시가지에서 상당히 떨어진 곳에 만들어지다 보니, 요즘 원주라고 하면 철도 교통이 불편한 곳이라는 이미지가 생겼지요. 그나마 원주역은 남원주역세권 개발을 통해 '강원도의 강남'이라 불리는 무실동 등 원주 시가지 남부와 연담화되고 있지만, 만종역과 원주 시가지, 서원주역과 기업도시의 연담화는 이루어지지 않고 있어서 불편합니다.

만종역에 내릴 때마다 대한송유관공사의 시설이 눈앞에 펼쳐지고, 역에서 나가서 시가지로 향하다 보면 대명원이라는 음성한센인 정착촌이 나타납니다. 이 두 시설을 볼 때마다, 만종역은 역세권 개발도 어렵겠다는 생각을 합니다. 대명원은 한동안 재건축 이야기가 나오더니, 2023년 8월에 가보니 또다시 사업이 좌초될 것 같다는 예감이 들게 하는 플래카드들이 걸려 있더군요.

이렇게 만종역의 위치가 애매하고 원주 시내와의 연담화도 이루어지지 않고 있다 보니, 예를 들어 시외·고속버스터미널에서 만종역에 가기 위해서는 하루에 한 번 운행하는 111번 버스를 타거나, 하루 36회 운행하는 51번 버스를 타고 역 근처에 내려서는 10분 이상 언덕을 걸어서 올라가야 합니다. 하여간 만종역은 쉽지 않습니다. 강원도의 교통 중심지였던 원주가 어쩌다 이렇게 되었는지 모르겠습니다.

사진 9   만종역 바로 옆에 자리 잡은 대한송유관공사 강원지사 원주지소. 2019년 4월

사진 10   만종역 근처에 자리한 특수시설인 대명원에서 원주 시내가 멀리 보입니다. 2019년 4월

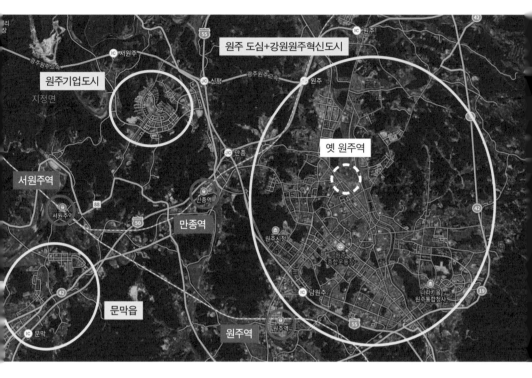

사진 11   원주시에 자리한 세 곳의 철도역. 하나같이 도심을 벗어나는 곳에 있습니다. 덕분에
원주시는 철도역이 세 곳이나 되면서도 시민들이 대중교통으로 철도를 이용하는 것이
불편한 도시가 되었습니다. 네이버 맵

강릉역과 원주역의 사례

철도역의 위치가 원도심을 살리기도 하고 죽이기도 한다는 사실을 강릉과 원주를 비교하면서 느낍니다.

강릉도 강릉역이 원래 위치를 고수하면서 평창올림픽 때 경강선 (강릉선) KTX가 개통되어서 뜬 곳이죠. 강릉 자체의 매력이야 워낙 이전부터 알려져 있었지만, 그 정도의 매력을 지닌 도시는 꽤 있습니다. 이런 도시들 가운데 강릉은 서울 간의 교통이 획기적으로 좋아졌고, 역의 위치를 외곽으로 옮기지 않아 원도심의 활력을 지키면서 관광지로서 더욱 활성화된 케이스입니다. 만약 새로운 강릉역이 지금 위치에 만들어지지 않고 초기 계획대로 외곽에 건설되었다면,[20] 강릉이 지금처럼 부흥을 이루지 못했을 것이라 생각합니다.

지역의 정치인이나 행정가들은 원도심에 있는 버스터미널을 외곽으로 옮기고 나서, 빈 땅을 개발한다는 공약을 제시하고는 합니다. 버스터미널이 옮겨간 뒤에 주변 상권이 쇠락하면 도시재생사업을 하겠다는 제안도 덧붙입니다. 하지만 버스터미널이 빠져나간 원도심 상권을 도시재생사업으로 부활시키는 것은 쉽지 않습니다. 이런 점에서 경상북도 영주시의 사례는 시사적입니다.

1961년 7월 11일에 영주시에 폭우가 내려서 큰 피해가 발생했습니다. 당시 막 군사정변으로 집권한 박정희 정권은, 이 수해를 지난 정권과의 차별성을 드러낼 기회로 보고 전력으로 복구사업을 벌였습니다. 이때 영주역도 지금의 영주동 중앙시장 근처에서 현재의 자리로 옮겼습니다. 그 뒤 중앙선 선로 개량 사업 때에는 역의 위치를 바꾸지 않았기 때문에, 1967년에 현재의 위치로 옮겨오고 나서 주위에 형성된 역세권은 몰락하지 않고 있습니다.

하지만 영주역이 있던 옛 원도심은 빠르게 쇠락해서, 지금은 야외박물관 같은 모습을 보입니다. 이 일대는 국가등록문화재 '영주 근대역사문화거리'로 지정되어 도시재생사업도 이루어지고 있지만, 이런 사업들로는 옛 영주역 역세권이 부활할 기미는 보이지 않습니다.

철도역이 외곽에 만들어지면 새로운 역세권이 만들어지고, 원도심과 새로운 역세권이 연담화되는 과거의 경험은, 인구 감소가 시작된 미래의 한국에서 더는 통용되지 않습니다. 따라서 인구 감소 시대를 맞이하여 정부에서는 철도역을 최대한 도심에서 멀지 않는 곳에 설치하거나 원래 위치를 유지하도록 노력해야 합니다.

어쩔 수 없이 철도역을 외곽에 지을 경우, 지방 정부는 기존 도심·부도심과 외곽의 철도역 사이에서 이동이 편리하도록 버스 시스템을 개편해야 합니다. 자가용 이동이 편리하도록 도로를 넓히고 주차장을 확충하는 방향으로 정책을 수행하는 것은, 특정 계층의 이익을 위해 수많은 시민의 편익을 희생시킨다는 비판을 피할 수 없습니다.

인프라를 갖추기 위한
국제대회·스포츠대회 개최

　부산시에서 발행하는《부산시보》를 비롯한 여러 매체의 보도를 보면, 경부선 철도 부산 시내 구간의 지하화 사업, 최근 재개발이 추진되고 있는 매축지마을 근처에 자리한 미55보급창 부지의 이전,[21] 그리고 가덕도 신공항의 조기 개통[22]을 위한 명분으로 2030년 부산 엑스포 개최를 내세우고 있습니다.

　2023년 8월에 열린 세계 잼버리대회가 파행으로 끝난 뒤, 이 대회를 명분으로 삼아 새만금공항 및 관련 사업의 예타를 면제받았다는 보도가 잇따랐지요.[23] 잼버리대회는 새만금 남북도로를 조기 완공하기 위한 명분으로도 이용되었습니다.[24]

　국제대회를 유치한다는 명분으로 SOC 사업을 추진하는 사례가 많습니다. "국제대회가 인프라 확충 우회통로로 이용되는 듯"[25]하다는 의견이 나올 정도로 공식처럼 굳어졌다는 인상을 받습니다. 좋은 결과를 얻은 최근 사례로는 여수 엑스포를 계기로 건설한 KTX 건설,[26] 그리고 경강선(강릉선) KTX 건설[27]을 들 수 있습니다. 국제대회를 유치해서 고속철도를 건설한 결과 여수와 강릉은 관광도시로서 확고히 자리 잡았습니다.

무시해서는 안 될 소수의 희생

다만 이 과정에서 잊어선 안 될 일이 있습니다. KTX를 강릉까지 연장하고, 동해안의 영동선과 연결하는 건설 과정에서, 강릉시 월호평동이 철로 때문에 둘로 쪼개지고 일부 마을이 철도 삼각지 안에 고립된 것입니다.[28] 강릉삼각선이라 불리는 이 철도 삼각지가 만들어지면서 강릉시 정동진역을 비롯해서 동해시 등의 남쪽 지역에 KTX 열차 운행이 가능해졌으므로, 강원도 전체를 위해서는 긍정적인 효과를 낳았습니다. 그러나 일부 마을 주민들이 피해를 입다 보니, 관할 지자체인 강릉시는 한동안 토지 강제 수용을 거부했다고 합니다.

그러자 강릉삼각선이 만들어져야 혜택을 입는 동해시와 삼척시에서는 "강원도민 모두가 다 이익을 나눌 수 있도록 해야지 어떤 한 지역에 국한되는 사업이 아니라는 걸 알아야"[29] 한다며 사업 속행을 촉구하기도 했습니다. 강릉삼각선을 둘러싼 논란은 "다수의 이익을 위해서는 소수가 희생해도 되는가"라는 전형적인 문제를 다시 한번 생각하게 해주었습니다.

비슷한 상황이 현재 부산 가덕도에서도 일어나고 있습니다. 가덕도 신공항을 건설하기 위해 토지와 주택을 수용당해야 하는 가덕도의 주민들 가운데 일부가 이를 거부하고 있는 것입니다.[30] 가덕도 신공항 건설은 부산 지역에서 여야 관계없이 절대다수의 지지를 받아 진행되고 있습니다. 그리고 만약 가덕도 신공항이 예정대로 완공된다면 혜택을 받을 지역도 광역적일 것으로 예상합니다. 하지만 그 과정에서 토지 수용에 저항하는 가덕도 주민들에게 지역의 숙원사업이니 협조하라고 강요만 해서는 안 됩니다. 2023년 12월에 시작될 것으로 알려진 보상 업무[31]가 물리적 충돌 없이 최대한 원만하게 협의되어 동남권 신공항이 지역 주민들의 축복 속에 무사히 완공되기를 바랍니다.

지역의 숙원사업을 이룰 기회

국제대회나 스포츠대회를 계기로 지역의 숙원사업을 해결하는 움직임은 앞으로도 이어질 것입니다. 대전은 2027년에 충청 하계유니버시아드대회를 개최하면서, "20여 년간 답보상태였던 대전 서남부스포츠타운 조성사업"[32]을 촉진하는 동력을 얻었습니다.

또, 대구와 광주를 잇는 달빛내륙철도의 B/C값(비용 대비 편익)이 낮게 나오자, 일부 지역 언론에서는 "그간 대형 국제행사 유치, 개최 등 과정에서 정부 차원의 지원으로 공항·철도 등 SOC 건설에 나선 사례가 적지 않"[33]다며 두 도시가 아시안게임을 공동 개최해서 사업 추진 동력을 얻으라고 촉구했습니다. 달빛내륙철도 계획에 부정적인 여론이 다른 지역에 존재하다 보니,[34] 철도가 지나게 될 지역에서 사업의 개시 여부에 촉각을 곤두세우는 것도 이해는 됩니다.

달빛내륙철도는 식민지 시기에 광주에서 담양까지 운행되다가 폐지된 전남선 노선, 전남선을 연장해서 남원 금지면까지 연장하려 한 광주선 계획,[35] 이를 연장해서 대구에 닿는 노선을 건설하려 한 구 남철도 구상,[36] 그리고 식민지 시기의 이 계획들을 1965년에 실현하려 한 광주선[37] 구상을 잇는 노선입니다. 국가와 정부를 뛰어넘어 실현되는 행정의 연속성을 잘 보여주는 교통 노선이지요.

1960년대의 광주선 공사 당시 건설되었다가 버려진 전라북도 순창군 풍산면 대가리의 터널과 교량이 현재 향가유원지로서 정비되어 많은 관광객을 모으고 있는 것을 보면, 달빛내륙철도가 실현된다면 남원·순창·곡성 등이 관광지로 발전하리라 기대됩니다.[38] 또, 경전선 시내 구간을 외곽으로 돌려버리는 바람에 중요성을 잃어버린 광주역의 옛 번영을 되살릴 기회로도 주목받고 있지요.[39]

이런 맥락에서 저는 새만금공항의 예타 면제와 관련한 일각의 비판에 과도한 측면이 있다고 생각합니다. SOC 사업과 국제대회·스포츠대회를 연계시키는 전략은 이제까지 많은 지역에서 실행해온 일이라는 뜻입니다. 또, B/C값을 엄격하게 적용하면 대도시권이 아닌 지역이 불리한 것은 당연한 일이어서, 국토 균형 발전을 위해 이런 전략을 어느 정도 유연하게 인정할 필요도 있습니다. 대학을 평가할 때도, 대도시권이 아닌 지역에 있는 대학을 대도시권 대학과 같은 기준으로 평가하면 안 되는 것과 마찬가지입니다.

사진 12   충청 하계유니버시아드대회를 개최할 대전 유성구 학하동 서남부스포츠타운 예정지.
          2022년 10월

사진 13   1965년 7월 3일자 《경향신문》 기사 「광주선 기공」

사진 14   1960년대에 광주-김천 간을 잇기 위해 착공되었다가 중단된 광주선의 순창군 금과면 폐터널. 2022년 7월

사진 15   1960년대의 광주선 공사 때 만들어진 향가터널과 교량. 2022년 7월

새만금공항의 본질적 문제

새만금공항을 둘러싸고 정말로 문제가 되는 사항은 이 공항의 본질적인 성격입니다. 새만금공항은 식민지 시기에 일본군이 만든 공항을 미군이 접수하여 사용 중인 "군산공항을 서쪽으로 1.3㎞ 떨어진 새만금으로 확장 이전하는"[40] 사업이라는 지적이 있습니다. 군산공항은 한국군 및 민간도 함께 이용하고 있지만, 기본적으로는 미군 공항이며, 중국에 맞서 한국을 지키는 최전방 부대입니다.[41] 새만금공항이 군산공항의 확장이든 군산공항 근처에 새로 만들어지는 공항이든, 새만금공항이 미군기지 가까이 자리하고 있다는 사실에는 변함이 없습니다.

군산공단의 확장이라고 볼 수 있는 새만금공단에는 미국 정부의 규제를 우회하려는 중국계 기업 및 한중 합작 기업들이 다수 입주 의사를 보입니다. 이들 기업에 관계된 중국 국적자들이 새만금공단에 들어오기 위해서는 새만금공항으로 입국하는 것이 합리적일 것입니다. 하지만 이 과정에서 안보적 문제가 발생할 우려가 있으므로, 중국 국적자들이 자유롭게 새만금공항을 이용하는 것이 허가될지는 지켜봐야 합니다.

사진 16 새만금개발청이 제공하는 새만금 간척지의 권역별 개발계획. 1권역에 표기된 새만금 신공항 아래의 초록색 지역에 군산공항이 위치합니다.

사진 17 구글맵 인공위성사진 모드로 본 새만금 간척지와 군산공항의 현재

여담이지만, 군산공항을 만들기 전인 1910년의 지도를 보면, 이 일대에 자리한 상제·중제·하제마을이 보입니다. 1956년의 지도를 보면 비행장 일대가 사각형으로 표시되어 있고, 중제마을이 사라졌음을 확인할 수 있습니다. 뒤이어 최근 지도에는 상제마을도 사라졌습니다. 그리고 하제마을은 현재 군산공항 확장 때문에 하제포구는 새만금 간척지 공사 때문에 사라져가고 있습니다.

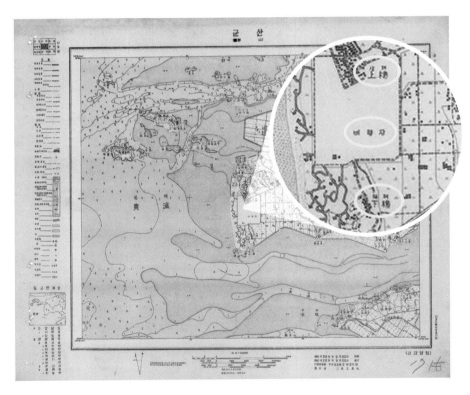

사진 18　　1956년 5만분의 1 지도에 보이는 군산공항과 상제·하제마을. 국토지리정보원

이처럼 한미 양국군이 사용하는 군산공항은 지금도 영역을 확대하고 있으므로, 새만금공항에 중국 국적자들이 자유롭게 입국할 수 있을지의 여부는 앞으로도 계속 지켜보아야 할 것입니다. 2023년 8월의 새만금 잼버리대회를 둘러싼 논란과 무관하게, 새만금공단과 새만금공항의 미래를 섣불리 예측할 수 없는 이유입니다.

　한때 바닷가에 자리하고 있던 군산공항은, 새만금 간척지가 만들어지면서 육지 한가운데 자리하게 되었습니다. 간척 사업과 국제 정세 변화에 따라 서해안은 지형이 바뀌고 마을이 사라지고 땅이 생겨나고 있습니다. 옛 중국에는 뽕밭이 바다로 바뀌었다는 뜻의 상전벽해라는 말이 있었지만, 현대 한국에는 바다가 땅으로 바뀌는 벽해상전이라는 말이 더욱 잘 들어맞습니다.

식민지 시기의
SOC 구상과 행정의 연속성

『우리는 어디서 살아야 하는가』에서 식민지 시기에 구상된 경인 운하 계획이 2002년에 완공되었음을 지적하면서, 행정의 연속성이 정부와 민족을 초월해서 드러났다고 이야기한 바 있습니다. 비슷한 사례로는 2023년 이내에 착공될 것으로 예상하는[42] 여주-원주 복선 전철을 들 수 있습니다.

이 철도의 구상은 수원에서 여주까지 이어진 수려선을 원주로 연 장하려던 식민지 시기의 계획[43]까지 거슬러 올라갑니다. 지금의 여 주 시내에서 끝나는 수려선을 지금의 여주시 점동면까지 연장하는 계획이 있었습니다.[44] 점동면에서 남한강을 건너면 원주시 부론면입 니다. 1960년대에 원주의 서북쪽에 자리한 양평군 지평면 구둔역으 로 연장해서 중앙선으로 직결시키려고 계획한 것이 다시 좌절되었 다가,[45] 이번에 결국 여주-원주 복선전철로서 가까운 미래에 실현될 것입니다.

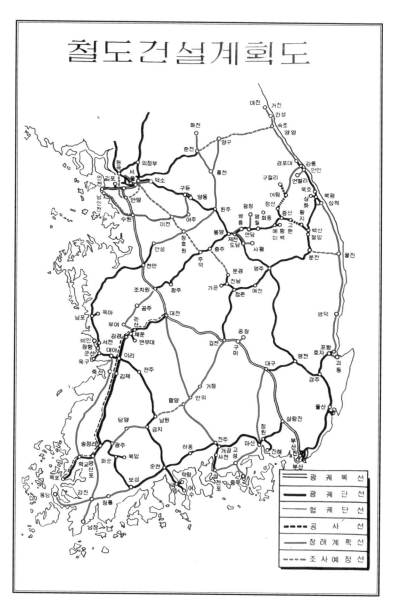

사진 19　　식민지 시기에 건설된 수려선과 강원도 원주 대신 경기도 양평군 구둔역으로
　　　　　　　연장하려는 계획을 보여주는 〈철도건설계획도〉

사진 20　　　수려선과 중앙선이 만날 예정이던 구둔역. 2019년 9월

　여주–원주 복선전철이 완공되면 "강원도의 원주가 아닌 수도권에 포함된 원주"[46]가 될 것이라고 현지에서는 기대하고 있습니다. 식민지 시기에 수려선을 통해 경부선과 연결된 용인·이천·여주 지역은 도시화가 빠르게 진행되었습니다. 만약 20세기 중반에 이 구상들이 실현되었다면, 원주는 일찍이 수도권에 편입되었을 가능성도 있습니다.

　제가 소장한 『여성동아』 1969년 9월호 별책부록인 「실지답사 전국여행가이드」에는 수려선을 타고 갈 수 있는 수원·이천·여주의 관광지가 지도와 함께 소개되어 있습니다. 수려선이 원주나 양평군 구둔으로 연결되었다면 이 지역들도 수원·이천·여주처럼 이른 시기에 수도권의 관광지로 자리 잡을 수 있었을 것입니다.

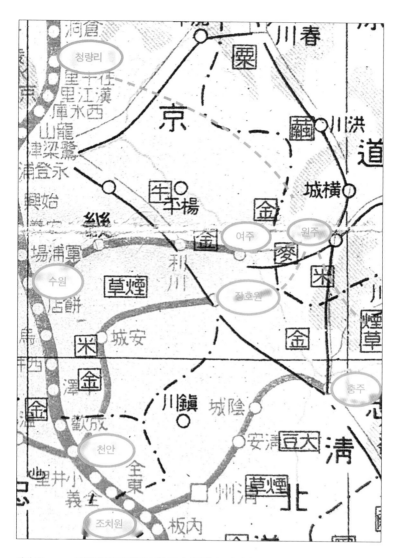

사진 21   1932년에 조선총독부 철도국이 제작한 〈조선 여행 안내〉에 보이는 수려선, 경기선, 충북선. 수원에서 출발한 수려선은 여주까지 놓여 있고, 원주가 가깝습니다. 천안에서 출발한 경기선은 장호원까지 놓여 있고, 조치원에서 출발한 충북선은 충주까지 놓여 있습니다. 이 팸플릿이 제작된 뒤에 놓인 수인선과 중앙선은 아직 지도상에 표시되어 있지 않습니다. 필자 소장

식민지 시기부터 내려온 충청문화산업철도 구상

한편 충청남도 지역에서는 세종시 조치원읍과 보령시를 연결하는 보령–조치원 전철(또는 보령선, 충청문화산업철도)의 구상이 계속 제기되고 있습니다. 이 철도 구상은 현재 제4차 국가철도망 구축계획에 추가 검토 대상으로 포함되어 있습니다. 이 철도 구상의 시작도 식민지 시기로 거슬러 올라갑니다.

충청북도 지역을 동서로 관통하는 충북선 철도가 1921년에 완공되었는데, 충북선 철도는 기존의 상업 중심지인 충청북도 부용(지금의 세종시 부강면)이 아닌 조치원(지금의 세종시 조치원읍)에서 경부선과 연결하기로 정해졌습니다. 이것은 당시 충청남도청 소재지였던 공주를 경부선과 연결하는 데 지형적으로 유리한 쪽을 선택했기 때문입니다.[47]

조치원에서 공주를 거쳐 서해안의 대천까지 이어지는 충남임항철도[48] 구상은, 충청남도와 충청북도를 합치자는 논의와 함께 충청도 일대를 뒤흔든 정치적 이슈였습니다. 조치원은 경부선과 충북선이 만나면서 빠르게 도시화하였는데, 충남임항철도가 완성되었다면 조치원은 동서남북으로 철도가 통과하는 천안이나 대전 규모의 도시로 성장했을 가능성이 있습니다. 현재 이 보령–조치원 전철은 실현되기 어려워 보입니다. 만약 실현된다면 충청남도의 동서를 이어주는 중요한 기능을 담당할 것으로 예상합니다.

앞 시기의 SOC 사업이 후대에 결국 실현되는 경우가 많은 이유는, 처음 계획을 세울 때 지형 조건 등에 대해 충분한 사전 조사가 이루어졌고, 계획을 세운 뒤에 근본적으로 지형이 변하지 않았기 때문입니다. 또한, 그 당시 사업을 추진해야 할 이유가 있었기 때문에 계획이 세워진 것이므로, 그 뒤에도 그 필요성이 사라지지 않는 경우가 많습니다. 충남임항철도 구상이 충청문화산업철도 구상으로 이어지고 있는 것도, 충청남도의 동부와 서부를 관통해서 연결해야 할 필요성이 계속해서 존재하기 때문입니다.

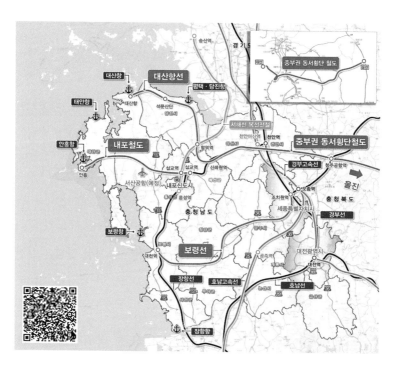

사진 22   충청문화산업철도의 예상 노선도. 부여군 제작

신공항 예정지였던 밀양시

경상남도 밀양시는 식민지 시기부터 시도된 공항 구상이 실현 직전까지 갔다가 무산된 사례입니다. 밀양시는 굽이치는 밀양강이 도심을 셋으로 나누고 있습니다. 이 도심들의 남쪽에 펼쳐진 상남면 예림리 들판에는 '비행장 터'라는 지명이 남아 있습니다. 식민지 시기에 이곳에 군용비행장을 만들다가 폐지해서 이런 지명이 생겼다고 합니다. 이 주변에 전투기 격납고들이 남아 있는 것으로 봐서는 실제로는 활주로를 사용했던 것 같습니다. 광복 후 귀국한 재외동포들이 이 비행장 터에 정착하면서 '후생촌'이라는 지명도 생겨났습니다.[49]

일본군이 이곳에 비행장을 만들려고 한 데에는 이 일대가 경부선과 경전선이 만나는 삼랑진역 근처의 넓은 평야지대라는 지형적·지리적 이유가 있었을 것으로 추측됩니다. 이런 지형적 이점은 얼마 전에도 높은 평가를 받아서, 동남권 신공항 건설 후보지로서 이 상남면과 맞닿아 있는 하남읍이 거론되었습니다. 밀양 시내에서 남쪽으로 펼쳐지는 평야지대에 자리한 상남면·하남읍을 위성사진 지도로 보면, 밀양시·창원시·김해시가 만나는 이 일대의 넓은 평야 어느 곳이든 공항 건설에 적합하다는 사실을 확인할 수 있습니다.

한때 경상도를 사분오열시켰던 동남권 신공항 유치전에서, 결국 가덕도가 신공항 입지로 결정되었습니다. 가덕도에 과연 대규모 공항을 짓는 것이 가능한가 하는 공학적 의문이 제기되고 있고, 엑스포 유치가 무산된 것도 장기적으로 영향을 미치겠지만,[50] 공항 건설을 위한 행정적 절차 과정은 진행되고 있습니다.

사진 23   식민지 시기에 일본군 비행장이 만들어진 경상남도 밀양시 상남면 비행장 터. 2023년 4월

사진 24   1957년 5만 분의 1 지도에 보이는 상남면 일대. 비행장 활주로로 보이는 라인이 표시되어 있고, '4278년 완성'이라고 적혀 있습니다. 단기 4278년은 1945년을 가리킵니다. 국토지리정보원

그리고 이곳 밀양시 하남읍은 한때 동남권 신공항 예정지로 거론될 때에는 땅값이 어마어마하게 상승했다고 합니다. 그러나 최종적으로 가덕도로 결정되면서 땅값은 당연하게도 급락했습니다.[51] 답사 중에도, 도시에서 살던 아파트를 팔고 이곳의 농토를 샀다가 발이 묶인 분을 만나서 이야기를 나누었습니다.

　　만약 밀양이 동남권 신공항 예정지로 결정되었다면, 밀양시 남부 지역은 100년에 걸쳐 두 차례 비행장이 건설된 땅으로서 흥미로운 기록을 남겼을지도 모르겠습니다. 하지만 대구 군 공항도 군위군·의성군의 대구경북통합신공항으로 옮겨가기로 하면서, 앞으로 밀양에 공항이 들어올 일은 없을 것이라고 조심스럽게 예측해봅니다.

　　밀양시 남부 지역뿐 아니라 가덕도 역시 일본군의 요새가 있던 곳이어서, 식민지 시기의 군사적 요충지가 여전히 교통·군사의 요충지로서의 성격을 유지하고 있음을 보여주기도 합니다. 행정의 연속성, 한번 입안된 계획의 관성은 이렇게 끈질기게 현실화되어갑니다. 이를 이해하면, 도시의 미래를 예측할 때에 참고가 될 것입니다.

사진 25   밀양·창원·김해 사이에 펼쳐진 평야지대. 붉은색은 식민지 시기의 군 공항, 노란색은
동남권 신공항 후보지, 흰색은 공항을 건설할 만한 창원·김해 측의 평야를 표시한
것입니다. 카카오맵

사진 26   가덕도 외양포의 일본군 포진지 유적. 가덕도 신공항이 건설되면 이 군사 유적, 군
관사촌에 들어선 마을, 외양포 야생화단지 등이 대부분 철거될 것으로 예상합니다.
2021년 5월

거제시가 차지한 남부내륙선

물론 행정의 연속성은 수학 공식이 아닙니다. 식민지 시기에 대전에서 진주를 거쳐 삼천포항까지 대삼선 철도가 건설되다가, 삼천포항에서 일본으로 이어지는 항로가 의미를 잃으면서 사업이 중단되었습니다. 또 김천에서 삼천포를 잇는 철도도 1927년을 전후로 활발히 논의되다가 중단되었는데,[52] 이것이 현재 남부내륙철도의 원형입니다. 대삼선과 김삼선 노선이 지향했던 최종 목표는 삼천포를 부산과 대항할[53] 큰 항구, 즉 제2의 부산[54]으로 만드는 것이었습니다.

이 철도 계획은 행정의 연속성에 따라 현대 한국 시기에 일부 실현되었습니다. 이 노선을 진삼선이라고 합니다. 하지만 정부의 목표는 식민지 시기 때와 달라졌습니다. 일본으로 향하는 항구로서 삼천포항을 키우는 것이 아니라 "사천비행장의 군사기지 수송력 강화를 목적으로"[55] 삼았던 것입니다. 이렇게 한반도의 또 다른 간선 철도망에서 군사 철도로 존재 목적이 축소된 진삼선은 그 후 폐선됐습니다.

그리고 이번에 정부가 삼천포 대신 철도를 놓기로 한 곳이 거제입니다. 현대 한국에서 동남권 콤비나트의 일부로서 거제도에 조선소들이 세워지면서, 거제를 한국의 다른 철도망과 연결할 필요성이 생긴 것입니다. 이런 과정을 통해 건설되기로 한 남부내륙선은 2024년에 착공할 것으로 예상합니다.[56] 경부선에서 남해안으로 향하는 또 하나의 간선 철도를 만든다는 식민지 시기의 구상은 계승되었지만, 그 당시 중요했던 삼천포 대신 현대 한국에서 중요해진 거제로 최종 목적지가 바뀌었습니다.

사진 27　　진삼선의 옛 삼천포역사. 이 건물이 자리한 일대는 e편한세상삼천포오션프라임
아파트로 재건축될 예정입니다. 2018년 11월

최근 노선이 확정된 남부내륙철도는 거제시 서북쪽의 사등면에
종착역인 거제역을 설치하기로 정해졌습니다. 사등면은 거제의 양
대 중심지인 고현(삼성중공업)·옥포(대우해양조선에서 최근 한화오션 거제
사업장으로 사명 변경)의 어디에도 닿지 않는 외딴곳이다 보니, 지금에
서야 거제시 일각에서는 역의 위치에 대한 불만의 목소리가 들리고
있습니다.[57]

하지만 예비타당성을 통과하기 위한 오랜 고민 끝에 이런 결론이
나왔으므로, 만약 역의 위치를 바꾼다면 다시 처음부터 예타 검토를
준비해야 합니다. 그 과정에서 사업이 무산될 수도 있어서, 아마도
이번에 정해진 계획대로 건설이 시작될 것으로 보입니다. 아마 사등
면의 거제역에서 고현·옥포로 이어지는 철도의 추가 건설 이야기가
앞으로 계속 나올 것입니다. 잘 판단하시기 바랍니다.

경부고속선
(금천구청-부산)

김천

구미 사곡

김천
구미

군위

대구권 광역철도
(1단계, 구미~경산, '15~'23, 62km, 150)
(2단계, 김천~구미, 23km)

영남권
물류기지

신동

서대구

동대구
대구차량

하양

대구신
(가천-영

지천 대구

안심
(안심

대구
(경산

전철

경산

대구산업선 단선전철
(서대구~대구산단, '20~'27, 34km, 150)
(대구산단~대합산단, 5km)

경부선
(서울-부산

합천

대구산단

대합산단

남부내륙선 복선전철
(김천~거제, '19~'27, 178km, 250)

단선전철
대구, 199km)

경 상 남 도

창원산업선 단선전철
(대합산단~창원, 46km)

동남
(진영

마산차량

창원

진례

마산

신월

장유

진해

통해

경전선
(삼랑진-광주송정)

진주

마산신항선 단선전철
(마산~마산신항, 13km)

부산신항차량

부산신항 연
(부산신항선~부전

경전선 진주·광양 전철화
('18~'22, 55km, 230)

마산신항

태

고성

통영

거제

사진 28   제4차 국가철도망 전국노선도에 보이는 남부내륙선 복선전철

사등면에는 15세기 초에 건설된 사등읍성의 흔적이 꽤 잘 남아 있습니다. 거제역 예정 부지를 찾아가 보니, 부동산 관계자분들의 한껏 들떠 있는 모습과 예전의 구조가 잘 남아 있는 사등읍성의 경관이 인상적인 대비를 이루고 있었습니다. 사등읍성은 관광지로서의 가능성이 큰 곳으로 보입니다. 거제역이 준공되기 전에 정비가 잘 끝난다면 역세권 활성화 효과도 있을 것으로 기대됩니다. 거제도는 조선소를 짓는 과정에서 조선 시대 초기의 옥포성을 거의 흔적도 남기지 않고 없애버린 역사를 지니고 있습니다. 비록 옥포성은 없앴지만, 사등성은 남기시길 바랍니다.

전근대, 식민지 시기, 그리고 현대 한국 초기의 각종 계획을 꼼꼼히 살피는 이유는 한국 도시들의 미래를 예측하는 힘을 우리에게 주기 때문입니다. 그 계획이 처음 세워졌을 때의 상황과 그 사이에 바뀐 국내외 상황을 아울러 검토하면서, 행정의 연속성이라는 관점에서 도시들의 미래를 예측하면 실패를 줄일 수 있을 것입니다.

사진 29 남부내륙선의 종착역이 들어설 경상남도 거제시 사등면. 조선 시대 초기에 만들어진 사등성과 성안 마을은 옛 경관을 잘 남기고 있어서, 남부내륙선이 들어서면 전라남도 순천시의 낙안읍성처럼 관광지로 주목받을 가능성이 있습니다. 2023년 5월

사진 30 거제도 옥포동에 조선소와 배후지역을 건설하는 과정에서 파괴된 옥포성의 흔적. 2023년 5월

공항을 둘러싼 논의들이 의미하는 것

최근 전국 곳곳에서 공항을 둘러싼 논의가 이루어지고 있습니다.

대구광역시는 시내 동북부에 자리한 K-2·대구국제공항을 북쪽의 군위군·의성군으로 옮겨 대구경북통합신공항을 만드는 대신에 군위군을 대구광역시에 편입했습니다. 대구 측에서는 늦어도 2030년까지,[58] 가능하면 더 빨리 공항을 완전히 옮기고 개발 사업을 벌이고 싶어 합니다. 하지만 제가 직접 만난 대구 시민들 가운데에도, 보수적으로 예측하는 분들은 20년을 바라보더군요. 그리고 출처를 밝힐 수는 없는 모처에서 들은 바로는 30년까지도 예상합니다.

이렇게 시간이 오래 걸리는 이유는, 대구공항이 단순히 민간공항이 아니라 한미 양국군이 사용하는 군 공항이기 때문입니다. 미군이 사용하는 공항을 옮기기 위해서는 미국 정부까지 올라가는 협의 과정이 필요합니다.[59] 한국 정부가 지자체가 도시개발을 하고 싶다고 해서, 세계 전략 특히 대(對)중국 전략하에 한국에 군부대를 주둔시키고 있는 미국이 쉽게 응해주는 일은 없습니다. 이것은 대구공항뿐 아니라, 미군이 주둔하고 있는 한국의 다른 공항들에 대해서도 마찬가지로 적용되는 원칙입니다.

한미 양국군이 사용하고 있는 수원공항도 한동안 화성시 서쪽 끝의 간척지인 화옹지구로 옮긴다는 논의가 계속되다가, 2023년 현재는 원점에서 재검토되고 있습니다. 특수한 군사적 임무를 맡은 성남 서울공항도 마찬가지입니다. 군사적 기능을 겸하고 있는 공항을 이전한다는 이야기는 국제 정세를 아울러 검토하면서 최대한 보수적으로 바라보는 것이 좋습니다. 그래야 수많은 카더라 통신에 흔들리지 않을 수 있습니다.

사진 31　　한때 수원공항을 이곳 화성시 화옹지구 간척지로 옮겨온다는 논의가 진행된 바 있습니다. 사진 속 한가운데 보이는 산은, 예전에는 섬이었던 곳입니다. 2023년 2월

광주의 군 공항은 어디로?

　광주광역시 서부의 광주공항은 국제선을 전라남도 무안국제공항으로 옮긴 뒤, 광주에 남아 있는 군 공항을 어떻게 할 것인지를 두고 갈등이 빚어지고 있습니다. 무안국제공항이 광주 군 공항도 받을 것인가, 함평군 같은 전라남도의 다른 지역이 군 공항을 받을 것인가, 아니면 광주에 그대로 남을 것인가를 둘러싸고 조금도 예측할 수 없는 상황이 펼쳐지고 있습니다.

사진 32　　광주공항으로부터 국제선을 이전받은 전라남도 무안공항은, 국내선은 받고 군 공항은 받지 않겠다는 입장입니다. 국내선이 없고 국제선도 활성화되지 못해서, 제가 답사한 평일 낮에는 사진에서 보듯이 한 편의 입출국도 예정되어 있지 않았습니다. 2022년 11월

도시개발 및 부동산 투자에 관심을 가진 현지 분들은 군 공항이 무안이나 함평, 또는 제3의 지역으로 옮겨간다는 전제로 광주의 미래를 논의하는 경우가 많아 보입니다. 광주 시민이 칼럼에서 지적한 대로, 정말로 군 공항이 옮겨간다면 어떻게 될 것인지에 대한 명확한 비전 없이 "공항을 받아들일 지역만 나타나면 만사형통할 것"[60]이라는 희망을 품어온 측면이 존재합니다. 저는 군 공항과 국내선이 남을 수 있다는 가정에 따라 광주의 미래를 예측할 필요도 있다고 광주 시민들에게 말씀드립니다.

사진 33　　광주공항의 미래를 예측하기 어려운 상황이 이어지면서, 관련 시설들을 시 외곽으로 옮기는 논의도 지지부진한 상태입니다. 그 때문에 광주의 신도시인 상무지구와 가까운 곳에 자리한 서구 마륵동 지역은 사진에서 보는 것처럼 개발이 제한된 상태로 남아 있습니다. 2023년 8월

광주에서 무안으로 국제공항이 옮겨가는 바람에 전라남도 동부권 시민들이 김해공항을 이용하게 될 가능성이 커졌다는 광주 현지 언론의 지적은,[61] 광주와 전라남도에 관심을 가진 모든 사람이 유의해야 할 내용입니다. 광주공항의 기능이 무안공항으로 옮겨가면서 전남 동부권 시민들은 동남권 메가시티의 일부로서 움직임을 가속할 것으로 예상합니다.

한편, 충청남도의 군 공항인 서산공항에 민간 기능을 겸하게 하자는 제안이 이어지고 있습니다. 각 도에 하나씩 민간공항이 있는데 충청남도에만 없다는 것이 그 논리입니다. 그런데 충청남도에 민간공항이 생기는 문제에 대해, 청주공항이 있는 충청북도,[62] 군산공항과 새만금공항(예정)을 가진 전라북도가 모두 긴장하고 있습니다. 특히 서산공항이 개항한다면 중국으로부터 입국하는 수요에 대응할 것으로 예상하는데,[63] 이는 새만금공항과 중복됩니다.[64]

현재 서산공항은 예타를 통과하지 못해서 미래가 불투명하고, 새만금공항은 잼버리대회가 실패한 여파로 사업 적정성이 재검토되고 있습니다.[65] 따라서 공항 건설계획의 실현 여부, 공항복합도시 구상, 환황해권 시대의 도래를 전제로 한 미래 수요 예측 등에 대해서는, 최대한 신중하게 여러 지역의 상황을 동시에 들여다보면서 판단해야 합니다.

특히 제주 제2공항을 비롯해서,[66] 환황해권 시대가 도래하고 중국인 수요가 지속해서 존재할 것이라는 예측 하에 사업이 추진되는 측면이 있다는 점을 유의해야 합니다. 신냉전이 찾아온 지금, 불안정한 한중관계를 대전제로 두고 이 공항들의 미래를 예측할 수 있어야 합니다. 특정 공항에 대한 언론 보도나 SNS 글을 보고는 섣불리 미래를 예측하는 일이 없기를 바랍니다.

사진 34 서산공항이 예타를 통과하지 못하자, 공항이 자리한 서산시 해미읍에는 이를 항의하는 플래카드가 내걸렸습니다. 2023년 5월

고가도로에 대한 혐오감,
지하화에 대한 환상

한국 사회에는 고가도로와 철도 지상 구간에 대한 혐오감, 그리고 교통 시설을 지하화하는 것에 대한 환상이 뿌리 깊게 자리하고 있습니다. 고가도로와 철도 지상 구간이 시야를 차단하고 도시를 단절시킬 뿐 아니라, 고가도로·철로 아랫부분을 으슥한 공간으로 만들어 시민들에게 위화감을 주기 때문입니다.

한편 경전선 철로의 광주 시내 구간을 없애고 만든 푸른길, 서울의 경춘선과 인천의 주인선 폐선 구간을 녹지로 만든 숲길, 그리고 용산선을 지하화하고 조성한 경의선 숲길 등은 시민들에게 좋은 반응을 얻고 있습니다. 따라서 가능하다면 고가도로와 철도 지상 구간을 없애고 지하화하는 것이 시민의 지지를 얻는 행정입니다.

하지만 정부와 지자체의 예산에는 한계가 있으므로, 교통을 확충하기 위해 고가도로를 놓고 철도를 지상 구간으로 통과시킬지, 무리해서라도 지하화할지 어려운 선택을 해야 합니다.

사진 35 경전선 노선의 광주
시내 구간을 없애고
조성한 푸른길. 그리고
광주에서 담양으로
향하던 전남선. 이 두
개의 철로가 사진 속의
광주 동구 계림동에서
교차했음을 보여주는
시설입니다. 2022년
4월

사진 36 광운대역 동북쪽으로
나아가던 경춘선
구간을 폐선시킨 뒤
조성한 경춘선숲길의
시작 지점. 2017년
11월

대전 도시철도 2호선 논란

대전 도시철도 2호선은 예산 제약 때문에 고가 방식의 자기부상열차와 트램 방식 중에서 고민을 하다가 큰 논란을 빚고 있습니다. 그래서 인구 150여만 명의 광역시인 대전에 철도 노선이 아직도 하나뿐입니다. 자기부상열차는 경관에 지장을 주고, 트램은 차량과 뒤섞이기 때문에 정시성 확보가 어렵다는 지적이 있었으나,[67] 고가도로에 대한 시민들의 저항이 크다 보니 트램으로 방향이 정해졌습니다.

충남·대전 지역 언론사는, 대전시가 자기부상열차를 트램으로 바꾸기로 하자 현지의 유력한 건설업체 관계자가 이것을 "잘못된 결정"[68]이라며 안타까워했다는 소식을 전하기도 했습니다. 현실성이 없는 트램을 고집하다 보면 사업 시행 자체가 무산될 수도 있기 때문입니다. 중간에 기획재정부가 일부 지하화 예정 구간을 지상으로 바꾸고, 자기부상열차를 모노레일로 변경하려다가 비판을 받고 취소되기도 했습니다.[69]

모노레일이라고 무조건 경관을 해치는 것은 아닙니다. 대구 도시철도 3호선은 지상 구간만을 운행하는 모노레일이고, 4호선(예전에는 엑스코선이라 불렸던)도 같은 방식으로 운영될 예정입니다. 대구의 모노레일은 도시 미관에 큰 영향을 주고 있다고는 생각되지 않으며, 차 안에서 대구 시내를 구경할 수 있는 관광자원으로서의 가치도 지니고 있다고 생각합니다. 따라서 대전도 십여 년 전에 고가 모노레일 방식을 택했다면, 지금쯤 이미 완공되어 대전 시민들에게 편의를 제공하고 있었으리라는 안타까움을 느낍니다.

사진 37　　　　대구 도시철도 3호선 서문시장역에서 청라언덕역 방향을 바라본 모습. 2018년 3월

　　트램에 정시성 문제가 있고, 도로 하나를 차지하여 교통 체증을 유발한다는 것을 알았던 일부 대전 시민들은 트램을 반대했다고 합니다. 하지만 많은 시민이 한참 후에 상황의 심각성을 알게 된 것 같습니다. 특히 전라북도 전주시가 1999년[70]과, 2019년[71] 두 차례나 트램 도입을 추진하다가 좌절된 것이 계기가 되었습니다.

　　결국 대전 도시철도 2호선은 아직 착공조차 못 했습니다. 이 글을 쓰고 있는 2023년 여름 시점에, 2024년 예산에 도시철도 2호선 트램 건설 예산이 반영되었다는 뉴스가 보도되고 있습니다.[72] 이것이 정말 실현될지, 아니면 매몰 비용을 포기 못 해 또 한 번 사업을 미루게 될지는 지켜봐야겠습니다. 대전을 자주 답사하는 입장에서, 어떤 형태로든 빨리 착공되어 대전 시내를 편하게 이동하면 좋겠습니다.

사진 38　　대전 도시철도 2호선 가양역 예정지 주변에서 확인한 공공주택 복합사업 관련
　　　　　　플래카드. 2호선 예정 노선 주변에서는 이런 움직임을 쉽게 확인할 수 있습니다.
　　　　　　2022년 11월

인프라 유치만큼 중요한 유지와 보수

　지하화가 만능은 아닙니다. 경기도 김포시는 김포한강신도시를
건설하기로 한 뒤, 여러 대안을 검토하다가 고가 경전철로 기본계획
승인을 받았지만, 시민들이 반대하자 결국 지하화를 선택하게 되었
습니다. 지하화를 하는 과정에서 상급 기관의 간섭을 받지 않기 위해
국비·도비를 받지 않겠다는 확약서를 경기도에 제출했고, 자체 예산
만으로 공사를 해야 하다 보니 확장이 불가능한 형태의 2량짜리 지
하철 플랫폼을 만드는 결과를 낳았습니다.[73]

　만약 시간을 되돌려서 김포시가 지상 고가 구간으로 경전철을 놓

았다면, 우선 2량으로 운행하다가 필요해지면 역사를 앞뒤로 늘리고 4량, 6량 열차를 편성하는 것이 비교적 쉬웠을 겁니다. 수도권전철 9호선은 현재 지하 6량으로 운행되고 있지만, 훗날 8량이 운행할 수 있도록 지하 역사 승강장 앞뒤를 미리 설계해두었습니다. 김포골드라인은 수도권전철 9호선처럼 미리 여유를 두고 승강장을 설계할 예산도 부족했기 때문에, 처음부터 딱 2량에 맞추어 지하 승강장을 만들어둔 상태입니다.

현재 수도권전철 5호선을 김포와 인천 검단으로 연장할 계획이 추진되고 있습니다. 노선을 둘러싸고 김포와 인천의 의견이 매우 달라서 조율되려면 시간이 필요합니다.[74] 만약 5호선이 김포와 인천에 들어온다면, 출퇴근 시간에 승객이 집중되고 나머지 시간에는 한산한 김포골드라인의 특성상, 출퇴근 승객을 5호선과 나누어 수송하게 되어 적자가 더욱 심해질 것으로 예상합니다. 이는 고스란히 김포시의 재정 압박으로 이어지겠고요. 고가 철로에 대한 거부감이 이렇게 십수 년 뒤까지 나비효과를 일으키고 있습니다.

지하철이나 터널처럼 시민들의 눈에 보이지 않는 형태로 교통 시스템을 만드는 것은, 훗날 정부와 지자체에 큰 부담으로 작용하게 될 것입니다. 이 시설들을 유지·보수하는 비용은 계속 늘어날 것이므로 특히 재정이 열악한 지자체는 이 비용을 감당하는 것이 점점 어려워질 것입니다. 이미 이런 상황을 겪고 있는 일본에서는 수리·철거할 여유가 없어 1년 이상 통행금지 상태인 교량이 256개소에 이른다는 조사 결과가 나왔습니다.

고도성장기에는 인구가 계속 늘어난다는 전제에서 인프라를 짓기만 하면 지역이 성장한다는 믿음이 있었습니다. 정치인·행정가들도 표가 되는 인프라 유치에만 관심을 가졌고, 유지에는 무관심했습니다. 하지만 인구 감소와 지역 소멸이 가속화되면서, 고도성장기의 인프라를 감당하지 못하는 지역이 계속 늘고 있습니다. 일본의 각 지자체는, 더 유지 보수할 수 있는 교통 인프라를 차례로 철거하는 일종의 "인프라 살생부"[75]를 만들고 있습니다.

한국 곳곳을 답사하면서, 저는 이미 이런 상황을 확인하고 있습니다. 시민들은 인프라를 짓기만 하면 지역이 성장할 것이라는 믿음을 여전히 가지고 있으며, 시민들의 이런 믿음에 편승한 정치인·행정가들은 인프라 설치에만 관심을 두고 유지에는 무관심합니다.

저는 경제 특히 부동산 부문에서는 한국이 일본의 전철을 밟으리라고 생각하지 않지만, 인프라 문제에서는 비슷한 상황이 이미 나타나고 있다고 생각합니다. 일본이 먼저 겪었던 인구 감소가 한국에서도 시작되었듯이, 일본이 먼저 작성하기 시작한 '인프라 살생부'를 한국도 머지않아 작성하게 될 것입니다. 그리고 가장 먼저 그 리스트에 들어갈 대상에는 터널처럼 지하화된 시설이 많이 포함될 것입니다.

한편, 인구 감소 속도가 늦고 지역 소멸을 겪을 가능성이 낮은, 그리고 재정이 튼튼한 지자체는 앞으로도 계속 지하화 사업을 추진할 것입니다. 이미 지상에 존재하는 교통 시설을 어디까지 지하화할 수 있을지를 보여주는 리트머스 시험지는, 서울시가 추진하고 있는 경부고속도로의 서울 강남 구간 지하화 사업일 것입니다.[76] 이 구간이

시 예산으로든 민간 투자로든 지하화되고, 지상구간이 서울 리니어 파크(Seoul Linear – Park)라는 이름의 거점 공간으로 변신할 수 있다면, 다른 지자체들도 이 구간을 모델 삼아 지하화 사업을 추진할 것으로 예상합니다. 그렇지만 재정난에 시달리는 지자체들에는 서울시의 이런 시도를 벤치마킹할 여유가 부족할 것이고, 설령 사업은 완공시키더라도 이후에 유지·보수가 힘들 수 있습니다.

사진 39 서울 강남 지역을 고가도로로 지나가는 경부고속도로. 2018년 4월

명지신도시 하단녹산선 지하화 문제

낙동강 델타는 한국의 대표적인 연약지반이어서, 녹산국가산업단지[77]·명지신도시 등을 건설하는 중에도 지반침하가 우려되는 사례가 다수 발생했습니다. 현지 언론에서는 명지신도시의 건물들을 "사상누각"[78]이라고 강하게 표현할 정도입니다. 부산과 창원을 잇는 중요한 노선으로 기능할 부전-마산 광역철도(마산부전선) 역시, 연지반에 터널을 뚫는 난공사 중에 터널이 붕괴되는 바람에 완공이 계속 미뤄지고 있습니다.[79]

2023년 7월에 낙동강 델타에 조성된 부산광역시 강서구 명지신도시를 답사했습니다. 연약지반 위에 도시와 산업단지를 건설하다 보니 잇따라 문제가 발생하고 있어, 명지신도시를 지나가는 노선으로 계획되고 있는 하단-녹산선이 어떤 상황인지 살펴보고 싶었습니다.

명지신도시 곳곳에는 하단녹산선의 전면 지하화를 요구하는 플래카드가 걸려 있었습니다. 부산시도 애초에는 "고가에 경전철이 다니는 고가철도 방식은 신도시의 도시 미관과 어울리지 않는다"고 판단했다고 합니다. 하지만 연약지반에서 공사를 해야 하다 보니 공사기간 등에서 어려움이 생기는 바람에,[80] 예타를 통과하기 위해서 명지신도시 구간의 5개 역 가운데 3개 역만 지하화하는 원안을 그대로 추진하겠다는 방침을 2023년 7월 11일에 발표했습니다.[81] 그러자 주민들은, 5개 역을 전부 지하화할 게 아니라면 차라리 전부 지상화하라며 반발하고 있다고 합니다. 제가 전면 지하화를 요구하는 플래카드를 본 것은, 이 발표가 있었던 직후였던 셈입니다.

지하화는 만능이 아닙니다. 섣불리 지하화 사업을 벌였다가 생명과 재산을 위협하는 상황이 발생하기도 합니다. 또한, 대구 도시철도 3호선이 잘 보여주었듯이, 운영하기에 따라서는 고가 교통망도 도시의 매력을 높여주는 존재가 될 수 있습니다. 인구가 줄고 재정 양극화가 심해질 미래의 한국에서, 시민들은 자신이 살아가는 도시가 감당할 수 있는 수준의 교통 시스템을 지자체에 요구해야 합니다. 그리고 정치인·행정가는 본인들이 감당할 수 없는 환상을 시민들에게 공약으로 제시하는 것을 멈춰야 합니다.

물론 지금 제가 드리는 제안을 정치인·행정가들이 받아들일 것이라고 기대하지 않습니다. 발전하는 도시의 모습을 보여주는 대신, 자기 도시의 현실을 있는 그대로 설명하며 냉철하게 대안을 제시하는 정치인·행정가는 시민들에게 인기가 없기 때문입니다.

이 책을 읽고 있는 분들이라도, 자신이 사는 도시의 모습을 냉정하게 들여다보고 그 도시의 미래를 예측할 힘을 기르기 바랍니다. 그래서 각자도생의 한국 사회에서 자기가 사는 도시를 더 낫게 만들고, 만약 도저히 희망이 보이지 않는다면 더 행복하게 살 수 있는 도시를 찾아가길 바라는 마음입니다.

2부

한국 도시의
미래

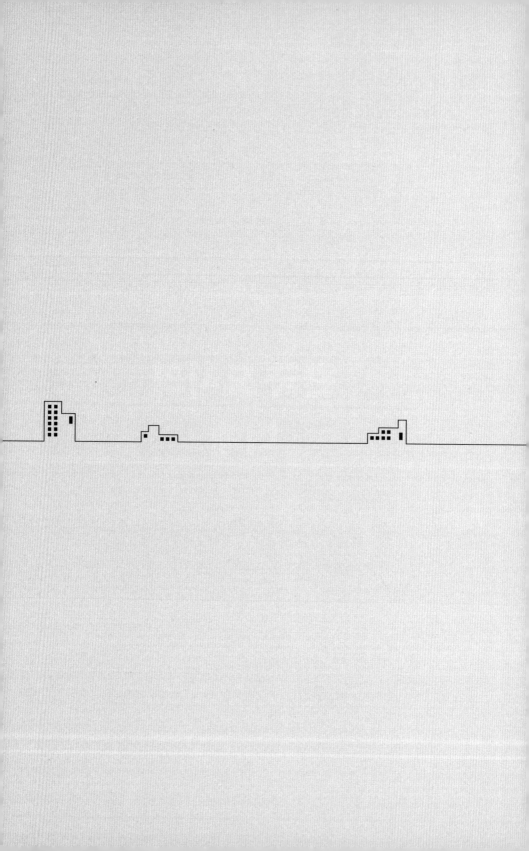

5장

대서울권

강남은 영원하다

각종 매체와 인터뷰를 진행하면, 반드시 한 번은 나오는 질문이 있습니다. "강남 다음에는 어디가 뜰까요?" 그때마다 저는 이렇게 말씀드립니다.

"1979년 10월 26일에 박정희 대통령이 암살당하지 않았다면, 지금의 세종시와 공주시에 걸쳐 만들어졌을 행정수도가 새로운 강남이 되었을 겁니다. 하지만 그가 사망한 뒤로 그 가능성은 사라졌습니다. 새로운 강남을 만들만 한 정치적 역량을 가진 집단은 한국에 더는 존재하지 않습니다. 세종시는 강남을 대체하지 못할 것이고, 강남은 한국이 망하지 않는 한 영원할 겁니다."

강남은 단순히 서울 강북의 과밀한 인구를 분산시키려고 만든 신도시가 아닙니다. 강남이 만들어진 근본적인 이유는 북한이 한국을 쳐들어올 경우를 대비하여 강북의 인구를 줄이기 위해서입니다.

오늘날의 강남을 만든 '영동 개발'이 시작되기 직전인 1962년에는 쿠바 미사일 위기가 있었고, 1964년에는 미국이 베트남 전쟁에 참전했습니다. 이 해에 한국군도 베트남 전쟁에 참전했고, 북한에서도 군대를 북베트남에 파병했습니다. 1969년 7월 25일에는 미국의 닉슨 전 대통령이 닉슨 독트린을 발표해서, 아시아 국가들은 자신을 스스로 지킬 것을 촉구했습니다.[1] 뒤이어 1971년에는 주한미군 2만 명을 철수시켰습니다.

전쟁이 일어나도 미군에게 도움을 받지 못할 수 있다고 생각한 박정희 정부는 핵무기를 비롯한 각종 국방산업의 국산화를 추진하는 한편, 국가의 거점을 서울보다 남쪽에 자리한 지역으로 내려보내기 시작했습니다. 지금의 코엑스 자리에 상공부와 관련 시설들을 입주시키겠다는 계획은 취소되었고, 창원·과천·안산 같은 신도시가 개발됩니다. 이런 흐름의 정점에 임시행정수도 계획이 존재합니다.

하지만 박정희 전 대통령이 암살당하고 전두환 전 대통령이 군사정변을 통해 정권을 차지하면서, 임시행정수도 계획은 중단되었습니다. 그 뒤로 민주화와 지방자치제가 이루어지고, 노무현 전 대통령 때 초당적 협력으로 세종시가 탄생합니다. 그러나 지금의 세종시는 박정희 전 대통령의 임시행정수도 계획과 비교하면 전체적으로 축소되어 있습니다. 무엇보다 대통령 집무실을 비롯한 정부의 모든 부처가 행정수도로 옮겨온다는 구상이 무산되었습니다.

2024년 정부 예산안에 국회 세종의사당 부지매입비와 대통령 제2집무실 기본조사 설계비가 포함되었습니다만,[2] 이 계획들의 향방은 2024년 4월 10일의 제22대 국회의원 선거 이후에나 명확해질 것입니다. 그리고 이 계획들이 실현된다고 해도 대통령 집무실과 국회 의사당은 서울과 세종의 양쪽에 자리할 것입니다. 대통령과 국회가 서울에 거점을 두고 있는 한, 서울의 위상이 세종시에 역전되는 일은 없을 것입니다. 그리고 서울시가 지금 같은 위상을 지닌 한, 강남의 위상이 세종시에 역전되는 일도 없으리라 예상합니다.

서울시의 확장이라는 성격을 띠고 있는 대서울권은, 최근 20년간 인구와 산업의 중심지로서의 성격을 점점 강화하고 있습니다. 주택 가격이 높은 서울에서 벗어나 경기도에서 거주하지만, 생활 거점은 서울에 두는 시민들이 많습니다. 이들은 자신이 거주하는 경기도와 자신이 생활하는 서울을 이어주는 강남·사당·양재·잠실·합정·공덕·영등포·개봉·종로·수유 등의 거점 지역에서 소비 생활을 영유하는 경향이 있습니다.

이 가운데 경기도 남부 지역 주민들의 접근이 가장 활발한 곳이 강남·사당·양재·잠실 같은 강남 지역입니다. 강남 상권은 서울시에 주소를 두고 있는 시민뿐 아니라, 경기도 남부에 주소를 두고 서울에서 생활하는 시민들의 경제력에 바탕을 두고 있습니다.

원래 강남은 관심 밖이었다

애초에 정부나 서울시는 지금의 강남 지역에 큰 관심이 없었습니다. 서울시가 1970년에 출판한 『서울도시 기본계획 조정수립(The Master Plan of Seoul Metropolis in 1991)』을 봅시다.

이 자료는 1991년을 향한 서울시의 도시기본계획입니다. 이 자료에 실린 〈지하철 계획도〉를 보면 지하철 1호선은 현재 노선과 같지만 2호선은 마포·여의도와 뚝섬·천호동을 잇고 있고, 3호선은 녹번동과 미아동을 U자형으로 잇고 있습니다. 개발이 막 시작된 영동 지역, 오늘날의 강남 지역에는 지하철 노선 계획이 없네요.[3]

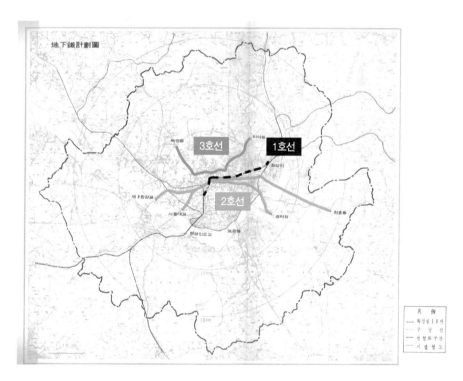

사진 1　　『서울도시 기본계획 조정수립』(서울특별시, 1970)에 수록된 〈지하철 계획도〉

『72 서울 시정』에 실린 〈지하철 노선망〉에는 4호선이 뒤집은 U자 모양으로 계획되어 있어서, 이즈음부터 비로소 강남 지역에 대한 배려가 보이기 시작합니다. 영동 개발 초기에 서울시에서 강남 지역에 관심이 적었음을 보여주는 증거입니다.[4]

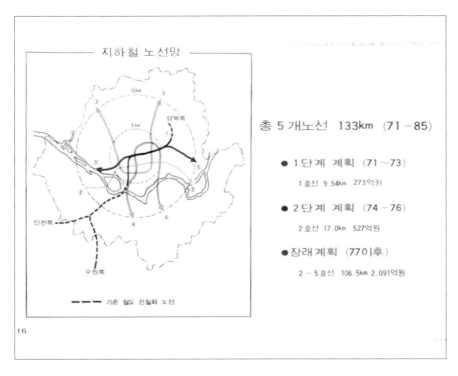

사진 2 　　　『72 서울 시정』에 수록된 〈지하철 노선망〉

이렇게 정부와 지자체의 무관심 속에 출발한 강남이 오늘날 한국의 중심 도시가 된 것입니다. 어쩌면 정부와 지자체가 무관심했기 때문에, 철저히 민간의 힘으로 여기까지 성장했다고 할 수도 있습니다.

박정희 전 대통령이 정치 자금을 강남 개발 과정에서 마련했다는 이야기는 손정목 선생이 『서울 도시계획 이야기』에서 증언한 대로입니다. 하지만 박정희 전 대통령을 비롯한 정치권은 강남의 성장에 올라타서 정치 자금을 마련한 것이지, 그들이 정치 자금을 마련하기 위해 강남을 키웠다고 볼 수는 없습니다. 1978년에 현대건설이 압구정 현대아파트를 분양하면서 유력자들에게 특혜를 주었던 사건도,[5] 민간 분야가 강남 개발을 위해 정치·경제·행정·언론계를 이용한 사례입니다.

강남 3구라 불리는 강남구·서초구·송파구 가운데, 제가 말씀드리는 강남적 삶의 양식이 탄생한 곳은 송파구 잠실지구였습니다. 택지 개발로 건설된 아파트단지, 수변 공간, 복합쇼핑몰의 세 가지 요소가 결합하여 탄생한 강남적 삶의 양식은, 그 후 한국 신도시의 표준 모델로 자리 잡았습니다.

동시에 1기 신도시인 분당, 2기 신도시인 판교, 그리고 삼성반도체·디스플레이 캠퍼스를 따라 수원, 용인, 화성, 오산, 평택, 천안, 아산까지, 강남은 남쪽으로 확장되고 있습니다. 서울 강남은 강남적 삶의 양식과 확장 강남의 핵심적 위치를 차지한 지역으로서, 앞으로도 대체할 지역이 없는 한국 사회의 정점으로 확고히 자리매김할 것으로 예상합니다.

사진 3   삼성전자(빨간 원)와 삼성디스플레이(노란 원)를 따라 확장하고 있는 강남. 카카오맵, 필자
제작

강남의 미래를 보여주는 사업들

    강남의 미래를 보여주는 중요한 사업으로 서울국제교류복합지구 사업의 일환으로 이루어지는 영동대로 복합개발,[6] 그레이트 한강 프로젝트,[7] 경부고속도로 강남 구간을 지하화하고 지상 구간을 공원화하는 서울 리니어 파크 계획[8]을 들 수 있습니다.

    서울국제교류복합지구 사업은 강남구의 코엑스에서 송파구의 잠실종합운동장에 이르는 지역을 마이스(MICE) 산업 중심으로 재개발하는 사업입니다. 강남구와 송파구를 하나로 묶어서 개발하겠다는 구상입니다. 영동대로 복합개발 사업은 서울국제교류복합지구 사업의 핵심을 이루면서, 대서울권 전체에 영향을 미칠 예정입니다. 지하 5층까지 통합 철도역사와 버스 환승 정류장을 두는 이 사업이 완료되면 GTX-A와 GTX-C가 삼성역에서 교차하게 됩니다. 지금까지 강남의 교통 중심지는 강남역이었지만, 앞으로는 삼성역-봉은사역이 되겠죠.

사진 4　강남구에서 이루어지는 공사 현장의 펜스에 영동대로 지하 공간 통합개발을 홍보하는 그림이 그려져 있었습니다. GTX-B 노선이 삼성역을 통과하는 것처럼 그려져 있고, GTX-D 노선이 보이지 않는 등 현재 진행되고 있는 GTX 사업과 차이가 있습니다. 2018년 8월

　　지금까지의 전망에 따르면 GTX-A 노선은 2024년에 개통될 예정입니다. 하지만 GTX 열차들이 통과할 삼성역 터널 공사가 늦어지고 있어서, 2025년이 되어도 열차가 삼성역을 통과하지 못할 것이고, 삼성역 자체를 이용하는 건 2028년이 되어서나 가능할 것으로 예상합니다.[9] 또, 감사원이 2023년 1월에 발표한 보고서에 따르면, 강남권 광역복합환승센터는 홍수 대비가 미흡하다는 지적을 받았습니다. 사업지구의 예상 침수 높이를 잘못 계산했고, 광역복합환승센터와 연결된 건물들에 쏟아져 들어올 홍수를 계산하지 않는 등의 오류

를 저질렀다는 것입니다.[10]

영동대로 지하 공간 복합개발 사업에 대한 감사원의 보고서가 나온 뒤 반년이 지난 2023년 7월 15일, 충청북도 청주시 흥덕구 오송읍의 미호강이 임시제방을 넘어 궁평2지하차도로 흘러들어오는 바람에 14명이 사망한 사건이 있었습니다. 이 사건의 원인은 아직 최종적으로 밝혀지지 않았지만, 미호천교를 건설하면서 임시로 건설한 제방이 홍수위 아래였던 것이 사고의 주요한 요인으로 추정됩니다.[11] 궁평2지하차도 사망 사고가 발생한 뒤, 홍수 대책이 미흡하다고 지적된 영동대로 지하 공간 복합개발 사업에 대해서도 안전성을 보강하라는 압력이 한층 높아지고 있습니다.[12] 이에 따라 공사 기간도 더 늘어날 것으로 추측합니다.

강남과 강북을 잇는 보행교 건설

한편 2023년 7월에 여러 언론은 압구정 재개발 사업의 목적으로 한강 남쪽의 압구정과 한강 북쪽의 성수동을 잇는 보행교를 건설하기로 했다는 보도를 내보냈습니다.[13] 이 보도가 나오고, 서울 강남을 강북으로 확장하는 계기가 될 것이라며 반가워하는 호사가들이 많았지요. 그 후 압구정 3구역 재건축 설계안으로 서울시가 건축사사무소를 고발하고,[14] 보행교 문제에 대해서도 비용을 둘러싸고 서울시와 재건축 조합 측에서 엇갈린 뉘앙스의 주장을 하고 있어서,[15] 과연 이 보행교가 실현될지는 좀 더 지켜봐야 할 것 같습니다.

사실 이 구상은 오세훈 서울시장의 「그레이트 한강 프로젝트」에

담긴 내용이 압구정에도 적용되었다고 보는 게 합리적입니다.

2023년 3월 9일에 서울시에서 발표한 「오세훈 시장, 한강 중심의 글로벌 매력도시 청사진 그려… '그레이트 한강 프로젝트' 추진계획 발표」에 따르면, 앞으로 "한강 배후지역 어디서나 도보 10분 이내 한 강공원 접근이 가능토록 접근시설을 확충"하기 위해, "한강 주변에 민간 개발사업 추진 시 한강변 입체보행교 설치를 원칙으로 인·허가"를 진행하겠다고 합니다.

또 잠수교를 시작으로 한강을 걸어서 건널 수 있는 보행전용교를 만든다고 하여, 잠수교에 대한 디자인 공모도 이루어졌습니다.[16] 실 제로 한강의 교량은 시민들이 접근해서 한강 남북을 건너다니기에 는 불편합니다. 따라서 이 계획이 실현된다면 시민들의 보행권이 크 게 높아질 것으로 기대합니다.

제가 서울 강남에서 주목하는 또 하나의 계획은, 경부고속도로 강 남 구간을 지하화하고 그 위의 지상 구간을 공원으로 만들어 서초구 와 강남구를 연결하는 서울 리니어 파크 계획입니다.[17] 제1부 제4장 교통편에서도 말씀드렸듯이, 교통망을 지하화하는 데 필요한 막대 한 금액을 어떻게 조달할지를 서울 리니어 파크 사업이 보여준다면, 그 영향은 전국에 미칠 것입니다.

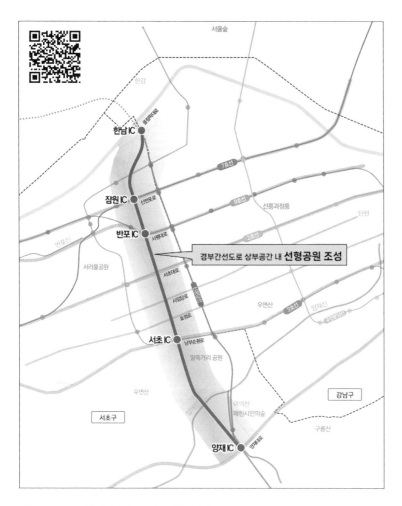

사진 5   서울 리니어 파크 조감도. 서울시 제작

한강 너머
마포·용산과 함께 가는 여의도

여의도는 한강 이남의 영등포구에 속하지만 샛강 건너편에 있는 영등포구의 다른 지역들과는 분위기가 전혀 다릅니다. 여의도는 앞으로 한강 이북의 마포구·용산구와 더욱 밀착해 하나의 흐름으로 갈 것으로 예상합니다. 이러한 흐름이 생긴 결정적인 계기는 1984년 9월에 일어난 대홍수입니다.

원래 샛강을 매립하려는 계획이 있었으나,[18] 대홍수 때 샛강이 배수 및 저수 효과를 발휘했다는 분석이 나오면서 중단됐습니다.[19] 만약 샛강이 계획대로 매립되어 영등포구의 다른 지역과 연담화되었다면, 영등포가 여의도처럼 계획 도시적인 분위기로 변했을 가능성보다는 여의도가 영등포 원도심의 영향에 압도되었을 가능성이 더 큽니다. 그 뒤로 샛강을 경계로 영등포구의 나머지 지역과 다른 분위기를 유지해온 여의도는 마포구·용산구 곳곳이 핫 플레이스가 되고 재건축되면서 빠르게 이 지역들과 연결되고 있습니다.

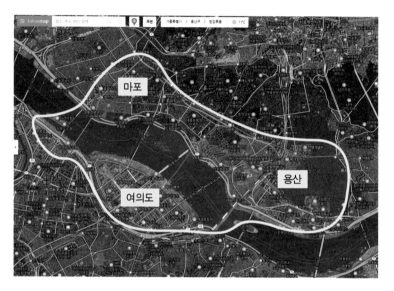

사진 6   미래에 형성될 여의도·마포·용산권. 카카오맵, 필자 제작

사진 7   사진 오른쪽의 한강이 아닌 사진 왼쪽의 샛강으로 생활권이 구분될 가능성이 있습니다.
2020년 12월

여기서 중요한 것이 용산 미군기지의 미래 모습입니다. 저는 용산 미군기지 부지에 다양한 규모와 다양한 계약 형태의 주택과 상업시설이 가능한 한 많이 지어져야 한다고 생각합니다.

저는 다양성과 복합성이 도시의 미래를 만들어낸다고 믿습니다. 용산 미군기지 부지를 대형 공원으로 만들거나 초고급 주상복합만 짓는 것은 반대합니다. 용산 미군기지 부지를 공원으로 만들기보다 이 부지를 개발하여 생긴 수익으로 중소형 공원을 서울 곳곳에 지어야 합니다. 그래야 시민들이 집 주변에서 편하게 공원에 접근할 수 있습니다. 특정 아파트단지의 공원처럼 기능해서 그 아파트의 집값만 올려주고 있는 서울숲을 반면교사로 삼아야 합니다.

사진 8　　이태원에서 바라본 용산 미군기지. 이곳에 다양한 형태의 주택이 들어서서, 서울이 복합성을 지닌 미래 도시로서 계속 성장하기를 바랍니다. 2019년 1월

서울시 주변 도시들의 미래

1기 신도시 재건축을 촉진하겠다는 공약은 현재도 진행 중입니다.[20] 그런데 2023년 여름부터 제가 사는 고양시 일산신도시 곳곳의 아파트단지에서 엘리베이터 교체 공사가 진행되고 있습니다. 이 공사를 지켜보면서, 일산신도시의 아파트단지를 소유한 시민들이나 고양시청은 당분간 재건축이 없을 것으로 보고 있음을 확인했습니다. 재건축이 확정된 아파트단지의 엘리베이터를 세금 들여 교체할 필요는 없겠죠.

일산신도시뿐 아니라 다른 1기 신도시에서도 엘리베이터 교체 작업이 진행되고 있다고 합니다.[21] 아파트 소유자분들이 정치인들의 공약을 어디까지나 공약으로만 받아들이고 있음을 짐작할 수 있습니다. 저는 1기 신도시 사업으로 지어진 아파트단지들의 안전 문제 역시 의심하고 있는 편이라, 이 단지들을 비롯해 목동·노원신도시의 재건축을 지지합니다. 하지만 아파트 가격은 논리가 아니라 국민감정으로 움직이는 영역이죠. 2024년 4월의 국회의원 선거를 앞두고 또다시 1기 신도시 재건축 문제가 인기 공약으로 급부상할 것입니다. 현명하게 판단하시길 바랍니다.

철도로 이어지는 대서울권

한편 수도권전철 3·5·7·8·9호선은 서울시의 범위를 넘어간 지 오래고, 지금도 경기도 곳곳에서 연장안이 제안되고 있습니다.

이 가운데 5호선 연장안은 김포한강신도시와 한강2콤팩트시티로 곧장 갈 것인가, 인천시 서구 검단 지역을 훑고 난 뒤에 갈 것인가를 두고 갈등이 증폭되고 있습니다. 제가 이 책을 쓰고 있는 2023년 9월 초 시점에 국토교통부 대도시권광역교통위원회의 최종 결정을 앞두고 있습니다만,[22] 아마 대광위가 결정을 내린 뒤에도 김포시와 인천시는 이를 받아들이지 못하고 대립을 이어갈 것으로 예상합니다.

7호선은 서쪽으로는 인천시 서구 청라, 동쪽으로는 양주시까지 확장이 예정되어 있습니다. 그리고 양주시부터 포천시까지 운행하며 104 정거장에서 7호선과 환승하는 옥정포천선도 확정되었습니다. 나아가 포천부터 강원도 철원군까지 연장하는 안도 제시되고 있습니다. 만약 이 안까지 실현된다면, 1938년에 제안되었던 '경성 – 경기도 의정부 – 양주 – 포천 – 강원도 김화군'의 경포 간 전기철도 구상이 100년 만에 실현되는 것입니다. 당시 구상은 창동 – 의정부 – 포천, 그리고 지금은 철원군에 흡수된 김화까지 운행해서 금강산전기철도와 연결하려는 것이었습니다.[23] 지금도 의정부·포천·철원은 하나의 생활권을 이루고 있으므로, 특히 교통 소외 지역인 포천·철원 시민들의 편의를 위해 이 연장안은 이루어질 것으로 조심스럽게 예측해 봅니다.

사진 9 　 양주시 동부의 고읍지구·옥정지구 중간 지점에 건설될 7호선 종점 104 정거장. 2023년 3월

이렇게 철도를 따라 대서울권의 도시들이 연결되고 있는 가운데, 기존의 지하철이 느리다 보니 GTX라는 새로운 열차가 대안으로 부상했습니다. 파주 운정신도시는 GTX-A 하나에 매달려서 도시가 커지고 있다는 느낌을 받습니다. 또 평택시 지제역까지 GTX-A와 C 노선을 연장해서 하나로 만나게 하자는 제안이 나온 상태인데,[24] 평택시 측에서는 SRT의 차량기지를 유치하는 대신 본사도 이전하라는 제안을 하고 있습니다.[25] 이런 구상들이 확정된다면 평택시 동부 지

역은 철도 교통의 요충지로서 큰 변화를 맞이할 것입니다.

한편 언론은 GTX를 만병통치약처럼 대서특필하는데, 현장을 답사하는 저로서는 납득하기 힘든 주장이 많습니다.

예를 들어, 경기도 연천군 전곡읍 전곡리에서 건설 중인 한 아파트단지는 수도권전철 1호선 전곡역까지 도보 28분, 차량 5분 거리입니다. 그래서 이 아파트단지 이름에 '1호선'이라는 말이 들어간 것은 납득이 됩니다. 하지만 이 단지를 소개하는 어떤 기사에서 "2028년 개통을 예정하고 있는 GTX-C 노선 덕정역을 통해 삼성역 등 강남까지 약 1시간이면 닿을 수 있을 것으로 기대된다"라고 쓴 것은 납득이 안 됩니다.[26] 이 아파트단지와 수도권전철 1호선 덕정역 사이는 대중교통으로 40분에서 1시간, 차량으로 25분이 걸립니다. GTX-C 노선 덕정역에서 출발하면 강남까지 1시간 안에 도착하겠지만, 이것이 과연 이 아파트단지와 관련이 있는 사안인지 의문입니다.

대서울권 동북부의 일대 거점, 의정부시의 미래

수도권전철 1호선 녹양역에서 현재 의정부 경기북부 광역행정타운 도시개발1구역으로 지정된 옛 캠프 시어즈·카일까지는 39보급선이라는 군용 철로가 다녔습니다. 현재 미군 부대는 철수했고, 법적인 다툼이 이어지고 있지만,[27] 결국 미군기지 일대는 재개발되어 경기도청 북부청사권-민락지구-고산지구-남양주시 별내신도시로 이어지는 대서울권 동북부의 일대 거점이 될 것으로 예상합니다.

2018년 3월 촬영

2020년 5월 촬영

사진 10·11　　　고산동 미군기지촌에서 바라본 고산지구의 변화. 2018년 3월에는 보이지 않던 아파트단지들이 2020년 5월에는 많이 들어서 있는 모습이 확인됩니다.

그런데 이 39보급선의 폐선 구간을 답사하다가 GTX-C 의정부역을 내걸면서 재건축을 추진하는 내용의 벽보를 보았습니다. 이 지역은 2012년에 뉴타운에서 해제된 상태이지만,[28] 그 후 GTX-C 노선에 의정부역을 포함하는 방안이 제안되면서 일부 구역에서 이에 힘입어 재건축 사업이 다시 추진된 듯합니다. 하지만 결국 2016년 7월에 정비구역 지정이 해제되었습니다.[29]

의정부시는 양주군청이 자리하면서 도시화를 시작해, 미군 부대들의 배후지역이 되며 도시화가 심화되었습니다. 그리고 전국의 행정구역이 대규모로 개편된 1963년에 양주군에서 독립하여 시가 되었습니다. 미군기지가 다수 주둔하던 시기에는 서북부에 신시가지를 건설해서, 지금도 시청이 이곳에 있습니다. 그러다가 의정부역 주변과 동북부의 미군기지들이 잇따라 빠지면서, 최근에는 경기도청 북부청사를 비롯한 도시개발이 이루어지고 있습니다.

동두천시와 마찬가지로 미군기지촌으로서 시로 독립한 의정부시는 이제 서울에 가까운 경기도 도시로서, 그리고 만약 경기북도가 독립한다면 도청소재지로서 더욱 성장할 것으로 예상합니다. 인구 100만여 명의 고양특례시, 끝없이 신도시가 만들어지고 있는 남양주시, 그리고 서울시가 이루는 삼각형의 정점이라는 지리적 위치가 의정부시의 가장 큰 장점입니다. 2023년 현재 논의 중인 경기북도 분도론은, 현 경기도지사가 강한 의지를 표명하고 있어서 그 어느 때보다 실현 가능성이 큽니다.[30] 만약 이번에 경기북도가 탄생하지 않는다면, 앞으로는 가능성이 적을 것으로 예상합니다.

사진 12　의정부시의 중앙에 자리한 의정부역 동쪽에는 캠프 폴링워터가 주둔하고 있었습니다. 이 부대를 비롯한 미군 부대들에서 근무하는 한국인 노무자들의 노동조합 건물이 의정부시를 대표하는 근대 건축물로서 의정부역 근처에 남아 있습니다. 2020년 11월

사진 13　의정부역 서북부에는 캠프 라과디아가 주둔했습니다. 이 부대의 부지와 주변 주택지역이 최근 철거를 시작했습니다. 이 지역의 개발이 끝나면 의정부시 중앙부와 서북부가 연결될 것입니다. 2021년 2월

원도심 재건축이 진행되는 인천광역시

경기도에서 독립한 인천광역시는 여전히 경기도와 하나의 생활권으로 간주해야 그 사정을 이해할 수 있는 도시입니다.

인천의 주택 사정을 이야기할 때, 한동안 논현·송도·월곶·청라·영종도·검단 등의 신도시가 주로 언급되었지요. 그런데 요즘 인천의 원도심들을 답사하다 보면 재건축이 곳곳에서 진행되고 있어서 놀랍니다. 외곽에서 택지개발을 일단락지은 뒤, 19세기 말부터 형성된 시가지들을 손대기 시작했다는 느낌입니다. 특히 경인선이 처음 놓였던 미추홀구 숭의동의 전도관구역, 그리고 1940년대 초에 문래동과 동시에 지어진 부평구 산곡동 영단주택이 철거되는 모습은, 앞으로 인천시가 맞이할 거대한 변화의 예감을 들게 했습니다.

사진 14　영종도 동북부의 백운산에서 내려본 영종도 서남부. 사진 왼쪽의 인천국제고등학교를 기준으로 살펴보시면 영종도의 큰 변화를 확인하실 수 있을 겁니다. 2006년 1월 이승연 촬영

2020년 3월 촬영

2022년 6월 촬영

사진 15·16　2020년 3월과 2022년 6월에 전도관 부지에서 동쪽으로 서울 방향을 바라본 모습. 사라져가는 전도관 주변 마을 너머로 새로 올라온 인천석정한신더휴 아파트가 보입니다.

사진 17	인천 개항장 및 원도심에서 송도로 넘어가던 길목에는 이런 마을이 많이 있었습니다. 사진 속의 마을은 현재 철거되었고, 용현 학익 1블록 도시개발사업이 진행 중입니다. 2020년 1월
사진 18	부평구 산곡동 영단주택. 2020년 4월. 사진 너머로 공사 중인 아파트단지는 식민지 시기의 사택단지 가운데 간부 사택 구역이었습니다. 이 책을 쓰고 있는 2023년 여름에는 사진 아래쪽의 일반 노동자 사택 지역에 펜스가 쳐지기 시작했습니다.

수원의 개발 흐름

수원은 원래 경부선이 놓인 서부 지역이 중심지였습니다. 하지만 서부 지역에 수원공항이 있다 보니 개발에 제한이 있고, 삼성전자 본사가 동부에 있다는 이유 등으로 얼마 전까지는 동부의 영통구 지역으로 개발 중심이 옮겨갔습니다.

그러다 최근 들어 수원역 동쪽의 옛 수려선 철도 주변 지역인 팔달구 매교동·인계동·권선구 세류동 등의 동부 원도심이 차례로 재건축되고 있습니다. 또 협궤열차 수인선이 수원분당선으로 재탄생하면서, 수원공항과 어느 정도 거리가 있어서 소음 문제가 적은 고색동 등에서 개발 움직임이 활발해지고 있습니다. 고색동의 서쪽에서 멀지 않은 곳에서는 화성시 봉담지구가 개발 중이어서, 언젠가 두 지역이 연담화할 것으로 예측합니다.

이렇듯 수원은 서부에서 동부로, 다시 서부로 개발의 흐름이 이어지고 있습니다. 경기도청이 자리한 경기도 남부의 거점 도시이자 특례시로 지정될 만큼 많은 인구를 가진 수원이 치우침 없이 골고루 개발된다면, 화성·오산·용인·의왕·안산 등의 다른 도시에도 좋은 영향을 미칠 것입니다. 물론 그 전에 수원공항을 이전할 것인지 존치할 것인지는 결론이 나야겠습니다.

사진 19　　수원역 동쪽의 성매매 집결지도 얼마 전 소멸했습니다. 경기도에서는 이 성매매
　　　　　　집결지를 처리한 방식으로 평택역 북쪽의 성매매 집결지도 정비할 방침을 세우고
　　　　　　있습니다. 2020년 10월

사진 20　　수려선 열차는 화성 팔달문 남쪽의 화성역(본수원역)에 정차했습니다. 수려선 열차가
　　　　　　정차하면서 경기도 남부의 물자가 이곳으로 모여들다 보니, 지금까지 팔달문
　　　　　　주변에는 시장이 여럿 형성되어 있습니다. 사진 오른쪽 아래의 길쭉한 건물은 수려선
　　　　　　화성역 직원 관사였습니다. 이 일대는 현재 수원센트럴아이파크자이 아파트로
　　　　　　재건축되었습니다. 2019년 7월

사진 21   권선구 고색동의 옛 영신연와 공장. 1970~1980년대에 벽돌 제작으로 번영하던 공장으로 공업도시이기도 했던 수원 서부의 옛 모습을 전하고 있습니다. 고색지구 개발로 사라질 예정입니다. 2022년 12월

사진 22   운영을 종료한 축산과학원 부지. 수원 권선구 오목천동과 화성 봉담읍에 걸쳐 있는 이 지역이 택지 개발되면 수원과 화성의 연담화가 촉진될 것입니다. 2023년 1월

경기 남부와 충청도 북부 사이에서

　식민지 시기에 경기 남부와 충청 북부 사이에는 경기선(안성선) 철도가 운행하고 있었습니다. 천안에서 출발한 경기선 철도는 안성을 거쳐 이천 장호원까지 운행했고, 강원도 원주까지 연장될 예정이었습니다. 하지만 태평양전쟁이 발발하자 일본 정부는 군용으로 사용하기 위해 1944년에 안성에서 이천 장호원에 이르는 구간의 철로를 걷어냈고, 자연스럽게 장호원-원주 간 철도 건설도 중단되었습니다. 원주는 수려선과 경기선 두 개의 철로가 모두 연장될 계획이 있었지만 좌절된 역사를 지녔습니다. 천안-안성-장호원에서 천안-안성으로 축소된 경기선은 1989년에 폐지되었습니다.

　이렇게 한때 철도의 도시였다가 아니게 된 장호원은, 2021년에 중부내륙선 감곡장호원역이 세워지면서 약 80년 만에 다시 철도의 도시가 되었습니다. 경기도 이천시 장호원읍과 충청북도 음성군 감곡면에 중부내륙선이 놓이기는 했지만, 현재는 이 노선의 북쪽 종착역이 이천시 북부의 부발역이고, 남쪽 종착역이 충청북도 충주역이어서 어느 쪽도 수요가 많지 않다는 단점이 있습니다. 그래도 북쪽으로 성남 판교역까지 연장될 계획이라, 이 단점은 해소될 예정입니다.

수도권내륙선 건설

음성군과 함께 충북혁신도시를 유치한 진천군에는 수도권내륙선 건설이 추진되고 있습니다. 화성시 동탄에서 용인반도체클러스터와 안성시를 거쳐 진천국가대표선수촌과 충북혁신도시에 오게 될 수도권내륙선은 이 책을 쓰고 있는 2023년 현재 사전타당성조사 용역이 미뤄진 상태입니다.[31]

충북혁신도시가 건설되던 초기에는 수도권 기업이 이곳에 입주했다는 이야기를 주변에서 종종 듣기도 했습니다. 하지만 현재 그 흐름은 약해진 듯해,[32] 각각 인구를 늘려서 시로 승격하겠다는 음성군과 진천군의 목표도 현재는 실현될지 불투명합니다.[33]

수도권내륙선 건설은 실현되려면 아직 긴 시간이 필요합니다. 만약 완공되어도 유입 인구가 증가할지, 아니면 서울·경기 지역에서 출퇴근하는 시민이 늘어서 오히려 인구가 줄어들지 알 수 없습니다. 충청북도지사가 "충북하고 크게 관계가 없는 철도"[34]라고 발언했다가 물의를 빚기도 했습니다만, 경기도와 인접한 충청북도 지역이 경기도로 빨려 들어가는 현상을 충북 측이 어떻게 바라보는지가 은연중에 드러난 사례였습니다.

음성군은 군청이 자리한 음성읍 이외에 금광이 있던 금왕읍과 충북혁신도시가 또
하나의 거점 역할을 하고 있습니다. 금광 근처의 광산촌으로 번성하다가 쇠락한
금왕읍의 무극시장은 최근 늘어난 외국인들에 의해 부활하고 있습니다. 2023년 4월

제2테크노밸리 건설

고속철도를 타고 경기도에서 충청남도로 넘어가다 보면, 한동안
드넓은 평야지대가 펼쳐지다가 갑자기 돔 형태와 건물이 나타나고
뒤이어 고층아파트단지들이 나타납니다. 충청남도 아산시의 동북쪽
끝에 만들어지고 있는 아산제2테크노밸리입니다.

경기도와 충청남도 사이는 한동안 빈 땅으로 남아 있었습니다. 그
이유 가운데 하나는 경기도와 충청남도 천안시 사이의 성환읍에 농
촌진흥청축산연구소(종축장)가 있어서 주변 지역 개발이 억제되었기
때문입니다. 최근 천안시 도심의 북쪽 끝에서 부성지구 등이 개발되
는 모습이 인상적이기는 하지만, 이 성환종축장이 이전되기 전까지

는 평택과 천안의 연담화가 이루어지지 않을 것입니다.

천안이 이렇게 성환에서 발목이 묶인 사이에, 아산이 아산제2테크노밸리를 만들면서 경기도로의 북진에서 한발 앞서는 양상을 보입니다. 충청남도를 대표하는 천안과 아산이 서로 경쟁하고 또 협력하면서 충청남도 서북부를 대서울권의 최전방으로 만들고 있는 현장을 KTX의 창밖으로 바라볼 수 있습니다.

사진 24   수도권전철 1호선에 신설될 부성역 주변으로 활발히 택지개발이 진행되고 있습니다.
2023년 1월

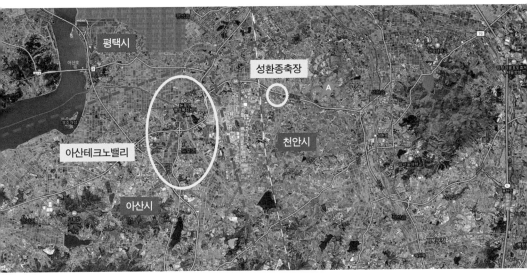

사진 25 충청남도 아산시 아산제2테크노밸리. 2023년 3월

사진 26 천안 성환종축장과 아산테크노밸리. 카카오맵, 필자 제작

서해선과 신안산선이 의미하는 것

서울에서 출발한 경부선은, 수원까지는 도시의 서부를 지나지만, 화성과 평택에서는 동쪽 끝을 지납니다. 그렇다 보니 화성과 평택은 경부선을 따라 동쪽 끝부분이 기형적으로 발달한 모습을 보입니다. 그리고 지자체의 서쪽 지역은 농산어촌이나 소규모 공단이 뒤엉킨 형태를 띠고 있고요. 서쪽 지역의 이런 공백과 불균형은 서해안고속도로만으로는 극복되지 않고 있습니다. 이 문제를 해결하기 위해 현대 한국 정부가 기획한 것이 서해선입니다.

경부선 이후 가장 중요한 종단 축, 서해선

서해선은 1960년대의 강남 개발과 마찬가지로, 식민지 시기에는 존재하지 않았던 한국의 성장축을 만들어낼 것이라는 점에서 근본적으로 중요합니다. 경기도 서북부에서 충청남도 서북부까지 잇게 될 서해선은, 대서울권에서 경부선 이후 가장 중요한 종단 축이 될 가능성이 있습니다. 화성시 서부, 평택시 서부, 아산시 서부, 당진시 동부, 예산군 중부, 홍성군 동북부가 직접적인 혜택을 받게 될 것입니다. 일부 언론에서는 태안군[35] 등 그 밖의 지역도 서해선의 혜택을 입는 것처럼 보도하고 있는데, 이런 예상이 비록 현실과 거리가 있기는 해도, 현지에서 서해선에 얼마나 큰 기대를 품고 있는지를 보여줍니다.

서해선은 서울과 직결하는 방식이 아직 불확실해서, 과연 그 미래의 모습이 어떨지, 그리고 파급효과가 얼마나 클지도 아직은 예측하기 어렵습니다. 하지만 한국의 미래를 결정지을 간선 교통망의 하나로서 기능할 것임은 분명합니다. 특히 철도 교통이 없던 당진시가 큰 혜택을 입을 것으로 예상합니다.

사진 27　서해선 서화성남양역. 안산시에서 시화호를 건너오는 열차가 처음 만나는 역이 이곳이 될 예정입니다. 2023년 2월

사진 28 서해선 안중역에서 평택시 안중읍내로 향하는 길에는 부동산 업소가 가득합니다.
2023년 1월

사진 29 당진시내 서북쪽의 우두동에서는 당진2지구 도시개발사업이 진행되고 있습니다. 당진
시내의 또 다른 거점이 될 것으로 보입니다. 2023년 5월

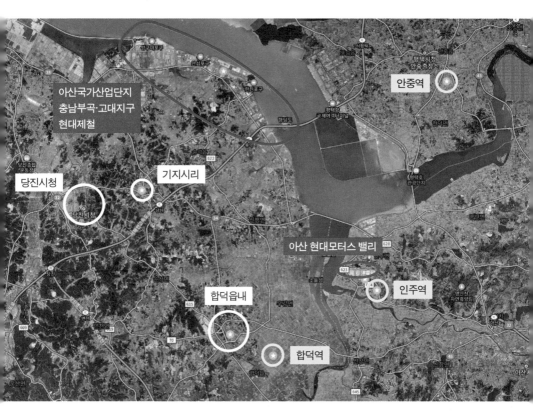

사진 30 당진시는 북쪽 해안에 자리한 공업지대를 뒷받침하기 위해 당진 시내와 송악읍
기지시리라는 두 곳의 거점을 갖고 있습니다. 서해선 합덕역이 들어서면 합덕읍내도
제3의 거점으로 확고히 자리 잡게 될 것입니다. 네이버맵, 필자 제작

사진 31   서산시는 시청이 자리한 시내, 그리고 한국 제3의 석유화학단지인 대산산단이 자리한 대산읍, 그리고 읍성과 공군 부대가 자리한 해미읍 등의 거점으로 이루어져 있습니다. 최근 서산 시내에서 해미읍과 내포신도시를 향하는 방향의 수석동에서 택지개발이 추진되고 있습니다. 2023년 5월

사진 32   대산산단의 배후 도시인 대산읍내에서 택지개발지구와 원도심이 만나는 지점. 2023년 5월

시흥시를 하나의 생활권으로, 신안산선

한편 서울과 주변 도시에서는 서해선보다는 여의도로 이어지는 신안산선에 관한 관심이 더 큽니다. 경기도 도시들은 자기 도시에 신안산선이 개통되면 인구가 늘 것이라고 기대하는 듯합니다. 그러나 저는 서울에 살면서 경기도 도시로 출퇴근하는 인구가 오히려 늘어날 것으로 예상합니다. 어찌 되었든, 신안산선의 가장 큰 의의는 KTX 광명역을 도시형 통근전차로 접근하게 해주는 것입니다. 지금까지는 KTX 광명역을 이용하기 위해 철도 교통으로 접근하는 것에 제약이 많았습니다.

신안산선이 시흥시 중부와 남부를 서울과 이어주는 것도 중요합니다. 영등포를 걷다가, 신안산선 시흥시청역 복합환승센터 건립을 강조하는 분양 광고를 봤습니다. 그로부터 2주쯤 전에 복합환승센터 계획이 무산되었는데,[36] 분양전시관 외부의 조감도에는 이런 내용이 반영되어 있지 않더군요.

물론 이 건립 계획이 무산된 것과 무관하게, 저는 신안산선이 지날 시흥시청역 주변의 미래 가능성을 긍정적으로 봅니다. 저의 답사책 『대서울의 길』에서 살펴보았듯이 시흥시는 북부·중부·남부가 각각 다른 생활권으로 이루어져 있어 시의 생활권을 통합하는 것이 큰 과제였습니다. 시흥시를 세로로 관통하는 서해선과 신안산선이 시흥시를 하나의 생활권으로 만드는 데 큰 역할을 할 것으로 예상합니다.

대서울권으로서의 강원도 서부 도시들

강원도 철원군·춘천시·원주시 일부는 철도와 버스 등의 교통망을 통해 대서울권과 연결되어 있습니다. 홍천군도 경기도 양평군의 경의중앙선 용문역과 연결되는 용문-홍천 광역철도를 추진하고 있습니다. 양평군 측에서 일부 역의 추가를 요구하고 있고,[37] 사전타당성 조사를 거쳐야 하는 등의 절차도 남아 있습니다. 만약 이 모든 난관을 극복하고 용문-홍천 광역철도가 개통한다면, 앞으로 대서울권 시민들은 춘천과 원주에 가듯이 홍천에 가는 것도 편하게 느끼게 될 것입니다.

철원을 어디와 먼저 연결할 것인가

철원군은 최근 포천-철원 고속도로 건설에 집중하고 있습니다. 최문순 도지사 때는 철원-춘천 고속도로를 우선시해서 포천-철원 고속도로 건설에 힘이 실리지 못했다는 보도가 있었죠. 강원도 내의 연결을 우선시할 것인가, 강원도와 다른 지역, 특히 수도권과의 연결을 우선시할 것인가의 고민을 이런 보도에서 엿볼 수 있습니다.

강원도로서는 철원을 강원도의 다른 도시와 연결하는 것이 급할 것입니다. 하지만 "철원의 생활권은 의정부"[38]라는 철원군 의장의 발언처럼, 의정부-포천-철원으로 이어지는 생활권[39]을 중시하여 대서울권으로의 편입을 바라는 철원 시민들도 분명히 존재합니다. 포천 시장도 포천-철원 고속도로 연장에 찬성하는 입장이어서,[40] 정치적 차원에서 이 고속도로가 건설될 가능성은 적지 않다고 생각합니다.

꾸준히 인구가 늘어나는 원주

원주는 강원도라는 이름의 '원'을 담당하는 도시지만, 예전부터 경기도와의 관계가 깊었습니다. 그래서 강원도에서 '강'을 담당하는 강릉과 신흥세력인 춘천이 강원도의 주도권을 다툴 때도 큰 관심을 보이지 않았습니다. 20세기 중기에는 수려선과 경기선이 각각 원주로 연장될 계획이 있었지만 무산되었지요. 현재 추진 중인 여주-원주 복선전철이 실현된다면, 원주는 서울의 동북부와 동남부에 모두 이어지는 대서울권 일부로서 확고히 자리 잡게 될 것입니다.

새로운 원주역과 시내를 잇는 중간 지점에 자리한 무실동은 '강원도의 강남'으로 기능하고 있습니다. 동부 내륙 소권에서 활동하는 중상층 시민들이 이곳 무실동에 거주하고 있다는 이야기를 원주 시민분들로부터 듣고 있습니다. 또한, 강원원주혁신도시와 원주기업도시까지 입주하면서 원주는 꾸준히 인구가 늘고 있습니다. 대서울권이 아닌 지역을 이야기할 때 항상 따라붙는 '인구 감소'라는 수식어가 원주에는 해당하지 않습니다. 원주 세브란스 병원 앞쪽의 옛 마을은 서울 종로처럼 핫 플레이스로 바뀌고 있고요.

어느 혁신도시들처럼 강원원주혁신도시에 대해서도 공공기관 직원들의 정착률이 낮다는 지적[41]이 있습니다. 원주역을 옮기고 신도시를 개발하는 바람에 원도심의 쇠퇴가 두드러지기도 합니다. 하지만 원주의 미래는 한동안 밝으리라 예측합니다. "원주가 취업 동방한계선의 출발선"[42]이라는 현 원주시장의 발언은 시사적입니다. 원주는 강원도의 서쪽 끝인 동시에, 대서울권의 동쪽 끝이기도 합니다.

사진 33　　원주 시내 동쪽에 자리한 혁신도시는 반곡관설동에 속합니다. 같은 반곡관설동에 속하지만, 아직 택지개발되지 않은 이 일대도 결국은 신도시로 바뀔 것으로 예상합니다. 2022년 7월

사진 34　　원주역이 남쪽으로 옮겨가면서 원주 원도심은 쇠락세를 보입니다. 이에 대한 대응으로서 사진에 보이는 아카데미극장을 관광·문화 거점으로 정비하자는 주장과 이 건물을 헐고 주차장을 지어서 시민들의 유입을 늘리자는 주장이 충돌하다가 결국 철거되었습니다. 2023년 8월

춘천의 주목할 관광자원

춘천은 강원도청이 자리한 도시로서 앞으로도 현상 유지를 할 수 있을 것입니다. 춘천의 미래에 대해 제가 고민하는 점은 한 가지입니다. 앞으로도 관광도시로서 매력을 지닐 춘천은 과연 어떤 이미지를 가진 관광도시가 되어야 할 것인가 하는 점입니다. 춘천에는 소양강이나 중도 레고랜드, 남이섬 말고도 관광자원으로서의 가능성이 큰 포인트가 많습니다. 제가 춘천에서 관광자원으로서 매력을 느낀 곳은 세 곳입니다.

한 곳은 춘천의 익선동이라 부를 수 있는 기와집골이었습니다. 드

라마 「겨울연가」의 촬영지로도 유명한 이곳은, 강원도 전체에서도 달리 찾아보기 어려운 개량 기와집 단지였습니다. 그래서 드라마에 나온 블록만이라도 남기자는 제안이 있었지만, 결국 얼마 전 모두 철거되었습니다. 서울 종로구 익선동이나 전주 한옥마을 같은 공간이 될 수 있는 주택단지였습니다. 드라마의 무대인 '준상이네 집'만은 보존해서 공원화한다는 보도가 있었으니 지켜보아야겠습니다.[43]

춘천은 6·25 전쟁 때 큰 피해를 당하였기 때문에 볼만한 근대 건축물이 별로 없습니다. 최소한 1962년 이전에 세운 것으로 보이는 죽림동의 망대에 대한 시민 분들의 관심이 큰 이유가 이것입니다. 망대 주변 지역이 재건축될 예정이어서, 다른 곳에 옮겨 복원하기로 했다고 합니다.[44]

마지막 한 곳은 도심에서 소양강을 건너 북쪽으로 조금 올라가면 나타나는 우두온수지입니다. 온수지는 수온을 높이기 위한 목적으로 임시로 물을 가두어 두는 저수지입니다. 춘천은 기온이 낮아서, 강물을 그대로 논밭에 보내면 농작물이 얼어버리기 때문에 이런 특수한 시설을 만든 것입니다.

이 우두온수지는 아직 관광자원으로서 개발되지 않았습니다만, 온수지 너머로 춘천 도심을 바라보면 참 아름답습니다. 춘천시가 기존의 관광자원에 안주하거나 기와집골 같은 문화자원을 없애버리는 대신, 우두온수지나 피난민촌인 50호 주택처럼 아직 가능성을 충분히 인정받지 못하고 있는 관광자원을 앞으로도 계속 개발하기를 바랍니다.

사진 35   얼마 전 철거된 춘천 기와집골. 2021년 1월

사진 36   새로운 관광자원이 될 가능성이 있는 우두온수지. 2023년 6월

6장
동남권

동남권 메가시티의 본질

저는 동남권 메가시티의 영역을 이렇게 상정합니다. 부산을 중심으로, 서남쪽으로는 전라남도 여수·순천·광양, 동북쪽으로는 포항·울산에 다다르는 범위입니다.

서울과 부산을 잇는 전통적인 축이 식민지 시기와 6·25 전쟁을 거치면서 서울 – 부산 – 일본 – 미국 축으로 더욱 중요한 의미를 띠게 되고, 북한에서 가장 먼 지역에 콤비나트를 건설하겠다는 안보적 필요성이 더해지면서 동남권 메가시티가 탄생했습니다. 따라서 동남권 메가시티는 '국가가 산업'인 중부권 메가시티와는 다른 의미에서 한국의 국가적 의지에 따라 탄생한 지역입니다.

특정 정치인들이 영남 지역 출신이어서 영남에 동남권 메가시티가 탄생했다는 말을 하는 사람들도 있습니다. 하지만 여천공단 즉 여수국가산업단지와 포스코 광양제철소에 한 번이라도 가보신 분들이라면, 영남에만 공업이 발달했다는 말을 하지 않으리라고 생각합니다. 하물며 포스코 광양제철소가 전두환 전 대통령 때 박태준 회장의 강력한 의사에 따라 입지를 정했다는 사실을 생각하면, 동남권 메가시티에서 영남과 호남을 나누는 것은 의미가 없습니다.

물론 전두환 전 대통령도 본인이 철강산업에 조예가 있어서 이런 결정을 내린 것은 아니었습니다. "포항제철소를 이미 성공적으로 건설한 회사의 경험을 존중"하며, "보안 문제와 수도권의 비대화를 방지하고 지역 간 균형 발전을 위해 광양만을 입지로 최종 선정"[1]한 것입니다. 여기서 말하는 보안 문제란, 아산만에 제2제철소가 지어지면 북한의 스파이가 침투할 우려가 있다는 것입니다. 오원철 전 경제수석은 최종 결정 자리에서 전두환 전 대통령이 이러한 발언을 했다고 증언합니다.[2]

동남권 메가시티는 부산을 중심으로 동북쪽과 서남쪽으로 뻗어나갔고, 지금도 남해안을 따라 서쪽으로 계속 전진하고 있습니다. 최근에는 고흥에 나로우주센터가 세워지면서 창원-사천-진주-순천-고흥으로 이어지는 우주산업벨트라는 성격이 동남권에 추가되고 있습니다.

연약지반과 지반침하 문제

동남권 메가시티는 지반이 튼튼한 곳을 골라서 콤비나트를 건설했다기보다는 안보적인 필요성 때문에 형성된 측면이 강합니다. 그렇다 보니 남해안의 뻘밭을 매립해서 택지를 개발한 경우가 많습니다. 한국은 서해안과 남해안에 걸쳐 연약 점토층이 널리 분포되어 있습니다.[3] 인천,[4] 목포,[5] 새만금 간척지[6] 등의 서해안 지역도 뻘밭을 매립한 곳이 많다 보니 연약지반과 지반침하 문제가 있지만, 동남권은 한국의 기간산업 시설과 수많은 시민의 주거가 연약지반 위에 건설되었기 때문에 특히 주의가 필요합니다. 광양제철소를 건설하기에 앞서 연약지반 개량 공사를 한 기록[7]을 남길 정도로, 동남권 메가시티를 건설하는 과정에서는 연약지반을 극복하기 위해 심혈을 기울여 왔습니다.

이렇게 노력을 해왔음에도 동남권 여러 지점에서 지반침하 문제가 되풀이되고 있습니다. 심지어 부산의 녹산산단은 부실공사라는 지적까지 받은 바 있습니다.[8] 부산과 창원에 걸쳐 조성되고 있는 부산신항도 어김없이 연약지반 문제에 시달리고 있지요.[9] 부전-마산 복선전철도 2020년 3월에 낙동강-사상역 사이에 건설 중이던 터널 내부에서 지반침하 내지는 붕괴사고가 발생[10]해서 계속 개통이 미뤄지는 '내년 노선'이 되었습니다.[11] 명지신도시는 "모래 위의 성"[12]이라는 말을 들을 정도로 상태가 심각하고, 양산물금신도시는 땅이 내려앉을까 봐 지하수를 퍼 올리는 것이 금지된 상황입니다.[13]

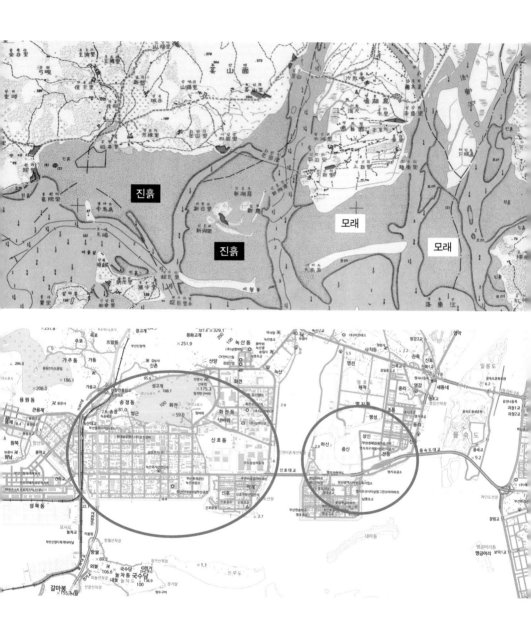

진흙

진흙

모래

모래

사진 1·2   1956년과 2016년의 낙동강 델타. 반세기 만에 개펄을 매립해서
명지신도시·녹산국가산업단지 등을 건설했음이 극명하게 확인됩니다. 국토지리정보원

잼버리 사태는 예견되어 있었다

동남권의 지반침하 문제는 가덕도 신공항 건설,[14] 그리고 엑스포의 무대로 조성하려던 부산 북항 재개발지역에 대해서도 지적되고 있습니다. 제가 이 책을 쓰고 있는 2023년 여름에도 북항 매립지 공사를 제대로 하지 않아서 지하주차장에 바닷물이 스며들고 공원의 나무들이 말라 죽고 있다는 지적이 잇따르고 있습니다.[15] 이 매립지에 엑스포 행사장을 건설할 계획이었습니다.

2023년 8월에 잼버리대회가 열린 새만금 간척지는 지반침하가 예상되었음에도 대회가 강행되었다는 보도가 잇따랐습니다. 전라북도의 내부 문건에 "매립 부지의 지반이 연약해 해마다 2cm에서 최대 137cm까지 땅이 서서히 내려앉을 가능성이 있다"[16]라고 이미 지적되어 있었다는 것이지요. 부산이 엑스포를 개최하는 데 성공했다면 부산 북항은 중요한 무대가 되었을 것입니다. 부산의 민관에서는 문현 금융단지와 이 북항재개발지구를 묶어서 하나의 금융특구로 조성하자는 구상을 제안했었는데요.[17] 비록 엑스포 개최는 실패로 돌아갔지만, 이런 큰 그림을 그리려면 무엇보다도 2023년 새만금 간척지의 실패를 되풀이하지 않기 위해 준비했어야 합니다.

특히 2023년 8월에 새만금 간척지에서 열린 세계 잼버리대회, 그리고 엑스포가 열렸다면 주요 무대가 되었을 부산 북항 매립지가 침수되는 문제 등을 보면서 "사람들이 간척지·매립지를 너무 쉽게 본다"라는 우려를 하게 됩니다. 제1부 제4장의 교통편에서 말씀드린 것처럼, 낙동강 델타에 조성된 명지신도시에 도시철도를 전체 지하화해달라는 플래카드가 걸려 있는 것을 보았습니다. 명지신도시가 어떤 땅 위에 세워진 것인지에 관심이 있는 입장에서는 걱정이 되었습니다. 간척지·매립지의 실제 상황, 특히 그 땅의 지하화에 대해 한국 시민들이 좀 더 심각하게 인식하길 바랍니다.

대기 오염 문제

한편, 동남권은 콤비나트를 본질로 삼다 보니 공해 문제가 발생할 수밖에 없습니다. 포스코 포항제철소가 있는 포항[18]부터, 온산병이라는 한국 최초의 공해병이 발생한 울산을 거쳐, 포스코 광양제철소가 있는 광양만[19]까지 공해 문제는 끝없이 지적되고 있습니다.

2023년 초에 순천시에서 강연했을 때에도, 광양제철소 등에 가까운 순천시 신대지구를 피해 상대적으로 공기가 깨끗한 서쪽으로 이사했다는 시민들의 증언을 들었습니다. 순천시가 최근 동쪽 끝에 조성한 신대지구는 여수·순천·광양 세 도시의 중간 지점입니다. 여수와 광양의 공업지대에서 근무하는 노동자들을 자기 도시로 흡수하고 싶어 하는 순천시의 전략이 눈에 보이는 곳이지요.

순천시는 신대지구에 세 도시의 시민들을 상대로 하는 종합병원을 설립하려는 의지를 십여 년간 보이고 있습니다.[20] 이 때문에 '대학병원급 의료기관'을 자기 도시에 유치하고 싶어 하는 순천과 여수의 시민단체들이 갈등을 빚고 있기도 합니다. 신대지구에는 전라남도청의 동부지역본부도 입주하고, 광양만권 경제자유구역 선월하이파크단지 조성사업도 이루어지고 있어서, 그 규모와 중요성은 계속 커질 것으로 예상합니다. 다만 제가 인터뷰했던 순천 시민들의 이야기를 들어보면, 여·순·광 세 도시의 공업시설이 집중되는 지점에 있는 신대지구에 대한 여·순·광 시민들의 호오가 엇갈리고 있다는 것을 알 수 있습니다.

사진 3　　순천 신대지구와 주변 산업단지들의 위치 관계. 빨간 원 왼쪽부터 율촌·해룡산업단지, 여수국가산업단지, 포스코 광양제철소 및 연관 단지. 카카오맵, 필자 제작

포스코의 도시, 포항과 광양

포항은 6·25 전쟁이 발생한 1950년 8월에서 9월 사이에 한국의 최전방이었습니다. 8월 9일에서 9월 14일 사이에 포항·경주 일대에서 한국군이 북한군의 진격을 저지한 안강·기계전투, 인천상륙작전 직전에 포항 북쪽의 영덕군 남정면 장사리에 유격대원을 상륙시킨 장사상륙작전 등이 포항의 전략적 중요성을 보여줍니다.

포항이 지니는 이러한 전략적 중요성을 고려해서, 포항은 한국에 주둔하는 미군 부대가 사용하는 석유를 들여오는 거점으로 선택되었습니다. 오늘날에는 포항 시내의 동쪽에 미군 부대 '캠프 무적'[21]이 주둔하고 있지만, 1990년대 초까지는 시내 북쪽에도 미군의 유류 부대들이 여럿 주둔하고 있었습니다. 이곳으로부터 한국종단송유관(Trans Korea Pipeline, TKP)을 통해 경기도 의정부시의 캠프 시어즈 인근 유류저유소까지 석유가 운송되었습니다.[22]

포항이 미군의 일대 거점으로 자리 잡는 것과 동시에, 6·25 전쟁

직후부터 인천 부평구에 주둔하던 미군 보급부대들은 점점 규모를 줄여갔지요. 주둔 부대의 규모가 워낙 커서 하나의 도시 같다고 하여 애스컴 시티(ASCOM CITY)라 불리던 부평 미군 부대는 1973년에 해체되었고, 지금은 빵 공장인 캠프 마켓만 남아 있습니다. 이 캠프 마켓이 반환되고 나서 호수공원을 만들자는 주장도 있었지만, 최근 인천식물원을 만들기로 정해졌습니다.[23] 포항 시내 북부의 미군 부대 용지들도 반환 후에 여러 가지 용도로 쓰이다가, 최근에는 컨벤션센터 건립이 추진되고 있습니다.[24]

포항이 군사적 요충지라는 점은, 박정희 전 대통령과 박태준 회장이 제철소 부지를 선정할 때에도 중요한 요소로 고려되었을 것으로 추측됩니다. 제철소 부지가 포항으로 결정되기 전까지 가장 유력한 후보는 삼천포였다 보니, 제철소가 포항에 자리하게 된 이유를 이 지역 출신 정치인들의 입김 때문이라고 추정하는 사람들도 있습니다. 박태준 회장이나 지역 언론은 포항의 입지가 워낙 탁월했기 때문에 정치적 배려 없이 결정했다는 견해입니다.[25] 이들이 말하는 '포항의 입지'에는 위에서 말씀드린 군사적 요충지라는 특성도 포함되었을 것이라고 추측합니다.[26]

포항에서 광양으로 이동하는 포스코의 거점

최근 포항시는 포항제철 즉 포스코가 포항시를 떠나서 대서울권과 광양시로 거점을 옮기지 않을까 하는 우려를 숨기고 있지 않습니다. 포스코가 본사를 서울 강남구로 옮겼다가 도로 포항으로 옮기기로 했지만, 주소지만 옮기고 실제로는 여전히 서울에 거점을 두고 있다는 의심을 포항 지역에서는 제기하고 있습니다.

또한, 포스코가 실질적으로 본사를 서울로 옮겼다는 점뿐 아니라, 노후화된 포항제철소 대신 상대적으로 새로 지은 광양제철소 쪽으로 포스코의 생산 거점이 옮겨가는 것이 아닌가 하는 점도 걱정하고 계신 듯합니다.[27] 포스코의 사업 중심이 포항에서 광양으로 옮겨가면서 인구가 줄고 있고, 2022년 9월에 태풍 힌남노의 피해를 보아 포항제철소의 설비 가동이 완전히 중단되었던 점도 위기감을 고조시키고 있습니다.[28]

반대로 포스코 광양제철소가 자리한 전라남도 광양시에서는 이런 상황을 반기는 분위기를 확인할 수 있습니다. 광양에서 탑승한 택시의 기사님에게 요즘 경기가 어떤가 여쭤본 적이 있습니다. 그랬더니 "우리는 그래도 살 만하다"라는 반응이 가장 먼저 나오더군요. 전국에서 택시를 탔을 때 기사님들께 경기가 어떤지 여쭤보면 "우리 도시 큰일 났다"라는 반응이 나오는 게 일반적입니다. 그래서 광양의 택시 기사님이 보인 반응은 뜻밖이었습니다.

뒤이어 밤에 손님은 많은가 여쭤보니, 원래 공장 노동자가 많아야 밤에 술도 마시고 돈도 세게 쓰고 해서 택시 영업이 잘 되는데, 요즘 포항에서 사무직 노동자가 많이 옮겨 오다 보니 그런 시원시원한 맛이 없어서 영업이 잘 안 된다고 답하시더군요. 포스코의 포항제철소에서 광양제철소 쪽으로 연구인력이 옮겨오고 있다는 이야기가 많이 들리는데, 그런 추세를 택시 기사님의 이러한 증언에서도 확인할 수 있었습니다.

사진 4   광양 도심을 지나는 광양제철선의 철로. 도시 한복판을 지나는 이 철로는 포스코 광양제철소가 광양에서 지니는 중요성을 상징하는 듯했습니다. 2023년 3월

포항과 광양의 공통된 노스텔지어

광양제철소로 시작된 광양의 산업 도시화는 광양항으로 이어졌습니다. 부산·경남 지역에서는 광양항에 대한 경계심을 숨기지 않고 있습니다.[29] 하지만 광양항은 전쟁이 발발했을 때 부산항과 함께 기능할 수 있는 제2항만을 만들고자 하는 정부의 의지가 반영된 항입니다. 지금도 주한미군은 작전상 부산항과 광양항을 함께 사용합니다. 아산만이 아닌 광양만을 제2제철소 부지로 선정할 때 작용한 군사 안보적 관점이, 부산항 이외에 광양항을 또 한 곳의 중심항으로 육성할 때에도 반영되고 있는 것입니다.

이렇게 포항제철 즉 포스코에 의해 한국 유수의 산업도시로 성장한 포항과 광양 두 도시의 시민들은 공통된 노스텔지어를 지니고 있습니다. 지금은 제철소가 들어선 그 바다가 예전에 얼마나 아름다웠는지를 말하는 시민 분들을 두 도시에서 자주 만납니다. 포항과 광양에서 출판된 반세기 전 책에는 제철소가 들어서기 전의 바다를 찍은 사진이 실려 있습니다.[30]

제가 만난 포항 시민들은, 국가를 위해 그 아름다웠던 바다를 희생했는데 지금 와서 포스코가 포항을 버리려 한다며 분노하시더군요. 또 광양에서는 제철소가 들어서기 전의 광양만은 지금의 순천만보다 아름다웠다는 이야기를 들은 적이 있습니다. 광양에서는 제철소와 연관 단지가 지금도 계속 확장하고 있습니다. 한국에서 처음으로 김을 양식했다고 주장되는 태인동의 산기슭 마을도 광양국가산업단지의 확장에 따라 대부분 택지개발될 것으로 예상합니다.

出帆前夜의 浦項부근 全景
포항에 닻을 내려뜨리던 浦項의 제7돌과
대동을 앞서던 풍경들의 연륜, 이곳에서
포식이라을 갖추면 멀티라하 바다물로 상
실례기였 이다.
여기 가에서 인텐다. 浦項의 윤기마음이
영하고 파다를 제비 물은 맞들고 거말
이 旁項과 出帆을 묵고 하물서 세 문안에
미끈을 향했었다.

사진 5   『사진으로 보는 포항종합제철 십년』(포항종합제철주식회사, 1978)에 실려 있는 제철소 건설 전의 경관

사진 6   『광양군지』(광양군지편찬위원회, 1983)에 실려 있는 제철소 건설 전의 경관

사진 7   광양국가산업단지의 확장에 따라 택지개발될 것으로 예상되는 태인동의 마을. 2023년
3월

포스코의 이차전지 산업과 포항의 기대

포스코가 기존의 제철산업 이외에 이차전지에도 힘을 기울이기로 하면서, 포항 시민들 사이에서는 포스코가 포항에 관한 관심을 유지하고 있다는 기대감이 커지고 있습니다.[31] 한동대학교와 포항영일만항이 자리한 포항시 흥해읍 일대에 포스코퓨처엠·에코프로 등의 이차전지 업체가 자리하고 있다는 것이 그런 기대감의 근거입니다.

하지만 포스코는 포항뿐 아니라 광양에도 이차전지 공장을 설치하기로 했습니다. 특히 2023년 4월에 포스코그룹이 광양에 10년간 4조 4,000억 원을 투자하기로 발표한 것은 전라남도 지역에서 역사상 가장 큰 규모의 투자라고 보도되기도 했습니다.[32] 포스코 광양제철소를 비롯한 포스코그룹의 존재, 그리고 광양항과 여수공항 등의 인프라에 힘입어 연관 업체 및 이차전지·수소산업 기업들도 광양에 관심을 보입니다.[33]

포항 도심의 서쪽과 북쪽에 걸쳐 자리한 흥해읍에는, 제국주의 일본이 패망하는 시점까지도 동해중부선 철도 흥해역이 건설되고 있었습니다. 동해중부선이 놓여서 삼척·강릉 그리고 원산까지 철도가 연결되었다면 흥해읍은 20세기 중기에 도시화가 진행되었을 것입니다. 현재 포항역이 원도심에서 흥해읍으로 옮겨오면서, 새 포항역 주변에서는 택지개발이 활발하게 이루어지고 있습니다. 과연 KTX 포항역과 이차전지 산업단지가 흥해읍을 KTX 천안아산역·KTX 오송역 역세권 급으로 바꿀지 주목하고 있습니다.

중심지가 둘로 나뉜 광양

한편 광양은 순천에 가까운 쪽에 자리한 광양읍성을 거점으로 하는 원도심, 그리고 포스코 포항제철소 근처에 형성된 신도시라는 두 개의 중심이 단절된 구조를 지녔습니다. 전자는 광양군, 후자는 동광양시로 서로 떨어져 있다가 1995년에 다시 합쳐지는 과정을 겪었습니다. 원래는 두 중심의 중간 지점에 포항제철 사택을 건설할 예정이었지만, 지역 유지들이 반대했다는 증언을 포스코 광양제철소 관계자가 남기기도 했습니다.[34] 이런 사정으로 도심이 둘로 나뉘고, 광양시의 좁은 땅 곳곳에 소규모 택지개발이 이루어지다 보니 난개발되고 있다는 지적이 나오기도 합니다.

사진 8　　중심지가 둘로 분단된 광양시. 두 중심지 중간에는 제철소 사택으로 예정되었다가 취소된 사곡리가 자리하고 있습니다. 카카오맵, 필자 제작

동남권 메가시티를 형성하는
여수와 울산의 석유화학단지

1963년에 계획되기 시작한 여수국가산업단지와 1974년에 개발구역으로 지정된 온산국가산업단지도, 동남권 메가시티에 석유화학단지라는 성격을 부여해준 또 하나의 산업 거점입니다.

이 두 지역은 부지 조성 때부터 지금까지 계속해서 옛 농산어촌 주민을 이주시키며 개발되어온 역사가 있습니다. 석유화학단지를 포함한 울산의 공업단지를 만들기 위해 고향을 잃은 시민들 중에서 가장 잘 알려진 인물은 롯데그룹을 만든 고 신격호 회장일 것입니다. 신격호 회장의 고향 마을인 울산 울주군 삼동면 둔기리는 울산시와 공업단지에 용수를 공급하기 위해 대암댐을 만들면서 수몰되었습니다.

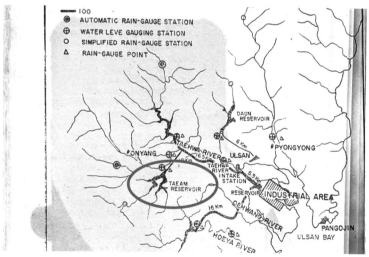

사진 9   대암댐을 만들면서 수몰된 둔기리의 신격호 생가. 2020년 10월

사진 10   울산공업단지에 용수를 공급하기 위한 계획도. 신격호 롯데 전 회장의 고향인 둔기리를
                 수몰시키고 만든 대암댐도 보입니다. 『지산선생 화갑기념 논문집』(1966) 수록

반짝이는 여수의 미래

온산국가산업단지보다 덜 알려져 있기는 하지만,[35] 여수국가산업단지는 온산보다 11년 먼저 구상된 한국 최대 규모의 석유화학단지입니다. 여수라고 하면 엑스포와 〈여수 밤바다〉라는 노래가 일반 시민들께는 유명하겠습니다만, 여수는 석유화학단지가 들어서면서 한국 유수의 공업도시로 성장했습니다. 여수 밤바다에서는 여수산단의 불빛이 반짝입니다.

비록 인구 30만 선이 붕괴하고 있기는 하지만, 인구 감소와 무관하게 현대 한국의 중심 도시로서의 여수의 위상은 광양과 함께 상당 기간 흔들리지 않을 것입니다. 여수 지역의 각종 개발 사업이 탄력을 받고 있다는 점이 여수의 미래를 보여줍니다.

여수·순천·광양의 경계에 자리한 여수시 묘도동의 준설토 투기장은 원래 골프장 등의 체육시설이 건설될 예정이었습니다.[36] 하지만 산업용지가 부족하다는 현실을 반영해서, 에너지 허브로 재개발하기로 최근 결정되었습니다.[37] 다른 지역에서는 산업시설을 밀어내고 골프장을 짓는데, 여수는 반대로 골프장을 밀어내고 산업시설을 짓고 있습니다. 산업도시 여·순·광의 성장세를 보여주는 사례입니다. 또 최근에는 옛 여수시와 여천시의 중간 지점에 웅천지구가 개발되고 있어서, 중상층을 위한 주거환경도 나아질 것으로 예상합니다.

사진 11   에너지 허브가 들어설 묘도준설토투기장. 2023년 3월

사진 12   한화솔루션 아파트 너머로 바라본 여수 웅천지구. 2018년 9월에 답사했을 때에는
          아파트단지들의 공사가 한창이었습니다.

방위산업벨트로 이어지는
창원-사천-순천-고흥

박정희 전 대통령과 전두환 전 대통령, 박태준 회장이 철강으로 기틀을 잡고, 석유화학산업으로 번영과 환경오염을 동시에 경험하고 있는 동남권 메가시티. 최근 이곳에 방위산업벨트라는 새로운 성격이 추가되고 있습니다.

창원은 산업단지가 조성될 때부터 핵무기 개발을 포함한 방위산업이 자리 잡을 것이 예정되어 있었습니다. 이때부터 창원은 대전과 함께 방위산업의 양대 거점으로서 확고히 자리 잡아 왔습니다. 창원도 자기 도시의 특성을 잘 이해하고 방위산업체를 우대하는 정책을 이어오고 있습니다. 지난해에도 한화에어로스페이스·현대로템·키프코전자항공·일신하이테크·엘케이텍의 5개 업체를 '2022년 방위산업 발전 유공기업'으로 선정해서 감사패를 전달했습니다.[38] 이 가운데 한화에어로스페이스는 특히 러시아의 우크라이나 침공 이후 국제적인 방위산업체로서 급부상하고 있는 기업이지요.

한화에어로스페이스의 역할

2023년 5월 25일, 전라남도 고흥군의 나로우주센터에서 누리호 3호 발사를 성공한 뒤에 열린 기자회견에서 한화에어로스페이스 측은, 누리호 기술을 이전받아 "다소 파괴적인 기술"[39]도 개발해서 국제적 경쟁력을 확보하겠다고 공개적으로 밝혔습니다.

현재 폴란드는 러시아의 침공에 맞선 우크라이나의 무기 확보를 가장 열심히 하는 국가입니다. 폴란드와 긴밀히 협력하고 있는 한국의 대표 기업이 바로 이 한화에어로스페이스입니다.[40] 일각에서는 러시아·우크라이나 전쟁이 한국과는 무관한 전쟁이라는 주장을 하기도 하지만, 한국 특히 창원에서 고흥에 걸친 방위산업벨트의 성장은 러시아·우크라이나 전쟁과 직결된 것입니다.

한국 도시의 미래는 국제 정세와 떼어놓을 수 없습니다. 박정희 전 대통령이 암살되기 두 달 전인 1979년 8월에 창원국가산업단지 초입에 세워진 정밀공업진흥의 탑이 로켓·미사일 모양을 하고 있다는 점은 상징하는 바가 큽니다.

한화에어로스페이스는 동남권 메가시티의 확장에서 중요한 역할을 할 것입니다. 고흥의 나로우주센터에서 사용할 우주발사체 단 조립장으로 순천이 최종 선택되었습니다. 고흥에서 사용하는 것을 순천에서 제작하는 것에 대해 고흥 측에서는 격앙된 반응을 보이지만,[41] 큰 틀에서 본다면 순천이 동쪽의 창원과 서쪽의 고흥을 이어주는 역할을 맡은 것입니다. 순천은 광양만권에서도 거주 환경이 좋은 편이어서, 고흥에서 근무하기를 꺼리는 고급 인력을 끌어들이기 위해 한화에어로스페이스 측이 고민한 결과였을 것으로 짐작합니다.

한화에어로스페이스는 고흥과 순천 간의 갈등에 휘말렸을 뿐 아니라, 자신도 경상남도 사천·진주[42] 등에 거점을 둔 한국항공우주산업(KAI)과 경쟁체제에 들어섰습니다.[43] 이렇듯 동남권 메가시티는 방위산업을 둘러싼 도시·기업들 간의 경쟁을 통해 서쪽으로 확장되고 있습니다. 1970년대 후반에 한국 정부가 구상한 남해안 지역의 콤비나트 구상이 남동임해공업단지의 범위를 뛰어넘고 있는 것이죠. 다만, 고흥은 순천과 함께 전라남도 동부권을 이루고 있어 이런 식으로 확장 가능했지만, 그 서쪽 지역은 현재까지 공업화의 움직임이 보이지 않습니다. 동남권 메가시티의 산업벨트가 이 지역들을 뛰어넘어 영암·목포·해남의 조선산업과 결합할 수 있을지 아직 미지수입니다.

재건축으로 활발한 창원

최근 창원에서는 재건축이 활발합니다. 2023년에 단독주택지 규제를 완화할 예정이어서,[44] 창원공업단지 탄생 때부터 유지되어온 독특한 단독주택단지의 경관이 곧 사라질 것으로 예상합니다. 또한, 단독주택과 함께 세워진 아파트단지들도 하나둘 재건축을 준비 중이라 창원이 한 시대를 마치고 다음 시대로 넘어가는 느낌입니다.

창원의 단독주택지는 한국에서 보기 드문 독특한 경관이라 최근에 핫 플레이스가 된 곳들이 많습니다. 앞으로 다가올 대규모 재건축 흐름 속에서 그 일부라도 남겨둔다면 창원의 미래 유산으로 활용될 여지가 크리라 예상합니다.

• 용지동 이주민 주택 단지 조감도(1974)와 오늘날 모습(1999)

사진 13   『사진으로 보는 신도시 개발 20년사 1980-2000』(창원시, 2000)에 보이는 용지동 이주민 주택단지. 창원의 향토사학자이신 조현근 선생에 따르면 아래쪽 사진은 현재의 중앙동 일대라고 합니다.

사진 14　　　　재건축을 앞둔 창원시 성산구 신촌동의 양곡아파트, 2023년 5월

동남권 조선산업의 불확실한 미래

동남권 메가시티가 콤비나트라는 성격을 띠게 만든 중요한 산업이 조선업입니다. 그리고 부산 영도에 있던 식민지 시기의 조선중공업을 국영화한 대한조선공사는 현대 한국 조선업을 대표하는 회사였습니다.[45] 대한조선공사는 그 후 극동해운의 남궁련에게 불하되어 민영화되었고, 남궁련은 거제도 옥포에 조선소를 건설했지만 완성하지 못했습니다. 이 옥포조선소 사업을 이어받은 것이 대우그룹의 김우중 회장이었습니다.[46] 그리고 대한조선공사도 1989년에 한진그룹에 매각되었으며, 한진중공업 영도조선소는 부침을 겪으면서도 생존해서 지금에 이르고 있습니다.[47]

부산에서 파생된 거제도의 조선업은 동쪽 옥포동의 대우해양조선(현재는 한화오션 거제사업장)과 서쪽 고현동의 삼성중공업 거제조선소를 중심으로 섬 전역에 분포하고 있습니다. 몇 년 전에는 조선업이 불황에 빠지면서 거제시 전체의 경제가 침체하기도 했습니다.[48] 그

몇 년간의 공백기에 외국인 노동자들이 거제시 조선업을 떠받들고 있었지만,[49] 낮은 급료에 대한 불만도 속속 제기된 바 있습니다.[50]

한국의 농업은 물론이고, 건축 현장도 외국인 노동자가 없으면 운영되지 않는 상황입니다. 제가 거제도를 답사한 2023년 5월에도, 휴일을 맞이해서 외국인 노동자들이 시내에서 휴식을 취하는 모습을 자주 목격했습니다. 몇 년 전의 불황 때 거제도를 떠나 삼성반도체 평택공장 등으로 갔던 숙련공들이 다시 조선업으로 복귀하는 움직임이 최근 눈에 띄지만, 한번 무너진 산업 생태계가 복구되려면 좀 더 시간이 필요해 보입니다.

사진 15 영어와 러시아어로 적혀 있다는 점에서 영도 조선업의 현황을 짐작할 수 있습니다. 2022년 1월

사진 16　　지금의 고현 앞바다는 삼성중공업 거제조선소와 양식어장이 조화를 이루고 있습니다. 2023년 5월

사진 17　　옥포동의 한화오션 거제조선소와 배후 주거단지. 2023년 5월

부산 서부-김해-진해 산업벨트

부산은 한국을 대표하는 대도시 중 하나이다 보니, 여러 중심지가 있습니다. 저는 주변 도시들과의 관계에 따라 서부권과 동부권으로 나누어서 관찰하고 있습니다.

먼저 부산 서부권은 앞서 살핀 거제 및 김해·창원과의 관계가 중요합니다. 바다로 이어지는 거제를 제외하고, 부산 서부, 김해, 창원은 현재 건설 중인 부전-마산 복선전철을 통해 더욱 긴밀하게 연결될 것으로 예상합니다. 지금은 이 도시들을 모두 이어주는 철도가 경전선뿐인데, 경전선은 북쪽으로 밀양 삼랑진역까지 올라갔다가 다시 김해-창원으로 내려가는 형태여서 불편합니다.

부전-마산 복선전철은 일각에서 원하는 듯한 도시형 통근 전차가 아니라 일반 열차이기는 합니다. 일부 부동산 관계자들은 의도적으로든 무의식적으로든 김해 장유역 등에 들어올 일반 열차를 마치 도시형 통근 전차인 것처럼 말하며 혼란을 주므로 주의해야 합니다.

계속 완공이 늦어져서 '내년 철로'[51]라고도 불리는 이 부전-마산 복선전철이 이 책의 제1부 제4장에서 지적한 연약지반 문제 등을 해결하고 개통된다면 이 지역의 교통난을 해소하는 데 큰 역할을 할 것으로 기대됩니다.

아울러 김해 진영, 양산 물금, 울산을 잇는 동남권 순환 광역철도, 그리고 울산, 양산 웅상, 부산 노포역을 잇는 부산-양산-울산 광역철도 등이 모두 실현된다면 부산과 주변 도시들의 연결은 획기적으로 좋아질 것으로 예상합니다. 특히 버스터미널이 침체하면서 애초의 개발 기대에 미치지 못하는 상태에 머물러 있던 부산 노포역 일대의 변화가 주목됩니다.[52]

사진 18   제4차 국가철도망계획에 나타난 부산 일대의 철도망 구축 계획

다만 문제는 언제나 예산이어서, 과연 이 계획들이 얼마나 실현될지, 그리고 어떤 형태로 실현될지는 아직 미지수입니다. 2021년에 개통되기로 했던 부전-마산 복선전철도 역시 연약지반이라는 요인에 가로막혀서 현재까지도 개통 일자를 확정하지 못하고 있는 현실[53]이 이런 상황을 잘 보여줍니다.

특히 부전-마산 복선전철의 개통이 중요한 것은, 부산에서 빠져나간 시민과 산업체가 김해에 많이 정착해서 부산과 김해를 하나의 생활권으로 묶고 있기 때문입니다. 그런데 김해시 남부 택지지구와 부산을 잇는 도로와 교량은 출퇴근 시간이면 극심한 정체를 빚고 있어서, 어떤 형태로든 철도 교통이 도입된다면 이 지역의 교통 상황은 많이 좋아질 것으로 예상합니다.

또, 부산시 강서구와 경상남도 창원시 진해구에 걸쳐 조성되고 있는 부산진해경제자유구역에 포함된 지역 일부는 원래 김해군에 속해 있던 곳입니다. 이 사업은 사실상 부산 서부-김해-창원 세 도시가 모두 개입되어 있다고 봐야 합니다. 김해시는 바다 쪽 땅을 부산시에 넘기기는 했지만, 김해에서 부산으로 넘어간 땅에서 운영되는 시설에서 일하는 시민들은 여전히 현재의 김해시 남부의 율하·장유지구 등에서 거주하는 경우가 많습니다.

사진 19   김해시 장유지구. 2023년 6월

사진 20   김해시 율하지구. 2023년 6월

부산대 캠퍼스 유휴부지 문제

물금역과 시청 사이에 조성되고 있는 양산물금신도시는 부산 도시철도 2호선으로 부산과 이어져 있습니다. 다만 현재 부산대 양산 캠퍼스가 20년째 미완성된 상태로 남아 있어서 신도시가 완성되지 못하고 있습니다.[54] 최근에는 이 부지에 천연물안전관리원이 입주를 위한 준비를 시작해서,[55] 바이오헬스케어 의료산업기지 건설을 위한 출발점으로 작용해주기를 기대하는 목소리가 현지에서 들립니다. 양산물금신도시가 연약지반에 자리한 것도 근본적인 문제입니다만, 그럼에도 신도시는 꾸준히 성장하고 있습니다.

밀양시도 부산대학교 밀양캠퍼스 유휴부지 문제[56]를 안고 있습니다. 2005년에 밀양대학교가 밀양 시내에서 남쪽으로 캠퍼스를 옮기고, 2006년에 부산대학교가 밀양대학교를 통합한 뒤에는 밀양 시내의 옛 캠퍼스가 방치되는 바람에 양산 구도심의 상권 침체를 불러일으켰다는 비판을 받고 있습니다.[57]

밀양대와 부산대가 통합되었을 당시에는 부산대 나노과학기술대학이 밀양 시내 남쪽의 밀양대학교 부지에 입주했습니다. 밀양시에서는 이에 맞춰 밀양 시내 서쪽에 나노융합 국가산업단지를 조성하는 움직임을 보였습니다.[58] 하지만 캠퍼스가 시내에서 떨어져 있는 등의 여러 가지 난점이 있어서 부산대 측은, 2012년에 나노대학 강의를 대부분 부산캠퍼스에서 실시했습니다. 이로 인해 밀양시와 부산대 사이에 갈등이 커지며 문제가 심화되자, 학생들은 "10만 인구를 유지하려고 학생들의 발목을 잡는 중"[59]이라며 밀양시에 불만을 토로하기도 했습니다.

그 사이에 나노융합 국가산업단지 조성은 진행되고 있고, 이곳에
는 삼양라면·대한통운 등이 입주한 상태입니다. 이 기업들이 이곳에
입주한 이유는 "부산과 대구, 울산, 창원이 불과 1시간 거리에 있는
교통 요충지"[60]이기 때문이라고 하니, 나노융합산업을 육성하겠다는
밀양시 측의 생각과는 조금 다른 것 같습니다. 한편 밀양 시내의 유
휴부지에는 나노 산업 관련 학과들을 포함하는 한국폴리텍대학 밀
양캠퍼스가 입주할 예정입니다. 이런 움직임이 밀양 원노심을 다시
활성화하는 계기가 될지, 현재로서는 섣불리 예측하기 어렵습니다.

사진 21　　양산물금신도시 한복판에 남아 있는 부산대학교 양산캠퍼스 부지. 2023년 6월

동부산 개발과 동해 확장을 통한 동남권의 연담화

　저는 1996~1998년에 군 복무를 한 뒤, 5개월 정도 부산 해운대구 좌동에 살았습니다. 그 당시는 좌동의 택지개발이 아직 끝나지 않은 상태여서 도시가 전체적으로 어수선한 느낌이었고, 부산 도시철도 2호선도 아직 개통하지 않았습니다. 광안대교도 아직 개통하지 않았죠. 그래서 해운대에서 부산 시내로 나가려면 버스를 타고 무한히 막히는 외길을 지나 1시간에서 1시간 반 정도를 달려야 서면에 도착했습니다. 그때마다 광안리·해운대 지역은 부산의 다른 지역과는 단절된 지역이라는 느낌을 받았습니다.

　시간이 남던 시절이어서 광안리해수욕장에서 일광해수욕장까지 구간을 나눠 걸어가본 적도 있습니다. 물론 그 당시는 아직 동해남부선이 바닷가를 달리던 시절이어서, 몇몇 해안 지역은 도보로 통과하지 못하고 내륙으로 돌아가야 했습니다. 지금의 동해선 기장역과 일광역 지역을 지나면서, 곳곳의 공사현장을 통과했던 기억이 납니다.

그때 당시에 기장은 부산의 땅끝 같은 느낌이었습니다. 그리고 해운대 도심에서 달맞이고개 넘어 내려가면 나타나는 청사포 바닷가는 참 한적한 바닷가였습니다.

이 책을 쓰기 위해 지난해 말, 오랜만에 청사포를 찾아갔다가 깜짝 놀랐습니다. 동해남부선 옛 철길 위로 해운대블루라인파크라는 이름의 모노레일이 설치되어 있는 걸 처음 봤는데, 참 아름답게 잘 만들었더군요. 청사포가 해운대블루라인파크의 영향을 받아 핫 플레이스로 바뀐 모습이 놀랍기도 하고, 한편으로는 제가 기억하던 한적한 어촌 마을이 사라져 애잔하기도 했습니다.

사진 22   해운대블루라인파크 청사포 정거장 주변. 2022년 12월

부산의 새로운 중심, 기장군

20년 만에 간 기장군에서는, 이곳이 부산의 새로운 중심으로 떠오르고 있다는 사실을 확인했습니다. 20여 년 전에 곳곳에서 공사가 이루어지던 기장군 도심은 이제 어느 정도 정비가 끝나서 안정된 모습을 보였습니다. 기장의 이런 변화를 상징하는 것이, 음성한센인 정착촌인 삼덕마을의 철거입니다. 기장이라고 하면 고리 원자력발전소, 천부교 제3신앙촌, 그리고 삼덕마을처럼 특수시설이 집중된 곳이라는 이미지가 있었습니다. 이 가운데 삼덕마을이 사라지고, 고리 원자력발전소과 연관된 동남권 방사선 의·과학산업단지가 한창 건설되고 있습니다.

사진 23　철거를 앞둔 부산 기장군의 삼덕마을. 2021년 6월

이곳에서 서쪽으로는 신세계프리미엄아울렛 부산점과 정관신도시가 들어서 있습니다. 그리고 해운대블루라인파크 송정 정거장 인근에는 동부산관광단지, 이른바 오시리아도 들어섰지요.

정관신도시는 교통이 나쁘기로 유명한데, 이를 해소하기 위해 추진되고 있는 도시철도 노포－정관선 공사가 2023년 7월에 예비타당성조사 대상 사업에 선정되어서 주목됩니다.[61] 제가 이곳을 답사한 2022년 12월 시점에 정관신도시 곳곳에 도시철도 노포－정관선 1단계를 지어달라는 플래카드가 걸려 있었습니다. 물론 예타를 통과해야 사업을 추진하는 것이지만, 시민들의 희망이 우선은 긍정적인 방향으로 나아가고 있습니다.

사진 24　　기장군 정관신도시. 2022년 12월

울산으로의 인구 이동

이렇게 20여 년 사이에 급변한 동부 부산에서 울산까지는 멀지 않습니다. 동해선 광역전철이 울산 시민들을 동부 부산, 나아가 서면 근처의 부전역까지 연결해주고 있지요. 그전에도 울산과 부산 간에는 시민들의 이동이 활발했습니다. 그러나 동부 부산이 본격적으로 개발되고 동해선 광역전철이 개통되면서 울산에서 부산으로의 인구 이동이 심화되고 있습니다.[62] 부산에서는 청년층이 대서울권으로 떠나간다고 안타까워하고 있지만, 부산 주변 도시들에서는 자기 도시에서 부산으로 인구가 이동하는 것을 걱정하는 상황이 벌어지고 있습니다. 이런 인구 이동을 촉진한 계기 가운데 하나가 동부산의 급성장이죠.

어느 하나의 도시만 떼어놓고 인구 추이를 관찰하는 것은 그 지역의 정치인·행정가들에게는 필연적으로 존재하는 사고방식입니다. 하지만 동남권 메가시티라는 광역적 시각에서 바라본다면 부산과 울산은 동부산이 성장하면서 하나의 도시로서 연담화되고 있습니다. 경주 외동읍의 공업단지와 농촌에 의해 울산과 단절된 포항의 사례를 생각한다면, 부산과 연담화되는 것이 울산에게는 위기인 동시에 기회라고 생각합니다.

사진 25   경주는 신라의 수도라는 이미지가 강하지만, 울산·포항과 인접한 외동읍 지역에서는
고압송전탑과 풍력발전시설, 그리고 수많은 공장을 볼 수 있습니다. 경주는
공업도시이기도 합니다. 2023년 4월

7장
중부권

세종시를 통해
완성될 중부권 메가시티

중부권 메가시티는 국가를 산업으로 가지고 있습니다. 박정희 정부 때의 행정수도 구상이 실현된 세종특별자치시, 정부대전청사와 자운대 그리고 각종 방위산업체가 자리한 대전광역시, 계룡대가 자리한 계룡시와 연무대가 자리한 논산시, 청주공항과 공군사관학교가 자리한 청주시 등이 핵심을 이루고 있습니다. 논산과 땅을 주고받은 역사가 있는 전라북도 익산시, 충청남도 서천군 장항읍과 생활권을 공유하는 군산시 등도 중부권으로 점차 흡수될 것으로 예상합니다.

중부권 메가시티는 대서울권에 편입되지 않는 독자성을 지녀왔지만, 대서울권과 일부 겹치는 지점도 있습니다. 청주에서는 오송의 생명과학단지와 철도클러스터, 오창의 오창과학산업단지, SK하이닉스 등이 대서울권 방향인 서북쪽으로 형성되어 있어서, 중부권의 산업 중추를 담당하고 있습니다. 중부권의 다른 도시들이 국가 그 자체를 산업으로 갖고 있다 보니 그 밖의 산업이 약한 데 비해, 청주는 최근 여러 분야의 첨단산업이 활성화되고 있다는 점에서 주목할 만합니다.

청주의 2023년도 인구가 85만 명 정도인데, 지금 추세대로라면 100만 명에 도달할 가능성이 있습니다. 그렇다 보니 청주는 꾸준히 도심 지하철을 추진하고 있으나, 현재까지는 가능성이 크다고 평가하기 어렵습니다. 또한, 순조롭게 인구 100만 명을 넘을 수 있을지 여부는 100만 명 지전에 감소세로 돌아간 경기도 성남시의 사례를 통해서 유추해 볼 수 있습니다.

중부권 메가시티 내부의 갈등

중부권 메가시티의 형성을 가로막는 요인도 존재합니다.

첫 번째는 서울과의 교통 여건이 개선되면서, 중부권이라는 독자적인 단위로 존재하지 못하고 대서울권의 최전방으로 성격이 바뀐 것입니다.

두 번째는 세종 남부의 시내동 지역과 북부의 조치원권이 융합되어야 세종을 중심으로 대전과 청주가 하나의 생활권을 완성할 수 있는데, 세종 내부의 도농격차가 해소될 기미가 없다는 것입니다.

세 번째는 협력해서 중부권 메가시티를 만들어가야 할 도시들의 관계가 좋지 않다는 점입니다. 사안이 발생할 때마다 충북과 충남, 대전과 청주, 세종과 청주 등으로 갈등 구조가 형성되다 보니, "같은 충청인이라곤 하지만 진짜 같은 충청인이라고 할 수 있을지엔 의문이 든다"[1]라는 자괴감 섞인 발언이 충청도 내부에서 흘러나올 정도입니다.

2023년 1월에는 충청북도지사가 세종에 대해 "충청 밉상"[2]이라고 발언했다가 사과한 일도 있었죠. 세종이 시내동 지역에 철도역을 만들겠다는 주장을 굽히지 않는 것에 대한 반응이었습니다. 충북으로서는 세종이 탄생할 때 자신들도 역할을 했다고 판단하고 있기 때문에 KTX 오송역이 시내동 지역의 관문으로서 기능하는 것이 당연하다고 생각할 수 있습니다. 그런데 세종에 철도역이 생기면 KTX 오송역의 기능이 축소되고, 충청북도와 청주가 심혈을 기울이고 있는 오송 역세권 개발에도 지장이 생긴다고 보는 것이죠.

이런 갈등의 뿌리는, 경부선을 놓을 때 기술적인 이유에서 청주 대신 조치원-대전 라인이 선택되어 대전이 대도시로 성장했다는 점, 충청남북도를 합병하고 통합 도청을 대전이나(오늘날 세종시 북부의) 조치원에 두겠다는 소문이 들려와서 충남 공주뿐 아니라 충북 청주의 시민들도 반발했다는 점[3] 등 여러 가지가 있습니다. 1932년에 충남도청이 공주에서 대전으로 옮겨가는 것에 대해 공주 시민들이 반발했다는 사실은 유명하지만, 사실 이때 청주도 도청소재지의 지위를 잃을 뻔했습니다.

세종시가 탄생하면서 대전·청주·공주 등 주변 도시들의 인구가 대거 세종으로 옮겨가고 있다는 점도, 중부권 메가시티의 형성을 위해서는 절대 좋은 일이 아닙니다.[4] 인천의 송도국제도시가 인천 바깥의 새로운 인구를 끌어들이기보다는 인천 내부의 인구 이동을 유발하고 있는 것처럼,[5] 세종도 중부권 외부의 새로운 인구를 끌어들이기보다는 중부권 내부의 인구 이동을 통해 도시 인구가 늘어나고 있는 것입니다.

세종시가 중부권 내부의 인구 이동을 일으키는 현상은, 사실 1970년대 말에 임시행정수도가 구상되면서 예견되었던 일입니다. 당시의 계획에 따르면 공주는 상당한 토지를 빼앗길 예정이었고, 임시행정수도는 대전 생활권에 포섭될 것이 예상되었습니다. 이 설계는 반세기가 지난 지금 결국 어느 정도 실현되고 있습니다. 공주는 세종이 탄생할 때 장기면 등을 편입시켜주었고, 현재는 세종에 인접한 송선동·동현동 지역에서 도시개발사업을 일으켜 세종과의 연담화를 구상하고 있습니다.[6] 공주에서 세종으로 편입된 장군면 지역, 그리고 현재의 공주에서 세종과 인접해 있는 지역이 앞으로 어떤 모습으로 개발될지 주목해야 합니다.

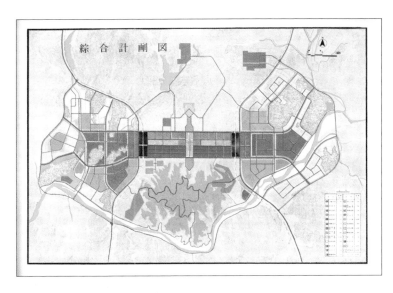

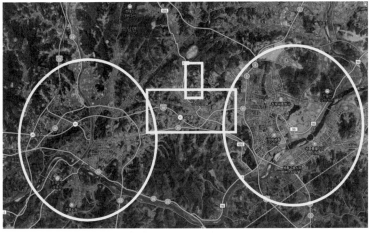

사진 1   『행정수도 건설을 위한 백지계획 단계별 건설계획』(중화학기획단, 1978)에 실려 있는
          종합계획도

사진 2   종합계획도를 위성사진에 얹어보았습니다. 카카오맵, 필자 제작

세종역을 둘러싼 다양한 문제들

세종과 대전의 관계는, 세종을 대전의 신도시라고 이해하면 알기 쉽다고 종종 말씀드립니다. 최근 대전의 서북부인 둔곡동·신동·반석동·안산동 등에 첨단과학단지와 국방산업단지가 들어서면서, 대전과 세종은 약간의 농촌 지대를 끼고 사실상 연담화되었습니다.

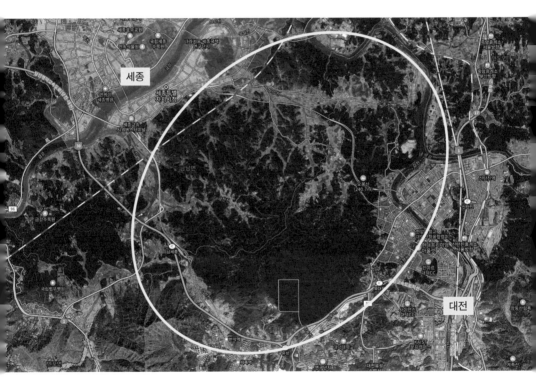

사진 3　　　연담화되고 있는 대전과 세종. 카카오맵, 필자 제작

예를 들어 세종시 반곡동의 한국개발연구원(KDI)과 대전 유성구 신동의 IBS 중이온가속기연구소는 불과 4km 남짓 떨어져 있을 뿐입니다. 또 세종시청에서 대전 유성구 신동의 IBS 중이온가속기연구소와의 거리가, 세종시청에서 세종 시내동 지역 북쪽의 생활권과 비슷합니다. 따라서 만약 세종역이 만들어진다면, 그 위치는 시내동 지역 가운데가 아니라 시내동 지역과 대전 북부의 중간 지점이 될 가능성이 큽니다.

물론 이 가정은 여러 문제를 가지고 있습니다. 우선, 대전은 세종역보다는 자기 도시 안의 서대전역을 우선시하고 있습니다.[7] 또한 앞서 말했듯, 청주는 세종이 탄생할 때 부용면(현재의 세종시 부강면)을 내놓았기 때문에 세종의 문제에 관여할 권리와 의무가 있다는 것입니다. 예를 들어 CJB청주방송 홈페이지에는 〈더 세종〉이라는 코너가 따로 있을 정도입니다. 세종 내부에는, 청주가 왜 세종의 일에 내정간섭하느냐는 여론이 있습니다. 하지만 자신의 땅을 내놓아 세종의 탄생에 이바지한 충청북도와 청주가 세종의 일에 무관심하다면 거짓말이겠죠.

2023년 7월 15일의 폭우로 청주 오송읍 궁평2지하차도가 침수해서 14명의 사망자가 발생했습니다. 앞서 언급했듯, 이 사건의 배경은 아직도 조사하고 있습니다만, 미호강의 제방을 건드린 것이 문제의 본질인 것 같습니다. 그런데 저는 이 사건에 대한 보도를 팔로우하면서, 미호천교 재가설 공사를 행복청이 시행하고 있었다는 사실에 놀랐습니다. 행복청은 세종특별자치시를 출범시키는 과정에서 만들어진 조직인데, 이 조직이 세종에서 한참 떨어진 곳에 있는 미호천교의 재가설까지 담당하고 있었던 것입니다. 세종 시민들이 청주공항을 편리하게 이용하게 하겠다는 것이 사업의 전제입니다.

세종은 단순히 충남 연기군만을 베이스로 하여 만들어진 도시가 아닙니다. 충청남도 공주와 충청북도 청주 일부 지역까지 포함해 특별자치시에 알맞은 규모로 키웠고, 주변 도시들은 세종의 안착을 위해 협력하고 있습니다. 그 과정의 한 측면이 이번 사고로 드러났다고 생각합니다. 중앙 언론에서는 행복청이 "조직 존속과 기관장 치적을 위해 인근 지자체에까지 무리하게 사업 범위를 확장"[8]했다고 접근하기도 했으나 이 문제는 세종의 탄생 배경까지 거슬러 올라가서 생각해야 합니다.

사진 4   청주 시내 서북부에서 미호강과 궁평2지하차도 방향을 바라본 경관. 2023년 1월

세종역이 세종시의 미래에 도움이 될까?

그런데 세종역이 만들어지는 것이 과연 세종시의 미래에 좋은 일일까요? 서울 경기권과 세종시 시내동 지역을 직접 잇는 철도 교통이 없는 지금도 평일 새벽과 저녁에는 공무원·공공기관 직원들이 고속철도에 가득합니다. 답사하기 위해 오송역에 갈 때마다 이분들을 보면서 참 피곤하겠다는 생각을 합니다. 지금처럼 열차 편이 없어도 세종시나 중부권 다른 도시에 정착하지 않고 굳이 출퇴근하겠다는 대서울권 시민이 많은데, 과연 세종역이 만들어지면 세종시에 정착하는 인구가 늘어날까요, 아니면 줄어들까요?

충청남도청이 자리한 홍성·예산의 내포신도시도 도청에서 3km 미만의 거리에 서해선 철도가 지나지만, 굳이 6km 정도 떨어진 예산군 삽교읍의 삽교역(내포역)을 관문역으로 삼고 그 주변을 역세권 개발하려고 합니다. 세종역 개설 문제도 마찬가지 맥락에서 이해하는 것이 합리적이겠습니다.

새로운 도시권의 완성과 철도 노선 기획

한편, 세종 북부에 자리한 조치원, 그리고 청주 서북쪽에 자리한 오송·오창은 예전부터 충북선 철도를 통해 하나의 생활권을 이루고 있습니다. 최근, 오송역 서남부에 오송3국가산단을 개발한다는 계획이 확정되었습니다. 규모를 절반으로 줄이는 대신 절대농지를 해제하기로 합의한 것입니다.[9] 이렇게 되면 조치원과 오송은 조천을 사이에 두고 물리적으로 거의 완전히 맞닿게 됩니다. 대전 북부-세종동지역 – 세종 조치원읍 – 청주 오송읍·옥산면·오창읍 – 청주 시내·증평읍이라는 도시권이 완성되는 것입니다.

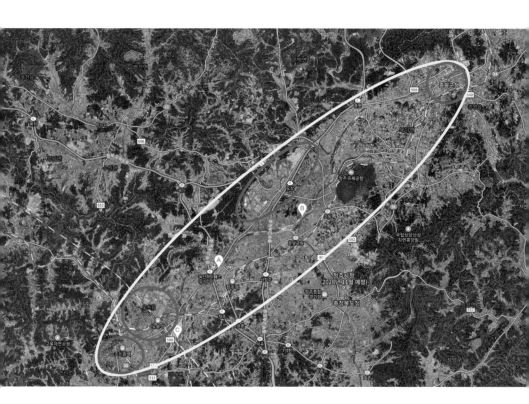

사진 5   충북선과 미호강을 통해 이어져 있는 생활권. 카카오맵, 필자 제작

이 도시권을 잇게 될 철도 노선이 두 가지 기획되고 있습니다. 하나는 대전 도시철도 1호선을 연장해서 세종 시내동 지역, 조치원읍, 청주공항을 잇는 대전-세종-충북 광역철도, 또 하나는 기존 철도를 활용하는 충청권 광역철도입니다. 이 가운데 전자는 청주 시내 지하철 통과 문제로 논란이 이어지고 있지만, 후자는 기존 철로를 이용하면 되기 때문에 상대적으로 건설이 쉽습니다. 충청권 광역철도는 가수원역·흑석리역·신도역 등의 폐역을 부활시켜, 주변의 쇠락한 역세권을 활성화할 가능성이 있어서 현지에서는 관심이 많습니다.

사진 6   제4차 국가철도망계획에 보이는 충청권 광역철도 1~3단계 계획과 대전·세종 광역철도

사진 7 충청권 광역철도 정차역으로 부활할 현재의 가수원역 폐역의 주변 경관. 2022년 11월

 게다가 전라북도 익산시도 호남선 노선을 통해 충청권 광역철도와 연결되고 싶다는 의지를 보여서,[10] 충청권 광역철도는 중부권을 전라북도 북부까지 확대하는 디딤돌이 될 가능성이 있습니다. 행정적인 관점에서는 전라북도에 한정된 전주권역이라는 개념이 제안되고 있지만,[11] 시민들은 쇼핑이나 교육 등을 위해 전라북도·충청남도·충청북도·대전·세종이라는 행정권역을 넘나들며 생활하고 있습니다.[12]

중부권 메가시티의 주목할 만한 지역들

대전에서는 두 곳이 특히 관심을 끕니다.

한 곳은 이 책의 제1부 제4장에서 소개한 서남부스포츠타운 예정지인 유성구 학하동을 중심으로 한 주변 지역입니다. 학하동의 남쪽인 교촌동은 2023년 3월에 나노·반도체 국가산업단지 최종 후보지로 확정되기도 했습니다. 학하동·교촌동과 인접한 대전교도소 및 옛 충남방적 부지도 결국 택지개발될 것이라서, 대전 시내는 서쪽으로 계속 확장될 것입니다.

원도심 서부에 자리한 서대전역과 서남부터미널 주변도 미래의 변화에 주목하고 있습니다. 특히 서남부터미널은 노선이 많이 줄어들면서 기능이 축소되었고, 주변 지역의 슬럼화도 확인되고 있습니다. 최근 유등천 건너편인 도마동 지역에서 재건축이 완료되기 시작하면서, 변화의 움직임이 서남부터미널 주변에까지 영향을 미치고 있습니다.

사진 8   서남부터미널 뒤편의 재건축 예정지. 2022년 11월

사진 9   서남부터미널 북쪽에 최근 개업한 핫 플레이스 카페에서 바라본 도마e편한세상포레나
             아파트. 2022년 11월

세종 시내동의 공실 문제

세종에서는 최근 들어 시내동 지역의 상가 공실 문제가 잇따라 제기되고 있습니다.[13] 계획적으로 상업지구를 육성할 수 있다는 공무원들의 세계관이 현실에서 어떤 결과를 낳는지 보여준 대표적인 사례이자, 소비가 제한적인 중산층 공무원들이 거주하는 전형적인 도시인 세종의 미래를 예견하게 합니다.

업종 제한 완화, 임대료 완화 등도 물론 중요하지만, 결국에는 세종에 어떤 정부 부처가 더 이전하고 어떤 지방 부처가 신설될지가 중요합니다. 그러나 이런 문제는 세종 차원에서 결정되는 것이 아닙니다. 핵심은 대통령 제2집무실과 국회 세종의사당 건설입니다. 이 책을 쓰고 있는 2023년 여름 시점에 긍정적인 소식이 잇따라 들리고 있기는 하지만,[14] 2024년에 국회의원 선거가 있고 2027년에 대통령 선거가 있다는 사실을 늘 상기하면서 뉴스들의 가치를 평가해야 합니다.

청주시 시내 북부와 남부

청주 시내 북부에서는 청주 테크노폴리스가 개발되고 있고, 율량동·사천동 지역도 신흥 주거지역으로 주목받고 있습니다. 이런 개발 사업들은 미호강 너머 오창읍 등과 청주 시내의 연담화를 촉진할 것으로 예측됩니다.

한편 시내 남부에서는 상당구 지북동 일대에서 택지개발이 이루어지고 있습니다. 이 택지개발 지역 인근에는 공군사관학교 및 연관

부대들이 배치되어 있어서, 시내 남부의 택지개발이 군부대들과 어떻게 공존할 것인지를 주목하고 있습니다. 동시에 무심천 서쪽의 사직동·모충동 같은 구도심에서도 동시다발적으로 재건축 사업이 추진되고 있지요. 이 개발계획들이 순조롭게 진행되어 주택 가격이 일정 수준으로 잡힌다면, 청주시 정치인·공무원들이 바라는 100만 도시의 꿈은 이루어질 수 있을 겁니다.

사진 10　　청주 시내 북쪽의 율량지구에서 오창읍 방향을 바라본 모습. 2022년 9월

계룡 하대실지구

　계룡은 조선왕조를 시작한 태조도 한때 수도 후보지로 고민했던 곳이지만, 땅이 좁아서 결국 포기했다는 이야기가 전해집니다. 특히 대전과 인접한 서부 지역은 계곡마다 도시가 들어찬 형국이어서, 소규모로 단절된 시가지들을 어떻게 효율적으로 연결할 것인가가 과제입니다. 조만간 개발이 예정된 계룡 하대실 도시개발사업지구의 경우도 상당히 깊은 골짜기에 무리해서 택지를 개발하고 있어서, 계룡이 택지개발할 토지 부족에 고민이 깊겠다는 생각을 했습니다. 한편, 이 하대실지구 북쪽에 자리한 대실지구에는 한때 이케아가 입점하려다가 취소한 토지가 빈 땅으로 남아 있어서 한때 뉴스에서 자주 언급되었죠.[15]

사진 11　　이케아가 입점하기로 했다가 취소된 토지 옆에 자리한 아파트단지와 상가. 2023년 4월

논산 강경읍의 근대역사문화촌

논산 강경읍은 전근대에서 식민지 시기에 걸쳐 번성한 상업의 거점으로서, 읍내 경관이 상당히 볼 만합니다. 논산이 최근 강경읍내를 '논산 근대역사문화촌'으로 정비하고 있는데, 예전의 느낌을 너무 지우는 방식으로는 진행되지 않기를 바라고 있습니다. 한국의 다른 지역들에서 비슷한 사업을 추진했을 때는, 원형이 너무 파괴되는 바람에 마치 새로 만든 영화세트장처럼 바뀌어버려서 결과적으로 문화자원으로서의 매력을 잃어버린 경우가 많았습니다.

사진 12·13 강경읍내의 신광양화점·화신양복점 건물

익산 원도심의 변화

전라북도에서 요즘 특히 주목하는 것은 익산입니다. 익산은 익산역 동쪽이 원도심으로 발달하다가 1977년 11월 11일의 이리역 폭파 사고로 대부분 파괴된 뒤, 시내 여러 곳에 중심이 흩어져서 각각 발달하는 모습을 보입니다.

한편 익산역 서쪽의 송학동·모현동은 동쪽보다 개발이 되지 않고 있었지만, 이리변전소 주변의 송전탑이 지중화[16]되는 등의 물리적 변화가 생기면서 재개발 움직임이 활발해지고 있습니다. 변전소 근처에는 6·25 전쟁 당시의 피난민 정착촌이 자리하고 있어서 종종 답사하는데, 주변 지역으로 고층아파트단지들이 속속 들어서는 모습을 보면서 익산 원도심의 변화를 실감하고 있습니다.

사진 14　이리변전소 근처의 피난민 정착촌 너머로 신축 고층아파트단지가 보입니다. 2023년 6월

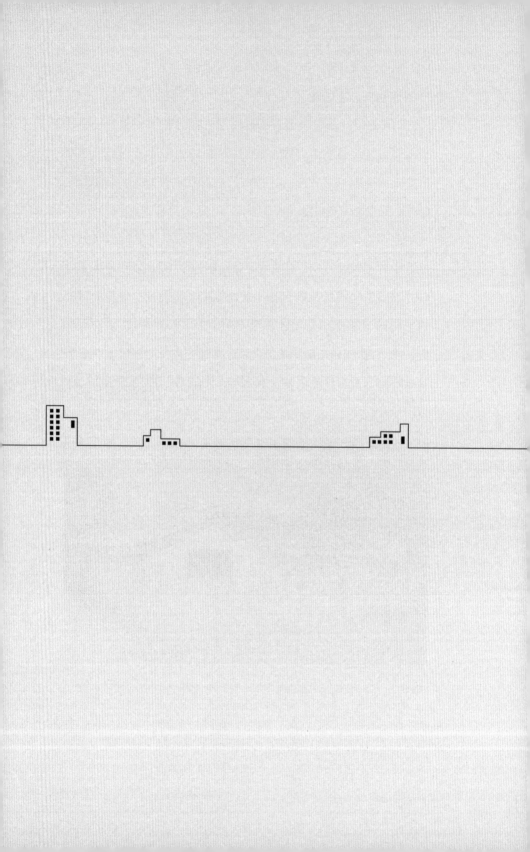

8장
대구-구미-김천 소권

대구-구미-김천 소권

　대구–구미–김천 소권에는 김천시·구미시·칠곡군·대구시·경산시·영천시 등이 포함됩니다. 영천시는 동부 내륙 소권과 겹치는 지점입니다.

　이 지역에서 가장 관심이 가는 사업은 대구권 광역철도 건설입니다. 지금도 구미·칠곡·대구·경산 사이에는 시민들의 이동이 활발하지만, 이 노선이 완성되고 나면 이 지역들 간의 이동에 정시성이 부여되어 시민들이 더욱 편리해질 것으로 기대합니다.

사진 1　　대구권 광역철도 노선도. 국가철도공단

대구권 광역철도는 이미 KTX 김천구미역 등을 통해 구미와 긴밀한 관계를 맺고 있는 김천으로도 연장이 예정되어 있습니다.[1] 김천은 거제 사등역에서 출발한 남부내륙철도가 경부선과 합류하는 지역이기도 합니다. 식민지 시기에 구상되었던 김천-삼천포선이 종착역을 삼천포에서 거제로 바꾸어 실현되는 것이지요. 또한, 1960년대에는 전라도 광주에서 남원을 통과하는 광주선 열차도 김천으로 올 예정이었습니다. 이 계획은 현재 광주가 아닌 전주와 김천을 잇는 동서횡단철도의 형태로 사전타당성조사가 진행 중입니다.[2]

사진 2　　제4차 국가철도망 계획도에 보이는 대구-구미-김천 소권의 철도망

만약 이 계획들이 모두 반세기 전에 실현되었다면 김천은 천안·아산, 대전 급의 도시로 성장할 수도 있었을 겁니다. 원래 전라도 광주와 김천을 잇기로 했던 광주선을 계승한 달빛내륙철도의 종착점이 대구로 바뀐 데에서 알 수 있듯이, 김천이 철도를 통해 대도시로 성장할 가능성은 많이 줄어든 것 같습니다.

한편, 현재의 경부선 역이자 대구권 광역철도 역이 될 경산역은 대구에서 동남쪽으로 향하는 선로 상에 자리하고 있습니다. 그런데 대구 동부의 신서혁신도시, 경산 북부의 대학가인 하양읍 등은 대구에서 동북쪽으로 향합니다. 그래서 처음에는 대구권 광역철도를 대구 동부에서 Y자로 나누어서 경산 남부와 북부로 뻗어 나가게 하려고 계획하다가, 북부 쪽은 대구 도시철도 1호선을 연장하는 것으로 최종 결정되었습니다.

여담입니다만, 경산시장으로 출마한 어떤 분께서 이런 말씀을 하신 것을 전해 들었습니다. 경산에는 고령 인구와 대학생 인구가 비슷한 규모로 존재하다 보니, 이 두 인구 집단에 모두 어필하는 공약을 만드는 게 힘들다고 말이지요.

사진 3   대구선 선로개량으로 인해 폐업한 청천역의 육교에서 서쪽으로 대구 신서혁신도시를
바라보았습니다. 사진 중간의 나무 옆에는 식민지 시기에 지어진 청천역 과일 창고가
보입니다. 2019년 8월

안심뉴타운과 신서혁신도시

대구 시내에서 고모역을 지나 동쪽으로는 안심뉴타운과 신서혁
신도시가 나타납니다. 안심뉴타운은 안심연료단지라는 특수시설을
재개발한 곳입니다. 안심연료단지는 대구 동부가 경산군 땅일 때 대
구와 경산 사이에 조성된 곳으로, 연탄공장이 밀집해 있다 보니 주변
주민들 가운데 진폐증 환자가 많았습니다.[3] 그간 꾸준히 철거 요구
가 나왔는데 제가 이곳을 답사한 2019년 8월 시점에는 드디어 공장
들을 빼고 택지 정리를 하는 중이었습니다.

반야월역 교차로 남쪽으로는 옛 대구선 시절의 반야월역 철도관
사단지가 남아 있고, 북쪽으로는 그 공장지대에 펜스가 둘러쳐진 모
습을 보면서, 드디어 이 땅끝 동네도 바뀌는구나 하는 감회를 느꼈습
니다.

사진 4　　　대구선 반야월역 철도관사촌에서 안심뉴타운 쪽을 바라보았습니다. 2019년 8월

철도의 3문화광장, 경산시 하양읍

2022년 3월에 대구시를 답사하고 나서 경산시 하양읍에 들어섰을 때, 참 인상적인 경관을 보았습니다.

식민지 시기에 대구 – 영천 – 경주 – 포항·울산을 Y자로 잇던 경동선의 협궤 교대, 경동선 일부를 이어받은 대구선의 광궤 교대, 대구선의 새로운 선로가 놓인 고가도로, 그리고 현재 연장 공사 중인 대구 도시철도 1호선의 고가도로까지, 지난 100년간 이 지역에 건설되었고 현재 건설 중인 선로 네 개를 한눈에 볼 수 있었습니다. 예나 지금이나 이 지역은 철도가 생활권을 만들어주고 있음을 보여주는 철도의 3문화광장이었습니다.

대구 도시철도 1호선은 경산 북부의 대학 도시인 하양읍까지 연장 공사가 진행되고 있고, 나아가 그 동북쪽에 자리한 영천의 대구선 금호역까지 연장하는 계획도 예비타당성조사 대상 사업으로 선정된 상태입니다. 2024년 중에는 결과가 발표된다고 하니 지켜보아야 하겠습니다.

또, 이렇게 대구 도시철도 1호선이 영천까지 들어올 가능성이 커지자, 영천 측에서는 조금 더 끌어당겨서 영천역까지 연장하고 싶다는 의지를 보입니다. 현재 영천은 대구 생활권인 동시에 중앙선 라인의 도시들과도 관계를 맺고 있는 결절점입니다. 대구 도시철도 1호선이 영천까지 연장된다면, 영천은 확고하게 대구 생활권에 편입될 것으로 예상합니다.

사진 5　경산시 하양읍에서 마주친 철도의 3문화광장. ① 경동선 협궤 ② 대구선 광궤 ③ 대구선 신선 ④ 대구 도시철도 1호선 연장구간. 2022년 3월

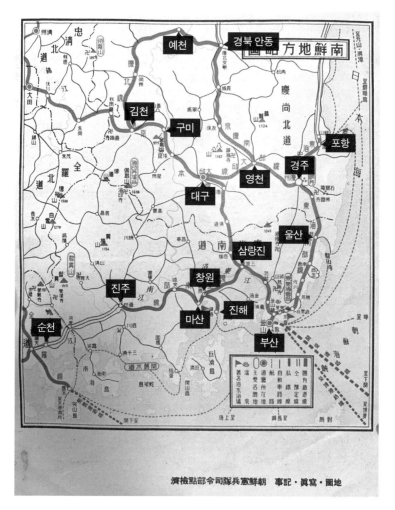

朝鮮憲兵隊司令部檢閱濟　地圖・寫眞・記事

사진 6　　1940년에 조선철도국에서 출판한 『남선지방』에 보이는 철도 노선도. 필자 소장.
대구-영천을 잇는 대구선, 영천에서 경주까지 이어진 경경남부선 즉 현재의 중앙선,
경주에서 포항으로 이어진 동해중부선, 경주에서 울산을 지나 부산으로 향하는
동해남부선 등이 보입니다. 또 대구-김천-예천-안동-영천을 잇는 대순환선도 보이네요.

군위군의 소속 변화와 신공항 건설 문제

최근 또 하나의 중요한 SOC 사업이 이 지역에서 확정되었지요. 대구경북통합신공항을 군위군과 의성군에 걸쳐서 건설하고, 군위군을 대구광역시에 편입시키기로 한 것입니다. 이에 따라 2023년 여름에 경상북도 군위군에서 대구광역시 군위군으로의 변경되었고, 이 책을 쓰고 있는 시점에는 신공항의 화물터미널을 의성군과 군위군 둘 중 어디에 설치할지의 문제가 발생했습니다.[4]

대구 동부의 K-2를 대구경북통합신공항으로 옮기는 사안은 대구-구미-김천 소권이 지닌 여러 고민을 드러냈습니다.

우선, 군위군의 소속을 경상북도에서 대구광역시로 바꾸는 것을 경상북도의 국회의원이 반대해서 논란이 있었습니다. 이 문제는 광주공항의 국내선과 군 공항을 둘러싸고 전라북도청·무안군·함평군이 보이는 갈등과도 직접 관계가 있습니다. 가뜩이나 인구가 줄고 있는 경상북도와 전라남도는, 자기 지역의 지자체가 SOC 사업과 연관되어 광역시로 소속을 옮기게 되면 더욱 인구가 줄어듭니다. 경상북도·전라남도 측의 반발은 지역 이기주의로만 보기에는 처절한 측면이 있습니다.

한편, 구미국가산업단지 4단지는 분양이 잘 안 되어서 구미시에 고민을 안겨준 바 있습니다.[5] 그런데 최근 조성된 5단지(하이테크밸리)는 분양 상황이 호조를 보인다고 합니다.[6] 여러 배경이 있겠습니다만, 무엇보다도 대구경북통합신공항과 거리가 가깝다는 게 중요한 이유입니다.

사진 7   구미역 앞의 재건축 예정지. 2023년 1월

사진 8   구미국가산업단지 1단지 외곽에는 마을회관과 기념비가 서 있습니다. 이 돌은 금오산에서 가져온 것으로, 옛 마을의 우물가로 건너가기 위해 돌다리로 썼다고 합니다. 박정희 전 대통령이 공업단지로 바꾼 구미도, 예전에는 이런 마을들이 흩어져 있던 농촌 마을이었습니다. 2023년 1월

이 소식을 전하는 지역 뉴스에는, 30년 치 먹거리가 마련되었다는 공인중개사의 인터뷰가 소개되어 있습니다.[7] 2022년도에 '지역 소멸 위기'를 호소하던 구미가,[8] 불과 1년 만에 30년 치 먹거리가 마련되었다고 안심하는 모습을 보면서, 지금 이 순간에도 마을들이 사라지고 있는 전국 곳곳 소멸 위기의 농산어촌 지역을 다시 한번 떠올리게 됩니다.

당장 농촌 지역인 구미시 해평면 주민들은 신공항이 들어서면 전투기 소음으로 피해를 본다며 활주로 방향의 변경을 요구하고 있습니다.[9] 하나의 지자체 안에서도 도시와 농산어촌의 이해관계가 충돌하는 사례입니다.

K-2와 군부대, 대구에서 사라질까?

대구 시민들 중에는 이번에 대구경북통합신공항을 건설하면서, 금방이라도 K-2가 대구 시내에서 사라질 것이라고 생각하는 분들이 많아서 놀라고 있습니다. 이전 계획이 확정된 시점에서 최소한 20년은 걸릴 것이며, 출처를 밝힐 수 없는 어떤 정보통에 따르면 30년까지도 걸릴 것으로 예상하는 것이 현실적입니다. 『우리는 어디서 살아야 하는가』에서 말씀드린 것처럼 군부대, 특히 미군이 사용하고 있는 군부대를 옮기는 것은 정말로 시간이 오래 걸립니다.

대구광역시청을 지금의 중구에서 달서구로 옮기는 것도 수십 년 동안 논란이 끊이지 않고 있는데, 하물며 한미 양국군이 사용하고 있는 군부대는 어떻겠습니까? 현재 대구시청은 중구 동인동과 북구 산격동에 자리하고 있는데, 통합 청사를 달서구의 옛 두류정수장 터로 옮기는 문제는 원도심과 달서구 양쪽에서 모두 반발이 있어서 진행되지 않고 있습니다.[10] "청사 건립이 뭔데 수천억 빚 내서 해야 하느냐? 산격 청사에서 임기를 마쳐도 불편이 없다"[11]라는 홍준표 시장의 발언에서 보듯, 그의 임기 내에 실현되지 않을 가능성도 있습니다.

사진 9　　대구의 양대 현안인 시청사 이전(빨간색)과 K-2 등 미군 부대의 이전(노란색). 네이버맵, 필자 제작

동인동 청사가 자리한 대구 중구청장의 인터뷰를 보았습니다.[12] 시청사가 떠난 뒤에 찾아올 원도심 쇠락을 어떻게 막을 것인지를 고민하는 내용이었습니다. 관공서나 철도역이 떠나고 나면, 그 주변에 형성되어 있던 원도심이 쇠락하는 건 필연적인 결과입니다. 그러므로 이런 고민이나 반발은 결코 오버액션이 아닙니다.

　　서울도 청와대와 서울시청이 사대문 안에 있기 때문에 강북 권역이 활성화되어 있는 것입니다. 만약 반세기 전 계획처럼 시청이 강남으로 옮겨가고[13] 대통령 집무실이 임시행정수도로 옮겨 갔다면 서울 강북은 지금과 같은 모습을 보이지 못했을 겁니다.

사진 10　　대구 도시철도 3호선 건들바위역 서북쪽, 중구 대봉동의 옛 마을 골목. 이 마을은 현재 대봉서한이다음 아파트로 재건축 중입니다. 2018년 4월

사진 11　　대구 중구 남산1동의 옛 마을 너머로 반월당삼정그린코아 아파트가 보입니다. 2018년 4월

3대 도시 대구, 가능할까?

그런데 위에 소개한 중구청장의 인터뷰에서 "3대 도시 대구"라는 말이 나옵니다. 2023년 현재 대구의 인구는 서울(약 977만 명)·부산(약 343만 명)·인천(약 292만 명)에 이은 4위(약 247만 명)입니다. 대구 시민들이 지닌 '한국 3대 도시'라는 인식은 최소한 인구 면에서는 현실과 맞지 않습니다. 경상북도의 도청소재지가 안동·예천으로 옮겨간 뒤로는 인천과 대구의 정치적 지위에서도 차이가 없습니다.

대구에서는 아마도 서울과 인천을 '수도권'이라는 히나의 딘위로 간주해서 수도권·부산에 이어 대구가 한국의 3위 도시라고 생각하는 것 같습니다. 하지만 인천은 서울은 물론, 경기도의 다른 지역들과도 구분되는 독자적인 정체성을 지닌 도시이자, 점점 존재감을 키워가는 도시입니다. 한국 제2위의 도시인 부산마저 인구 측면에서 2035년경 인천에 역전당할 가능성이 제기되는 지금,[14] 대구는 '3대 도시'라는 기존의 인식을 수정하는 작업에서부터 미래를 준비할 필요가 있습니다.

서울도 '1000만 서울'이라는 레토릭에 빠져서 자꾸만 유입 인구를 막으려다가, 서울에 살 수 없게 된 시민들이 정말로 서울에서 빠져나가 경기도에 정착하면서 '900만 서울'이 된 지 오래입니다. 과거의 규모, 과거의 영광을 현실에 맞춰 빠르게 잊고 미래를 준비하는 것이 한국 도시 전반에 필요한 작업입니다.

군공항 이전과 군부대 이전은 다른 문제

대구에는 K-2·대구공항 말고도 세 곳의 군부대가 더 있습니다. 이 가운데 캠프 워커 부지의 일부가 반환되다 보니, 제가 만난 대구 시민들 중에는 캠프 워커의 나머지 부지는 물론, 두 곳의 군부대도 K-2와 함께 곧 시내에서 빠져나갈 것이라고 믿는 분들이 많더군요. 하지만 K-2를 대구경북통합신공항으로 옮기는 것과 나머지 세 개 미군 부대가 대구에서 빠져나가는 것은 다른 문제입니다. 이들 부대는 현재까지 대구를 떠날 계획이 없다고 알려져 있습니다. 대구시 측도 처음에는 대구에 주둔하는 한국군 부대를 옮기면서 미군 부대도 동시에 이전하려다가, 이 문제가 얼마나 어려운지를 깨닫고[15] 두 이전 사업을 별도로 추진하기로 방향을 잡은 것 같습니다.[16]

캠프 워커의 헬기장을 빼내기 위해 노력했지만, 군부대가 일부 빠지면서 재개발이 활성화되는 바람에 마을을 떠나게 된 어느 시민의 인터뷰를 보면서, 군부대가 위치를 바꾸는 문제가 도시에, 그리고 본인의 삶에 얼마나 큰 영향을 미치는지 시민들께 잘 알려지지 않았다는 사실을 새삼 확인했습니다.[17]

대구가 어떻게든 미군 부대를 도시 바깥으로 내보내려 하고 있지만, 캠프 캐롤이 주둔하고 있는 칠곡군은 사정이 조금 달라 보입니다. 대구와 구미에 땅을 빼앗긴 역사를 지닌 칠곡군은, 캠프 캐롤이 지닌 군사적 중요성 덕분에 그 배후 지역으로서 독립성을 유지하고 있다고 할 수도 있습니다. 하지만 대구·칠곡·구미 사이에서는 행정 구역 통합 이야기가 계속 나오고 있어서, 장기적으로 지켜볼 필요가 있습니다. 칠곡군의 핵심이었던 칠곡읍 지역이 1981년에 대구에 편입된 뒤로도 칠곡군 동부와 대구 칠곡지구는 여전히 생활권을 공유하고 있습니다.

칠곡이 지닌 문제는 곧 구미의 문제이기도 합니다. 구미는 구미국가산업단지를 가운데 두고 시가지들이 사방에 흩어져 있는 도시 구조로 되어 있습니다. 이 가운데 동쪽의 인동동은 구미출장소가 1978년에 구미시로 승격할 때 칠곡군에서 구미시로 바뀐 지역입니다. 인동 지역을 거점으로 삼아서 구미와 칠곡이 통합한 가능성도 있습니다만, 인동·칠곡과 관계가 없던 구미 서북쪽의 선산 지역에서는 반대하고 있어서 미래를 전혀 예상할 수 없습니다.[18]

사진 12 캠프 캐롤의 한국인 노무자들이 조성한 왜관읍 왜관리의 외기주택. 2019년 8월

사진 13 칠곡군 왜관역 주변에도 외국인 노동자들이 많이 거주하고 있습니다. 2019년 8월

대구의 더위 문제

대구라고 하면 저에게는 무엇보다 더위가 가장 먼저 떠오릅니다. 대구와 경산 사이에 자리한 부대에서 1990년대 후반에 근무했는데, 여름마다 정제한 소금을 한 알씩 먹고 출근했습니다. 차량 위에 날달걀을 놓았더니 정말 구워지는 걸 보고 기겁한 기억이 나네요.

어느 해 여름에 폭우가 내렸을 때, 부대 언덕 위에서 대구 시내 쪽을 바라보았습니다. 칼로 구름을 둥글게 도려낸 것처럼 대구 분지에는 햇빛이 쨍쨍 비치고, 그 주변 지역에는 폭우가 내리고 있더군요. 대구는 더위가 심한 분지 지형이라는 걸 시각적으로 확인한 순간이었습니다. 그러다 보니 저에게 대구는 무엇보다도 더위와의 싸움이 핵심 과제인 도시로 인식됩니다. 2023년 8월에도 중앙분리대가 녹아내려서 화제가 되었죠.[19] 기후 이변이 점점 심해질 미래에, 수성구 같은 부촌뿐 아니라 쾌적한 외곽 지역에 관한 관심도 커질 것으로 예상합니다.

대구 도시철도 1호선 상인역에서 테크노폴리스를 따라 달성군 유가읍의 테크노폴리스로 이동하는 급행 8번 버스 창밖으로 새로 조성된 전원주택단지들이 눈에 띄었습니다. 미리 자리를 잘 잡으셨다고 생각했습니다. 저런 곳이라면 여름에 대구 시내만큼 덥지는 않겠구나 하는 느낌을 받았습니다. 테크노폴리스 자체도 산자락에 있어서 마찬가지로 쾌적한 느낌을 주었습니다.

사진 14　　대구 달성군 유가읍의 테크노폴리스. 2023년 3월

　물론 수성구는 앞으로도 대구의 강남의 지위를 유지할 겁니다. 수성구 주변 지역에서 꾸준히 택지개발·재건축이 이루어지고 있는 모습을 보면서, 이런 개발 사업의 정점에 수성구가 있다는 사실을 확인하고는 합니다. 거듭 강조합니다만, 살기 좋은 곳과 사기 좋은 곳은 다릅니다.

　특히 한때 엑스코선이라 불렸던 대구 도시철도 4호선이 놓이면서 수성구와 연결되고,[20] K-2가 이전되면서 소음이 줄어들고, 팔공산 자락이어서 시내보다 선선한 느낌을 주는 이시아폴리스가 인상적이었습니다. 택지지구의 규모가 좁은 것이 흠이었지만, 개인적으로는 기후 이변 시대에 대구에서 살기 좋은 지역으로 점점 더 주목받겠다는 느낌을 받았습니다.

사진 15　수성구와 가깝고
동대구역으로의
접근이 편리한
원도심에서노
재건축 사업이
활발히 이루어지고
있습니다. 2023년
3월

사진 16　대구 동구
봉무동에 조성된
이시아폴리스.
2023년 3월

주목해야 할 서북부 지역의 변화

대구 서부 지역은 공업지대로서의 성격이 강한데요, 2022년 3월 부터 서대구역에 고속철도가 정차하게 되면서 서북부 지역이 어떻게 바뀔지도 주목됩니다. 또, 최근 성서제5차첨단일반산업단지가 달성군 다사읍 세천리에 조성되고 주변 지역에 신도시가 조성되고 있는데, 이곳에 학교 시설이 부족해서 주민들이 불편을 겪고 있습니다. 그래서 농촌 지역인 달성군 하빈면에 있는 달서중고등학교를 이곳으로 옮기려 하다가, 하빈면 주민들과 학교 총동문회가 반대하면서 찬반양론이 치열하게 제기되고 있습니다.[21]

사진 17   달성군 하빈면 달서중고등학교를 다사읍 세천리 택지개발지구로 옮기려는 문제로 갈등이 일어나고 있습니다(빨간 원). 노란 원과 파란 원은 대구 서북부의 공업지대, 하얀 원은 서대구역과 대구역입니다. 네이버맵, 필자 제작

신도시가 만들어지면서 주변 농산어촌의 인구와 시설을 빨아들이는 바람에 주변 지역이 피해를 보는 구도는 전국의 혁신도시와 그 주변에서도 쉽게 확인할 수 있는 제로섬 싸움입니다. 대구가 과연 어떤 결론을 내릴지 주목하고 있습니다.

사진 18·19 현재 달서중고등학교가 자리하고 있는 하빈면 감문리(위), 그리고 학교를 옮기려고 하는 다사읍 세천리(아래). 비닐하우스 너머 산기슭에 학교가 자리한 모습에서 인구 과소 지역인 하빈면의 상황을 짐작할 수 있습니다. 학교를 옮기려 하는 달성군과 대구시의 입장을, 현장을 답사한 뒤에 이해할 수는 있었습니다.

9장
동부 내륙
소권

동부 내륙 소권

　동부 내륙 소권은 중앙선 원주·제천·단양·영주·안동·영천, 그리고 이 라인에서 이어지는 충주·태백·영월·문경 등을 포함합니다. 대서울권의 동쪽 최전방인 원주의 시내동 지역은 대서울권과 겹치고, 영천은 대구·구미·김천 소권과 겹칩니다.

중앙선 복선전철의 영향

　이 지역의 가장 큰 현안은 2024년 완공 예정인 중앙선 복선전철 공사입니다. 2023년 현재 안동–영천 구간만 남았습니다. 복선전철화가 완료되면 서울 청량리역에서 경상도 지역까지 두 시간대에 주파할 수 있을 것입니다. 관광객 유치에는 긍정적 효과가, 의료 등 지역 서비스에는 부정적 효과가 예상됩니다.[1] 3년 전 영주를 답사했을 때도 이미 영주의 대형 병원이 타격을 입고 있다는 얘기를 현지 분들에게 들었습니다. 내년 이후에는 상황이 좀 더 나빠지지 않을까 우려됩니다.

사진 1　　　제4차 국가철도망계획에 보이는 동부 내륙 소권

　다행히 제천역·영주역 등 이 지역의 주요 철도역들은 예전 위치를 지키거나 단양역·충주역처럼 접근성이 나쁘지 않은 곳에 자리 잡고 있습니다. 그래서 이들 지역은 철도역이 옮겨감으로써 원도심이 쇠락하는 문제는 피할 수 있을 것으로 보입니다.

　하지만 원주역과 안동역은 철도역이 원도심에서 상당히 멀리 떨어진 곳으로 옮겨갔기 때문에 원도심 쇠락이 어느 정도 예상됩니다. 안동시는 안동버스터미널이 새로운 안동역 근처에 자리 잡았다는 점에서는 긍정적이지만, 두 교통 거점이 모두 시내에서 멀어졌다는 것은 문제입니다. 또한, 대구에서 옮겨온 경상북도청이 예천군과 안동시의 중간 지점에 세워졌는데, 이곳이 안동 시내나 예천군 시내와 무관하다는 것도 문제입니다.

경상북도청에서 멀지 않은 풍산읍 안교리에는 1931~1944년 사이에 예천과 안동 간을 운행하던 경북선의 풍산역이 있었습니다. 하지만 이때의 경북선은 태평양전쟁 중에 철거되고 1966년에 새로운 경북선이 예천에서 영주로 놓였습니다. 식민지 시기의 경북의 철도 거점이던 안동 대신, 영주가 중앙선·영동선·경북선이 교차하는 경북의 새로운 철도 거점으로 부상하게 되었지요. 현재 문경 점촌역–안동·예천 경북도청–안동역 간에 구상되고 있는 점촌–안동 단선 전철은 이 20세기 전기의 경북선을 부활시키겠다는 구상입니다. 행정의 연속성을 이런 데에서도 확인합니다.

사진 2　옛 안동역과 현 안동역·안동터미널의 위치 관계. 카카오맵, 필자 제작

청주 중심주의로 소외된 도시들

단양·제천 등의 충청북도 도시들은 '청주공화국'[2]이라 불리는 청주 중심주의 때문에 상대적으로 소외감을 느끼는 곳들입니다.[3] 충주 역시 오랫동안 충청북도 지역의 중심지였으나, 1908년에 관찰부가 충주에서 청주로 옮겨가 도시가 성장하지 못했다고 시민들은 말합니다. 그래도 충주는 최근에 시내 서남쪽의 호암지 남쪽에 택지지구가 들어섰고, 충주기업도시도 건설되고 있어 사정이 났습니다.

8·15 광복과 6·25 전쟁 이후 한국에 들어선 최대 규모 공장인 충주비료공장 속칭 '충비'가 충주 시내 북쪽의 목행동에 세워지면서,[4] 1960년대에 신도시가 건설되었습니다. 충비는 조치원역에서 충주역까지 연장된 뒤 멈췄던 충북선이 목행역을 지나 제천시 봉양역까지 연장되는 계기가 되었습니다. 하지만 충비가 폐업한 뒤 목행동은 활력을 잃었습니다. SOC 사업에 수반되어 형성된 신도시가, 그 물리적인 조건이 사라지면 어떻게 되는지 보여주는 '지역 소멸' 사례입니다.

제천시와 단양군은 충청북도에 속해 있기는 하지만 태백시·영월군 등의 강원도 남부 지역과 더 밀접한 관련을 맺고 있습니다. 특히 중앙선·충북선·태백선이 교차하는 제천역은 강원도 남부의 관문이라는 역할을 하고 있습니다만, 제천시의 소속이 강원도가 아니라 충청북도이다 보니 이런 장점을 살리지 못하는 점이 아쉽습니다.

한편 단양은 도담삼봉 관광지 바로 근처에 시멘트 공장이 밀집해 있어서 환경문제가 발생하다 보니, 현지에서는 찬반양론이 이어지고 있습니다.[5]

사진 3   중앙곡자 건물을 철거하고 주차장을 만들기 전의 모습. 2020년 12월

사진 4   충청북도 단양군 매포읍의 시멘트 공장. 제가 서서 사진을 찍은 도로는 공도여서, 사진 촬영에 법적으로 문제가 없습니다. 2020년 12월

태백·정선·영월의 인구 감소 문제

태백시·정선군·영월군은 탄광이 잇따라 폐광하면서 심각한 인구 감소를 겪고 있는 곳입니다.

정선의 경우는 강원랜드를 통해 어떻게든 부활을 시도하고 있지만, 탄광이라는 기본 조건이 사라진 상황에서 쉬운 싸움은 아닌 것으로 보입니다. 또 강원랜드가 기본적으로 카지노 사업이다 보니 도덕성 문제도 지속해서 제기될 수밖에 없습니다. 제가 사는 경기도 고양시의 고양종합버스터미널은 코로나19가 유행하던 시점에도 원주를 거쳐 사북·고한까지 운행하는 버스가 영업을 계속했고, 1층에서 에스컬레이터를 타고 승강장이 있는 2층으로 올라가면 도박 중독을 경고하는 거대한 안내판이 나타납니다.

이런 문제가 있다 보니, 이들 지역에서는 강원랜드에서 생기는 수익으로 어떻게든 지역 기반 사업을 일으키려 하고 있습니다. 하지만 강원랜드의 자회사인 태백시 소재 하이원엔터테인먼트의 실패 사례[6]에서 보듯이, 이 도전은 쉽지 않습니다. 태백시는 한때 10만 명이 넘는 인구를 지니고 있었지만, 지금은 현재 인구가 4만 명 아래로 떨어진 상태입니다.[7]

그나마 정선군과 태백시는 강원랜드라는 산소호흡기를 붙이고 있지만, 관광지가 아닌 강원도 영월군, 경상북도 봉화군 등은 상황이 더 심각합니다. 영월군 김삿갓면 주문리의 모운동 마을은 옥동광업소가 운영될 때에는 1만 명의 인구가 모여 살았지만, 지금은 수십 명이 남아 있을 뿐입니다.[8] 최근 들어 마을 관광으로 부활을 꿈꾸고 있어서 그 결과를 지켜보고 있습니다.

정선과 태백, 그리고 영월은 인구 감소 상황에 놓인 지역을 도박이나 관광산업으로 부활시킬 수 있을지 보여주는 지역으로, 이 지역들에서 어떤 결과가 나오든 한국의 다른 지역에도 중요한 참고가 될 것입니다.

사진 5　옥동광업소에서 캔 석탄을 외부세계로 실어나르던 석항역 근처에서 번성하던 강원도 영월군 산솔면. 제가 답사한 2021년 9월에는 우체국 폐쇄에 반대하는 주민들의 플래카드가 마을에 가득 게시되어 있었습니다.

사진 6　　　탄광촌 시절의 경관을 남겨서 관광자원으로 활용하고 있는 태백시 철암동
　　　　　　　철암탄광역사촌, 2018년 12월

영주의 원도심 활성화 문제

　경상북도 영주역부터 봉화군 – 태백시 – 삼척시 – 동해시 – 강릉시
로 이어지는 영동선 철로 가운데, 영주역부터 봉화군 석포역까지의
구간에서 현재 열차 운행이 중단된 상황입니다. 2023년 7월에 폭우
가 내려서 노반이 상당히 붕괴하였기 때문입니다. 8월에 현장을 답
사해보니 상황이 매우 심각해 보였습니다. 붕괴한 노반과 산비탈을
모두 복구하기까지는 긴 시간이 필요할 듯했습니다. 이에 따라 봉화
군의 영동선 역 주변으로 형성되어 있던 역세권도 인구 유입이 끊겨
서 큰 영향을 미칠 것으로 예상합니다.

영주시는 원도심 활성화 문제로 고민을 많이 하는 도시입니다. 이에 대해 나름대로 노력을 많이 하고 있어서, 1941~73년 사이에 운영되던 옛 영주역 주변의 원도심 일부를 근대역사문화거리로 지정하기도 하고, 도시재생사업에 상당한 예산을 투입하기도 합니다.

하지만 이런 노력은 근본적인 한계를 보입니다. 1961년의 영주대수해 이후에 영주역을 지금의 위치로 옮기면서 옛 영주역 주변은 쇠락한 상태고, 원도심 서쪽을 흐르는 서천 너머에 택지지구를 개발하는 바람에 지금의 영주역 주변도 다소 쇠퇴 기미를 보입니다.

애초에 신도시를 개발한 뒤에 원도심 쇠락을 걱정하는 것은 선후관계가 뒤바뀐 아쉬운 행정이기는 합니다만, 복선전철 공사를 마친 뒤에도 영주역이 제자리를 지킬 예정이어서 영주역 역세권이 몰락하는 일은 없겠습니다. 또 한국철도공사 경북본부가 영주에 자리하고 있어서 철도의 도시 영주의 경제를 떠받들고 있고, 근대역사문화거리 주변에서 핫 플레이스화의 기미가 확인되는 것도 긍정적인 측면입니다.

사진 8　　　영주 원도심에서 서쪽으로 바라본 택지지구의 광경. 2020년 11월

안동시의 원도심 활성화 문제

동부 내륙 소권의 마지막은 안동시입니다. 앞서 말씀드린 대로 안동은 철도역과 버스터미널이 모두 도심 외곽으로 옮겨가면서, 원도심의 미래가 우려되는 곳입니다. 또, 예천군과 안동시에 걸쳐 조성된 경북도청신도시도 외부로부터의 접근성,[9] 내부 교통 등의 인프라[10] 등이 모두 미비하다는 지적을 받고 있습니다. 이렇다 보니, 2015년까지 2만 5000명 그리고 2027년까지 10만 명의 인구가 거주하도록 하겠다는 목표[11]와는 거리가 먼 2만여 명만이 2023년 현재 거주하고 있을 뿐입니다.[12] 충청남도청 소재지인 홍성군·예산군의 내포신도시도, 2015년도 목표인구 10만 명의 1/3인 3만여 명에 머물러 있지요.

지난 10~20년 사이에 정부와 지자체들이 조성한 신도시의 상황은 대체로 이렇게 비슷합니다. 지방 정부와 정치인들은 이런 상황이 인구 감소와 지역 소멸 때문이라고 주장하고, 더 많은 권한을 중앙정부에서 자신들에게 이양해달라고 요구합니다.

하지만 본질적인 문제는 다른 데 있는 것이 아닌가 하는 생각을 할 수밖에 없습니다. 과도한 성장 목표치를 설정하고, 정부 기관을 끌어들여서 인위적으로 경제를 부흥시키려 하고, 신도시를 개발하면 외부에서 시민들이 모여들었던 과거의 경험에서 벗어나지 못하고, 어디에서나 볼 수 있을 것 같은 공무원 취향의 도시를 만드는 바람에 도시들의 개성이 사라지는 게 문제입니다.

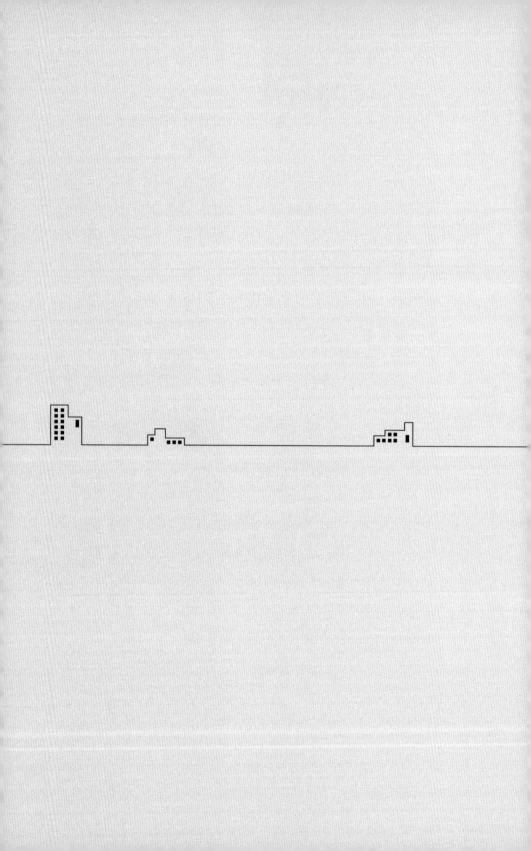

10장

동해안 소권

동해안 소권의 매력과 고민거리

　동해안 소권은 북쪽에서 남쪽으로 고성군-속초시-양양군-강릉시-동해시-삼척시-울진군-영덕군-포항시로 이어지는 곳으로, 경강선(강릉선) 개통, 동해선 열차의 순차 개통 등으로 전국적인 접근성이 좋아지고 있다는 것이 이 지역들의 장점입니다. 이 지역들의 관광지는 전국적으로 보아도 상위권에 들 만하지만, 그간 철도 교통이 좋지 않거나 없다 보니 접근성이 떨어져서 덜 알려졌었습니다. 1940년대에 공사가 진행되다가 중단된 동해중부선 구간이 실현된다면, 7번 국도로 이어져 있는 생활권이 더욱 활성화될 것으로 예상합니다. 또한 한국의 서부 지역이 고민하는 미세먼지 문제에서 상대적으로 자유롭다는 점도 동해안 소권의 매력입니다.

사진 1   제4차 국가철도망 계획에 보이는 동해안 지역의 철도 공사 현황

사진 2   1940년대에 공사가 진행되다가 중단된 동해중부선 노반을 활용한 레일바이크, 그리고 현재 공사가 진행되고 있는 동해선 철로. 삼척시 근덕면 초곡리. 2023년 4월. 류기윤 촬영

사진 3   강원도 고성군은 동해북부선이 운행되던 시기에는 철도의 도시였습니다. 2021년 3월

관광지와 거주지로서 괜찮을까?

경강선이 개통되면서 강릉이 더욱 주목받고, 양양에 이어 고성까지 핫 플레이스로 떠오르고 있습니다. 일찌감치 이 지역의 매력을 알고 있던 분들은 아쉬우실지도 모릅니다. 평소에 자주 가던 맛집이 방송을 타서 유명해지면 사람들이 몰려들어서 한동안 가지 못하는 경우가 있으니까요. 동해안 소권의 미래를 이와 마찬가지로 예상할 수 있습니다.

다만 이런 매력을 상쇄할 만한 고민거리도 있습니다. 기상 이변으로 산불이 점점 늘어나는 추세고,[1] 해안 침식도 점점 심각해지고 있어서[2] 관광지나 거주지로서 이 지역을 선택할 때 고려해야 할 사안이 늘어났습니다.

2023년 8월에 하와이 마우이섬에서 대규모 산불이 나면서 하와이의 관광업이 큰 타격을 입은 사례가 있습니다.[3] 특히 이번 화재로 고급 주택들이 피해를 많이 입었습니다. 2023년 4월의 강릉 산불 때에도 경포동의 아파트 근처까지 불길이 접근했습니다.[4] 최근 세컨드하우스 수요가 커지면서 강릉·속초 등의 아파트 가격이 상승하고 있는데,[5] 2023년에 강릉과 하와이 마우이섬에서 발생한 산불의 사례는 별장지로서의 동해안 소권의 미래를 생각할 때 중요한 참고가 될 것입니다. 앞으로도 동해안 소권에서 세컨드하우스 수요는 꾸준히 커질 예정이지만, 이 지역에서 집을 고를 때에는 산과 바다에서 너무 가까운 곳은 충분한 주의가 필요합니다.

사진 4   2019년에 일어난 산불로 초토화된 속초시 장사동 임야. 2021년 3월

    또한, 동해안 지역은 '태백산 공업지대'라고 불리며 식민지 시기 부터 형성되어온 유수의 공업지대입니다. 오노다시멘트를 이어받은 삼표시멘트 삼척공장[6]이 여전히 영업 중이고, 석회질소비료공장 및 삼척철도의 사택단지였던 '동해 구 삼척개발 사택과 합숙소'는 국가 등록문화재로 지정되었습니다. 고레카와제철을 이어받은 삼척의 삼 화제철소에서 사용하던 고로 가운데 일부를 포스코가 포항에 보존 하고 있기도 합니다. 현대 한국 정부도 동해시에 북평국가산업단지 를 조성했죠. 양양철광은 최근 채굴 작업을 재개하려는 움직임을 보 입니다.

    지금은 관광지라는 이미지가 강한 강릉도 한때는 탄광업이 성행 하던 광산촌이었습니다.[7] 얼마 전에는 강릉 옥계에 자리한 포스코

마그네슘 제련공장에서 페놀 유출 사고가 있었고,[8] 연약지반 문제가 제기되면서 결국 공장은 가동을 중단했습니다.[9] 강릉에서는 포스코 측에 신규 사업을 추진해 달라고 요구하고 있다는 소식도 들려와서,[10] 강릉이 관광뿐 아니라 산업 발전에 대해서도 여전히 의지가 있음을 알게 해줍니다.

사진 5   삼표시멘트(오노다시멘트) 삼척공장. 2023년 4월

사진 6 삼화제철소(고레카와제철)에서
사용하던 고로. 2014년 4월

사진 7 최근 채굴을 재개하려는
양양철광. 2021년 3월

동해안 소권의 발전 사업

이렇게 동해안 지역에 공업단지가 발달하다 보니 이 지역에는 전통적으로 전력 산업도 발달했습니다. 영동 지역의 탄전에서 캐내는 석탄으로 화력발전을 하는 것이 당연한 일이었죠. 1956~85년 사이에 삼척시에서는 삼척화력발전소가 운영되었고,[11] 지금도 GS동해전력(동해시 북평화력발전소), 강릉에코파워(강릉안인화력발전소), 삼척그린파워발전소, 삼척블루파워(삼척화력발전소)[12] 등이 자리하고 있습니다. 특히 삼척블루파워의 가동 여부 및 이 발전소에서 사용할 석탄을 하역할 항만 공사 등이 현지에서는 계속 논란이 되고 있습니다.[13]

또, 삼척에는 1980년대와, 2010년대의 두 차례에 걸쳐 원자력발전소를 건설하려는 움직임이 있었습니다. 2010년대에 원자력발전소를 세우려던 부지의 용처는 아직도 논란입니다.[14]

마이클 케나가 사진을 찍어서 세계적으로 유명해진 삼척시 원덕읍 월천리의 솔섬 북쪽으로 한국가스공사 삼척기지본부와 삼척종합발전일반산업단지가 들어서면서, 솔섬 주변 경관은 완전히 바뀌었습니다. 예전의 솔섬 주변 경관이 어떤 모습이었는지를 아는 분들 가운데에는 지금의 완전히 바뀌어버린 모습을 안타까워하는 경우도 많더군요. 저는 지금의 모습도 산업국가 한국을 상징한다고 생각해서 부정적이지는 않습니다. 또 이렇게 발전 시설들이 들어서면서, 배후 주거지역인 원덕읍내는 경제적으로 활성화된 모습을 보였습니다. 이처럼 발전 산업의 향방은 동해안 소권의 미래를 예측할 때 중요한 요소가 됩니다.

사진 8   삼척시에서는 신규 발전소 가동을 둘러싸고 충돌이 이어지고 있습니다. 2023년 4월

사진 9   발전소에서 사용할 항만이 건설되고 있는 맹방해수욕장. 삼척시 근덕면 상맹방리. 2023년 4월

사진 10   마이클 케나의 사진으로 유명해진 삼척시 원덕읍 월천리 솔섬. 2023년 4월

사진 11   발전 산업이 들어서면서 호황을 보이는 삼척시 원덕읍내. 2023년 4월

환동해 시대는 정말 올까?

한국의 어느 지역에서도 그렇습니다만, 동해안 지역에도 외국에서 온 '신 한국인'들이 많이 살고 있습니다. 그런데 동해시에서는 특히 러시아인들의 흔적이 많이 보입니다. 동해항-블라디보스토크항-사카이미나토항을 오가는 선편이 활발히 운행하던 시절에는 동해항과 동해역 주변에서 러시아인들을 쉽게 볼 수 있었습니다. 최근에는 우크라이나를 침략한 러시아가 국제적으로 제재를 받다 보니 이들의 모습이 뜸해졌죠.

러시아와의 교역이 활발해지면서 동해안 소권에는 '환동해 시대'라는 말이 유행하기 시작했습니다. 그 기원은 노태우 전 대통령 때인 1980년대 말까지 거슬러 갑니다. 북방외교로 소련 그리고 북한과의 교역이 시작된 것이죠. "멀게만 느껴졌던 소련과 중국이 성큼 우리 곁으로 다가서고 있다"[15]라는 1989년 1월 9일자 경향신문 기사에서는, 그 당시 동해안 소권의 분위기가 잘 느껴집니다.

| 사진 12 | 동해시에서 베트남인이 직접 만든다는 쌀국수 가게가 인상적이었습니다. 2023년 4월 |
| 사진 13 | 동해역 근처에는 러시아 및 중앙아시아인을 대상으로 하는 업소가 많습니다. 2023년 4월 |

이렇게 30여 년 전부터 유행하던 '환동해 시대'라는 개념은 최근까지도 이어져서, 2013년에는 동해안권경제자유구역이 지정되었고, '동북아 지중해'의 중심 도시가 되겠다는 구호를 동해안 소권에서 자주 접합니다.

하지만 이런 기대감은 처음부터 국제 정세의 변화에 매우 취약합니다. 그리고 이런 기대감에 편승한 토지 사기 사건이 최근에 발생하기도 했지요. 2023년에 드러난 망상1지구 사건의 배후에 동해안권경제자유구역청 인직원이 개입되어 있었는지, 아니면 동자청은 피해자였을 뿐인지는 아직 알 수 없습니다.[16] 하지만 신냉전이 시작된 지금, '환동해 시대'니 '동북아 지중해'라는 말에 현혹되지 말고 동해안 소권의 현 상황을 직시해야 이 지역의 미래를 정확히 예측할 수 있다는 사실을 이번 사건에서도 확인할 수 있습니다.

현재 동해안 소권이 안정적으로 교류할 수 있는 가까운 외국은 일본이 유일합니다. 하지만 일본과의 활발한 교역에 반대하는 시민들이 많은 한국의 현실을 고려한다면, 일본과의 교역이 동해안 소권에 '환동해 시대'를 가져올 촉매제가 되어줄지도 미지수입니다.

울진과 영덕의 가능성

경상북도 울진군은 원래 강원도에 속해 있었지만, 1962년에 경상북도로 소속을 바꾸었습니다. 그렇다 보니 울진군에서는 강원도와 영남의 경계적인 성격을 잘 느낄 수 있습니다. 울진군의 동해안 지역에서는 특히 평해읍 일대가 예전부터 항구 도시로서 발달했습니다. 시내를 걷다 보면 식민지 시기의 대형 창고나 현대 한국 시기의 영화관 건물 등을 볼 수 있어 예전의 번영을 느낄 수 있습니다.

또, 영덕군에서는 강구항[17]과 축산항이 특히 아름답고, 영해면도 영해읍성의 흔적 등이 관광자원이 될 가능성이 있습니다. 축산항에는 식민지 시기 공공시설 같은 건물이 있는데, 현지 분의 증언으로는 서울 사람이 사들였다고 합니다. 울진과 영덕은 포항·울산 등 영남 지역 사람들이 자주 찾는 곳이고, 동해선 열차가 완전 개통되면 전국적인 관광지가 될 것입니다. 축산항이 주목받으면 이 건물이 거점 시설로 사용될 테니, 눈 밝은 사람은 어디에나 있다고 생각했습니다.

사진 14 울진군 평해읍의 식민지 시기 목조 창고. 2023년 4월

사진 15 울진군 평해읍의 옛 영화관 건물. 2023년 4월

사진 16　　　　영덕군 축산항의 경관. 2023년 4월

사진 17　　　　고려시대까지 거슬러 올라가는 영덕군 영해읍성의 잔존부. 2023년 4월

최근 울진군을 답사했을 때에는 '울진 원자력수소 국가산업단지'[18] 후보지로 확정 발표된 것을 환영하는 플래카드가 많이 보였습니다. 울진에는 한울원자력발전소가 있다 보니 이렇게 국가산업단지를 유치할 수 있게 된 것입니다. 정말로 사업이 착공되어야 사업의 성패를 알 수 있겠지만, 울진을 비롯한 동해안 소권의 도시들은 공업과 관광의 균형을 잘 유지하는 것이 관건입니다. 부산의 해운대와 비교할 만큼 아름다운 맹방해수욕장에 항구가 건설되어 경관이 훼손된 전례가 더 되풀이되지 않았으면 합니다.

포항에서 울진·영덕으로 올라가는 바닷가는 아직 전국적으로 덜 알려져 있다 보니 참 한적하면서도 아름다운 바닷가 풍경이 남아 있습니다. 이런 지역들도 지금부터 신경을 써서, 펜션과 식당들이 무계획적으로 들어선 전국 여러 바닷가의 전례가 발생하지 않도록 해야 합니다.

11장
전북 서부
소권

좌절된 서해안 공업 벨트

전북 서부 소권은 새만금 간척지에서 전주에 이르는 전라북도 서부 지역을 중심으로, 충청남도 서해안 일부 지역과 전라남도 서해안 일부 지역까지 포함합니다.

전북 서부 소권의 특징은, 100여 년에 걸친 간척 사업으로 넓힌 땅을 농업이 아닌 공업용도로 사용하려다 좌절된 역사를 지니고 있다는 것입니다.

식민지 시기에 군산항을 중심으로 산업이 발달했고, 1936년에 충청남도 서천군 장항읍에는 조선제련주식회사가 건설되었습니다. 이른바 장항제련소입니다. 식민지 시기에 이 두 지역, 흔히 군장 지역이라 부르는 두 곳을 중심으로 나타난 산업벨트의 가능성을 이어받은 것이 1966년에 서천군 비인면에서 착공된 비인공단입니다. 이 사업의 개요는 건설부가 1966년에 작성한 『군산 – 서해안 지역 건설종합계획 조사보고서』에 상세히 실려 있습니다. 이를 살펴보면 식민지

시기에 군장 지역에서 계획되었던 사업들이 부활했음을 알 수 있습니다.[1]

하지만 비인공단은 착공을 했음에도 결국 좌절되었습니다. 이 책의 제1부 제4장에서 말씀드렸듯이, 비인공단과 시가지에 들어올 예정이었던 비인선 철도도 지금은 서천군 곳곳에 흔적만을 남기고 있을 뿐입니다. SOC 사업에 대한 공약은 신중에 신중을 더해서 받아들여야 한다는 교훈을 준 대표적인 사업입니다.

서천군 비인읍에 들어설 예정이던 비인공단이 좌절된 뒤에도 장항읍의 장항제련소는 가동을 계속했습니다. 한편 금강 남쪽의 군산 서부 간척지에는 1987년부터 군산국가산업단지가 건설되기 시작했습니다. 그리고 2년 뒤인 1989년에는 충청남도 서남부와 전라북도 서북부를 이어 산업벨트를 만드는 군장산업기지 구상이 등장합니다.[2] 지금은 군산2국가산업단지로 이름을 바꾼 이 군장산업기지를 건설하기 위해 비응도·오식도 등이 매립되었습니다.

현재 군산산단과 제2산단은 인공적으로 매립한 땅이 서해안으로 튀어나온 형태를 띠고 있습니다. 그 북쪽의 충청남도 쪽 바다에는 개야도·죽도 등의 섬이 점점이 박혀 있습니다. 원래는 이 충청남도 쪽 바다도 장항에서부터 매립될 예정이었습니다. 건설부가 1989년에 제작한 『군장 산업기지개발조사설계용역 착수보고서』에 매립 계획의 실체가 극명히 드러나 있습니다. 이 시기에 북방정책을 추진하던 노태우 정부가 '서해안 시대의 전진기지'[3]로서 이 군장산업기지를 개발하려 한 것입니다.

3.4.3 主要立地機能檢討 및 用途別 開發構想

1) 主要機能의 配置構想

■ 旣存案의 檢討

○ 群·長廣域産業基地開發計劃은 대규모 産業團地와 新市街地에 대한 段階別 開發計劃에 구상된바 있으나 工業專用港灣機能이 고려되지 않은 點에 대하여 再檢討 계획하도록 한다.

○ 또한 旣存計劃案의 檢討時에는 段階別 開發計劃과 港灣導流堤와의 相互連繫性이 提高될 수 있는 側面에서 檢討되도록 한다.

○ 이와같은 旣存計劃案에 대한 檢討는 開發對象地에 대한 水理模型實驗등을 거치지않는 平面的인 計劃이었는바 充實한 基礎調査分析에 의해 物理的인 側面에서 검토되도록 하되 工業專用港檢討時 3個이상의 代案을 비교 분석한 후 選定토록 한다.

産業基地開發計劃(案)

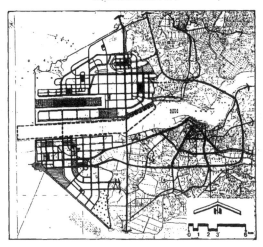

사진 1   『군장 산업기지개발조사설계용역 착수보고서』(건설부, 1989)에 실려 있는 산업기지 개발계획

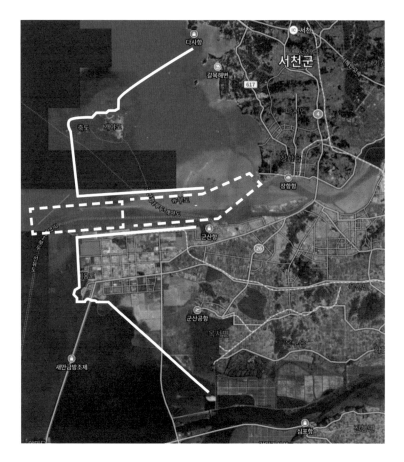

사진 2　　　현재의 위성사진에 1989년의 개발 예상도를 겹쳐보았습니다. 네이버맵, 필자 제작

　하지만 이 군장산업기지 개발계획은 오늘날 볼 수 있듯이 전라북
도 군산 쪽만 완성된 채로 중단되어버렸습니다.

　이 사업이 좌초된 데에는 여러 원인이 있겠습니다만, 장항제련소
를 중심으로 한 장항 쪽의 산업 기반이 점차 약화된 것도 그 원인 가

운데 하나일 것입니다. 장항제련소가 일으키는 환경문제가 워낙 심하다 보니 이곳은 점차 사업 규모를 축소하게 됩니다.[4] 주변 마을은 모두 철거되었고 주민들은 이주되었습니다. 지금도 주변 토양에서는 환경 정화작업이 이어지고 있습니다. 지금도 장항제련소와 장항항 주변에는 풍농장항공장단지, 백광소재 장항공장 등이 자리하고 있기는 하지만, 공단이라고 부를 정도의 규모는 아닙니다.

만약 비인공단이 계획대로 완공되었다면, 서천군 북쪽의 비인공단, 남쪽의 장항제련소 및 관련 공단, 군산공단으로 이어지는 공업벨트가 형성되었을 가능성이 있습니다.

사진 3·4 2008년과 2023년의 위성사진을 비교하면, 장항제련소 주변 마을들이 철거되었음을 확인할 수 있습니다. 카카오맵

서해안 시대는 올까?

공업벨트의 가능성이 사라진 시점에 본격적으로 주목받은 것이 새만금 간척지입니다. 새만금 간척지는 식민지 시기에 아베 후사지로가 주도한 김제군 광활면 간척 및 1960년대의 계화도 간척을 이어받아 규모를 확장한 것입니다.[5] 행정의 연속성을 보여주는 대표적인 사례 가운데 하나죠. 또, 한번 시작한 사업을 멈추지 못하고 사업 목적을 계속 바꾸면서도 사업 자체는 계속 진행되었다는 점에서는 경로 의존성을 보여주는 사례이기도 합니다.

전라북도 측이 새만금 간척지에 주목한 초기까지도 충청남도 서천군과의 협력에 대한 의지는 여전히 남아 있었습니다. 새만금광역시를 만들자는 구상에 서천군이 포함된 것이 그런 상황을 보여줍니다.[6] 군산과 서천 장항읍이 워낙 예전부터 하나의 생활권이다 보니, 장항과 군산을 떼어서 사업을 추진한다는 것이 현지 분들에게 낯설게 받아들여졌던 것 같습니다.

사진 5   1960년대에 추진된 계화도 간척지에 남아 있는, 동진농지개량조합이 조성한 양수장.
2022년 4월

사진 6   새만금 간척지의 전모. 2021년 10월 류기윤 촬영

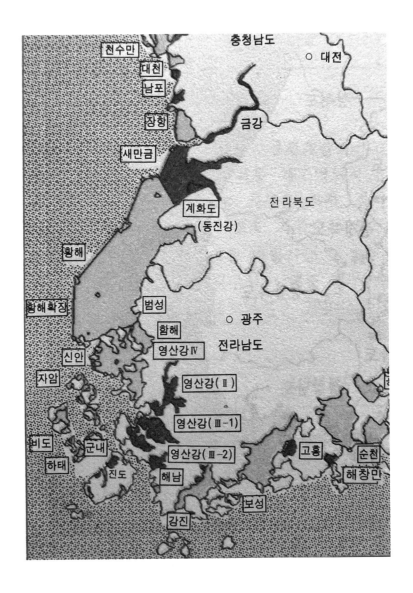

사진 7 『한국의 간척』(농산어촌진흥공사, 1996)에 실린 〈서남해안 간척자원도〉. 계화도 → 새만금 → 황해확장으로 이어지는 대간척계획이 추진되었지만, 시화호와 새만금 간척지 사업을 추진하는 중에 간척 사업에 대한 비판이 심해지면서 중단되었습니다.

충청남도와 전라북도에 걸쳐 산업단지를 조성하는 계획을 중단하고 전라북도 단독으로 새만금 간척지에 공업단지를 조성하는 계획에 대해, 호남 지역에서는 반가워하는 목소리가 들립니다. 물론 성격이 다른 지자체들이 협력하는 것은 쉽지 않은 일이었겠지만 여러 지자체가 협력하는 형태를 갖추었다면 리스크가 분산되어 국가적 차원의 지원을 얻는 데에도 더욱 명분이 생겼을 터입니다.

충청남도와 경기도가 공동으로 추진하고 있는 '베이밸리 메가시티' 구상도, 이게 과연 '메가시티'인지는 개인적으로 의문이기는 합니다만, 서로 관할 구역도 다르고 소속 정당도 다른 지자체장들이 협력하는 모습이 사업 추진에 큰 힘이 되고 있습니다. 이와는 반대로 전라북도 안에서만 새만금산단을 추진하다 보니, 2023년 8월의 새만금 잼버리 파행 뒤에 전라북도라는 하나의 지자체에 전국적인 비판이 쏠리는 결과를 낳기도 했습니다.

신냉전 시대의 지정학적 요충지

군장산업기지와 새만금산단 모두 '서해안 시대'의 전진기지라는 명분을 내세우고 있습니다.[7] 앞서 살펴본 대로 이 '서해안 시대'라는 슬로건은 노태우 정부의 북방정책이 추진되던 1980년대 말에 유행했습니다. 이에 따라 충청남도와 전라북도의 서해안 지역에 공장이 잇따라 건설되었죠. 1988년에는 삼성종합화학이 충청남도 서산에 대산공단[8]을, 1989년경에는 한보철강이 충청남도 당진에 공장을 지었습니다. 한보철강은 훗날 현대그룹에 인수되어 현대제철이 되었죠. 매일경제의 연속 기획 기사 「서해안 시대 청사진을 펼친다」[9]가 보여주듯이, 이 시기에는 언론에도 '서해안 시대'라는 말이 자주 등장했습니다.

하지만 같은 시기에 유행했던 '환동해 시대'라는 말과 마찬가지로, '서해안 시대'도 몇십 년째 온다 온다 하는 말만 나올 뿐, 정말 서해안 시대가 도래해서 동남권 메가시티와 같은 콤비나트가 서해안에 형성되었다는 소식은 듣지 못하고 있습니다. 왜냐하면, 서해안은 한국을 비롯한 서방 진영이 북한·중국 등의 권위주의 국가와 맞서는 최전방이기 때문입니다.

광복 이후 인천에는 애스컴 시티라 불리는 대규모 미군 부대가 주둔했습니다. 애스컴 시티의 마지막 부대인 캠프 마켓은 2023년 9월 현재도 인천에 남아 있지요. 인천 원도심의 남쪽 끝인 문학산에는 캠프 인터셉트 등도 주둔하고 있었습니다. 또한, 충청남도에서 전라북도, 그리고 전라남도의 서해안에 걸쳐 여전히 미군 공군이 주둔하고 있는 것도 같은 이유 때문입니다.

2023년 8월에 광주 상무지구를 답사했을 때, 광주공항에서 쉴 새 없이 전투기가 이착륙하는 모습을 보았습니다. 광주공항 역시, 군산공항과 마찬가지로 중국으로부터 한국을 비롯한 서방 국가를 지키는 최전방 부대로서 기능하고 있습니다. 사정이 이렇기 때문에 서해안 시대를 내세워 서해안 지역에서 중국과 협력 사업을 추진하는 데에는 근본적인 한계가 존재합니다.

사진 8   애스컴 시티의 마지막 흔적인 캠프 마켓. 2023년 9월

사진 9   미군 유류창[10]이 있던 문학산 근처에 만들어진 옥련국제사격장. 2023년 8월

사진 10   전라북도 김제시에 자리했던 미군 부대 주변의 기지촌. 2021년 4월

    미국의 인플레이션감축법(IRA) 규제를 피하려는 중국 기업들이 합작회사를 만들어 새만금공단에 입주하려 한다는 소식이 많이 들립니다.[11] 하지만 미군의 군사 공항인 군산공항을 확장했다는 측면이 있는 새만금공항으로 중국인들이 대규모로 입국하고, 군산공항에 인접해 있는 군산공단·새만금공단에서 활동하는 데에는 큰 제약이 따를 것입니다. 즉, 새만금공단은 신냉전 하의 지정학적 게임 한가운데 놓이게 된 것입니다.[12] 반드시 지정학적 불안정 때문이 아니더라도, 중국 내부의 불안정성으로 사업이 좌초한 무안기업도시의 사례도 존재합니다.[13]

군산공단으로 예측하는 새만금공단의 미래

한편, 많은 사람이 새만금이라는 지역이 얼마나 넓은지 잘 모르는 것 같습니다. 새만금 간척지는 서울시 전체의 3분의 2 넓이인 4만 100ha입니다.[14] 서울시를 생각할 때 동남쪽의 강남과 서북쪽의 은평구를 한꺼번에 묶어서 왈가왈부하는 것은 대단히 거친 접근입니다. 또, 용인시(591.3km²)가 서울시(605.2km²)와 거의 비슷한 규모라는 것을 모른 채로 "용인은 어떻다"라고 접근하면 안 됩니다. 수지구와 처인구의 상황이 얼마나 다릅니까. 그러니 새만금도 구역별로 나누어서 생각해야 낭패를 보지 않습니다.

새만금 간척지 북쪽에는 군산공단이 확장된 새만금공단에 자리하고 있습니다. 군산공단은 원래 북쪽으로 충청남도 서천군과 함께 군장공단이 될 예정이었지만, 방향을 틀어 남쪽으로 향하는 모양을 띠고 있습니다. 따라서 이 새만금공단의 미래를 예측하려면 군산공단의 상황을 알아야 합니다.

군산공단에는 현대중공업 군산조선소가, 2017년에 조업을 중단했다가 2023년에 가동을 재개했지만, 아직 예전의 규모를 회복하지는 못했습니다. GM 공장도 폐쇄되었죠. 명신이라는 기업이 GM 군산 공장을 인수했지만, 초기부터 중국 기업의 교두보를 제공해준 것이 아니냐는 지적을 받았고,[15] 그 후에도 중국 완성차를 수입 판매만 할 뿐,[16] 옛 GM 공장에서 차량을 생산하는 모습을 보이지 않는다는 지적을 받고 있습니다.[17]

옛 GM 공장의 그간 동향과 마찬가지로, 군산공단의 확장이라는 성격을 띤 새만금산단도 중국과 관련 있는 기업들을 유치하면서 활로를 모색하려는 움직임을 보입니다.[18] 새만금산단에 진출할 것인지, 이곳에 진출한 중국 관련 기업들에 투자할 것인지는 물론 개인의 자유입니다. 해야 한다, 하면 안 된다는 당위의 문제가 아니라, 진출·투자해서 이익을 얻을 수 있는가가 핵심이라는 거죠.

중요한 건 새만금이 지정학적 갈등의 최전선이라는 사실을 인식하고 있어야 한다는 것입니다. 2020년대 들어 신냉전이 본격화된 상황에서, 중국에 의존하는 서해안 시대가 온다거나 새만금산단이 그 서해안 시대의 전진기지가 될 것으로는 보이지 않습니다. 실제로 군산산단·새만금산단에 투자하겠다고 밝혔던 많은 기업이 최근 투자 의사를 철회하고 있어서[19] 저처럼 우려하는 분들이 많습니다.

2023년 7월에 정부가 새만금산단을 이차전지 국가첨단전략산업 특화단지로 지정했습니다.[20] 정세균 전북 이차전지 특별위원회 명예위원장은 "현재의 여건이나 경쟁력보다도 미래의 가능성 때문에 선정이 됐다"[21]라고 발언했듯, 새만금은 언제나 현실보다는 가능성이 언급되는, "정권 따라 춤추는"[22] "긁지 않은 복권"[23]이었습니다.

언제나 가능성의 영역으로만 남아 있는 새만금 간척지가 아니었다면, 군산산단과 군산항의 규모를 늘리는 것 같은 현실성 있는 사업을 전라북도가 좀 더 적극적으로 추진할 수 있었으리라 생각합니다. 새만금 방조제, 새만금신항, 새만금 동서도로 등의 관할권을 놓고 김제시와 감정싸움을 벌이고 있는 군산시 측의 심정도 이해되는 바입니다.

새만금 간척지 서부와 남부

새만금 방조제가 놓이면서 낙도에서 뭍으로 바뀐 고군산열도는 1970년대에는 원유비축기지 후보로 거론되는 지역이었습니다. 하지만 결국 이 구상은 철회되었고, 아산만에 건설될 뻔한 제2제철도 남해안 콤비나트의 중심인 광양에 건설되었습니다. 그 배경에는 서해안 지역에 콤비나트를 형성하는 것이 어렵다는 판단이 있었을 것입니다.

그 대신 고군산열도는 새마을운동의 모범 사례로 거론되며 어촌마을의 모습으로 남겨졌고, 그 덕분에 오늘날 관광지로 주목받고 있습니다. 하지만 현재 고군산열도, 특히 그 초입에 자리한 신시도는 다소 난개발되고 있는 모습입니다. 새만금 방조제를 놓으면서 신시도가 뭍에 편입될 것이라는 사실을 충분히 예상할 수 있었던 만큼, 처음부터 난개발을 막고 계획적으로 관광단지로 개발했다면 지금보다 더욱 매력 있는 관광지가 되었을 것입니다. 매장들이 시끄럽게 음

악을 틀어 놓고, 울퉁불퉁한 도로 위로 차량과 사람이 엉켜 있는 신시도 초입의 모습을 보면서, 새만금 간척지의 미래를 둘러싼 난맥상을 떠올렸습니다.

고군산열도에서 새만금 방조제를 따라 동남쪽으로 향하면 새만금신항과 스마트 수변도시 부지가 나타납니다. 이 스마트 수변도시 부지에는 2020년대 중반까지 2만 5000명이 거주할 도시의 기반 공사가 끝난다고 주장되고 있습니다.[24] 제 상상력이 부족해서인지 이 텅 빈 땅에 어떤 도시가 만들어질지 그림이 그려지지 않았습니다. 경상북도청신도시 인구도 2만여 명에 머물러 있는데, 하물며 새만금에 인구 2만 5000명의 도시가 탄생할 수 있을까요. 탄생한다고 하더라도 전라북도 농촌 마을들의 인구를 온전히 남겨둔 채 전라북도 바깥에서만 주민을 데려오는 것이 가능할지 의문입니다.

사정이 이렇다 보니, 전라북도에서는 공공기관을 스마트 수변도시로 옮기자는 주장도 나옵니다.[25] 하지만 경상북도청신도시나 충청남도청이 자리한 내포신도시의 인구 상황을 참고하면, 몇몇 공공기관 정도가 아니라 전주의 전라북도청이 통째로 옮겨와야 목표인구에 도달할 수 있을 겁니다.

전라북도에서는 새만금 메가시티를 만들자는 주장이 나오고 있습니다.[26] 하지만 군산 26만, 김제 8만, 부안 5만 미만, 합쳐서 40만이 안 되는 도시를 메가시티라 부르는 게 합당할지 모르겠습니다. 비슷한 인구 규모의 세종특별자치시를 모델 삼아서 새만금특별자치시를 지정하는 것이 현실성 있다고 생각합니다.

사진 11   새만금신항 공사현장. 2023년 6월

　2023년 8월에 잼버리대회가 열린 새만금은 새만금신항과 스마트 수변도시가 건설 중인 김제시의 영역보다 더 남쪽에 자리하고 있습니다. 이 지역은 국제협력용지와 관광레저용지로 지정되어 있는데, 사업자가 나타나지 않아서 오랫동안 어려움을 겪었습니다.[27] 그렇다 보니 모 기업이 투자를 검토한다는 식의 뉴스도 흘러나오고는 했죠.[28]

　새만금 간척지의 남쪽에 잼버리대회를 유치하기로 한 것도 이즈음의 일이었습니다. 전라북도청이, 2018년에 출판한 『2023년 새만금 제25회 세계스카우트 잼버리 유치 활동 결과보고서』에는 잼버리대회를 유치한 이유가 "새만금 개발의 조속한 추진이 필요했기 때문"이라고 명확히 밝혀져 있습니다. "국제공항 건설 및 SOC 구축 등 새만

금 내부 개발에 박차를 가할 명분이 필요했다"[29]는 것이죠.

이렇게 열린 잼버리대회는 파국을 맞았습니다. 전라북도의 어느 언론은 이런 상황을 "새만금의 악몽"[30]이라고 표현했습니다. 새만금을 위해 전세계 4만여 명의 청소년을 희생시킨 것입니다.

절대 계획적으로 개발되고 있다고는 말할 수 없는 고군산열도의 상황과 잼버리대회를 둘러싼 난맥상을 보면서, 이 정도의 사업도 계획적으로 추진하지 못하면서 2만 5000명이 사는 도시를 새만금 간척지에 만들 수 있다는 말을 믿기 어렵습니다. 또 다른 전라북도의 언론은 "부정적 이미지만 덧칠해"진 "새만금이란 지명을 다시 쓸 수 있을지조차 걱정"[31]이라고 말했습니다. 안타깝습니다.

불타오르나, 새만금?

군산산단과 바로 붙어 있는 새만금산단의 빈땅에 이차전지 공장이 지어진다는 소식을 듣고 현장을 찾아갔습니다. "불타오르네! 새만금"이라고 적힌, 아파트를 판매하는 내용의 플래카드가 걸려 있더군요. 이런 분위기를 전하는 언론 보도만 단편적으로 접하신 분들이 저에게 "정말로 요즘 새만금이 핫하냐?"라고 많이 여쭤보셨습니다. 물론 잼버리대회가 열리기 전까지 말이죠. 그때마다 저는 직접 새만금에 가보시라고 말씀드리고는 합니다.

사진 12   "불타오르네! 새만금"이라고 적힌, 아파트를 판매하는 내용의 플래카드, 2023년 6월

사진 13   수십 년간 완공되지 못하고 있는 새만금-포항 고속도로, 2023년 6월

사진 14   이차전지 공장 건설 예정지에서는 군산산단이 보입니다. 2023년 6월

새만금의 불안한 미래

새만금 간척지 준공기념비는 간척지를 만들겠다는 목적만 남고, 만들어야 하는 이유는 없는 현재 상황을 잘 보여주는 상징입니다. "대한민국 녹색 희망"이라고 이명박 전 대통령이 휘호한 기념물에는 들판, 골프장, 풍력발전기가 새겨져 있습니다. 잔디 관리를 위해 대량의 농약을 사용하는 골프장은 절대 친환경적인 스포츠는 아니죠.[32] 게다가 조류·곤충에 막대한 피해를 주는 풍력발전기까지.[33]

지난 몇 년간 전국 구석구석을 답사하면서 풍력발전·태양광발전이라는 탈원전 산업을 추진하다가 생태계뿐 아니라 농산어촌의 시민들이 피해를 입는 상황을 목격해왔습니다.[34] 태양광 사업을 추진

하면서 산사태가 일어나고 외지인들이 마을을 파괴한다며 반대하는 플래카드를 전국 곳곳에서 확인했습니다. 탈원전 사업을 추진하는 과정에서 상당한 비리가 있었던 사실도 속속들이 밝혀지고 있으며,[35] 새만금 해상풍력 사업에서도 비리 의혹이 제기되고 있습니다.[36]

전라남도 해남군은 태양광단지를 기반 삼아 솔라시도 기업도시를 사우디아라비아의 네옴시티에 맞먹는 형태로 건설한다는 계획을 세우고 있습니다.[37] 그러나 이 사업의 향방을 잘 들여다볼 필요가 있습니다.[38] 지금 단계에서는 골프장을 비롯한 관광단지 정도는 실현될 것으로 예상합니다. 태안기업도시[39]나 진해 웅동지구[40] 같은 사례를 떠올릴 수 있습니다. 하지만 조감도에 보이는 '고밀공동' 단지 등이 솔라시도에 건설될지는 의문입니다.

해남군과 전라남도는 솔라시도에 데이터센터를 유치해서 고급 인력을 유치하고 산업단지를 조성하겠다고 합니다.[41] 서해안 지역에는 발전 시설이 다수 있어 이 지역들에 데이터센터가 유치된다면 이상적입니다. 무엇보다 고압송전탑을 덜 세워도 되니까요. 문제는 데이터센터의 고객 기업과 데이터센터에서 근무하는 인력이 모두 대서울권에서 벗어나지 않으려 한다는 것입니다.[42] 김해시도 제2데이터센터 유치에 실패했고,[43] 대서울권의 핵심에 있는 안산·시흥[44]·김포[45] 그리고 전남서부소권의 거점 도시인 광주광역시[46] 등도 데이터센터에 열의를 보입니다. 이런 상황에서 솔라시도 기업도시가 데이터센터를 통해 활성화를 꾀하겠다는 비전을 뒤늦게 내놓은 것인데, 쉽지 않은 싸움이 될 것으로 예상합니다.

사진 15   태양광발전소에 반대하는 강원도 화천군 상서면 봉오리 주민들이 내건 플래카드.
2018년 7월

사진 16   마을을 포위하고 있는 풍력발전기. 전라남도 영광군 백수읍. 2022년 11월

사진 17 태양광 패널을 중심으로 도시를 만들어 인구를 증가시키겠다는 전남 해남군 솔라시도시티. 2023년 2월 류기윤 촬영

사진 18 솔라시도시티 계획 가운데 골프장 정도는 실현될 것으로 예상합니다. 하지만 '고밀공동' 단지 등이 건설될지는 의문입니다. 2023년 2월

전북 서부 소권을 중심으로 한 서해안 지역에는 화력·풍력·원자력발전소가 골고루 자리하고 있습니다. 이 발전소들은 지역 세수를 확보해준다는 측면, 그리고 주민들에게 불안감을 제공한다는 측면이 동시에 존재합니다.[47] 그래서 발전소를 폐지하자는 움직임이 활발한 한편으로, 발전소에 종사하는 인력과 발전소 관련 경제권에 속하는 시민들에 대한 대책도 논의되고 있습니다.[48] 솔라시도시티와 같이 발전소를 기반으로 지역 경제를 활성화하고 인구를 늘리겠다는 구상을 불안하게 바라보는 이유입니다.

사진 19   비인공단 기공식이 열린 충청남도 서천군 서면 도둔리 서도초등학교 앞바다에서 바라본 한국중부발전 신서천발전본부. 2019년 10월

사진 20 당진화력. 2022년 2월

　새만금은 과연 어떤 결말을 맺을까요? 무리해서 목표 인구를 달성하기 위해 강제적으로 공공기관 등을 이전시켰다가는 새만금 잼버리의 파국이 반복될 우려가 있습니다. 새만금산단은 군산산단의 확장으로서 살아남겠지만, 군산산단의 불황을 우선 해결해야 합니다. 농업용지에 대기업의 참여를 허용한다면 새만금 간척지 전체에도 긍정적인 미래를 열어줄 것으로 기대합니다. 관광 레저타운 조성도 가능하겠지만, 친환경을 내세운 새만금 간척지에서 환경에 나쁜 영향을 주는 골프장 등은 지양해야 할 것입니다.

　위와 같은 용도로 사용되는 부지를 제외한 나머지 간척지는, 역간척 사업을 통해 결국 바다로 다시 바뀔 것으로 예상합니다.

사진 21　　　의문으로 가득한 새만금 간척지의 미래를 압축적으로 보여주는 새만금 간척지
준공기념비, 2023년 6월

전북 서부 소권 도시들의 미래

익산에 대해서는 중부권 메가시티를 말씀드릴 때 함께 소개했으므로 여기서는 생략합니다.

군산 원도심 지역에는, 제가 처음 군산에 간 1990년대 말까지도 더 많은 근대 건축물과 도시 경관이 남아 있었습니다. 그 가운데 상당수가 철거된 뒤에 군산 원도심이 관광지로 부상한 것이 안타깝습니다. 근대 건축물과 도시 경관은 군산보다 목포에 더 잘 남아 있지만, 대서울권과의 접근성에서 군산이 목포보다 낮기 때문에 앞으로도 근대 관광지로서의 군산의 지위는 유지될 것으로 예상합니다.

이런 맥락에서, 군산에 많이 형성되었다가 이제는 거의 사라진 6·25 전쟁 당시의 피난민촌에 주목할 필요가 있습니다. 가장 유명한 피난민촌은 해망동[49]·장미동[50] 등에 있다가 거의 모두 사라졌습니다. 하지만 경암동 철길마을을 지나 군산역으로 향하는 구암동 등에는 피난민촌 등이 아직 남아 있습니다.[51] 이 지역은 재건축될 가능성이 큽니다만, 군산에서 피난민촌의 흔적이 완전히 사라지기 전에 문화자원으로서 좀 더 관심을 가질 필요가 있어 보입니다.

　김제시 동부에 자리한 금구면에서는 전주비행장에서 이착륙하는 전투기 소리가 아주 잘 들립니다. 전주비행장이 전주 시내의 송천동에서 외곽의 도도동으로 옮겨져, 행정구역만 전주이지 그 소음은 이웃한 익산과 김제가 받는 것입니다. 항공대대를 내보낸 땅에 전주는 택지개발을 하고 있지요.[52] 전라북도에서 전주가 지니는 위상을 보여주는 사례입니다.

사진 22　　경암동 페이퍼코리아선. 2007년 4월

사진 23　　경암동 철길마을. 2021년 5월

사진 24 　　　 구암동 피난민촌. 2020년 11월

대구경북통합신공항이 만들어질 경상북도 군위군과 의성군도 이런 상황에 부닥칠 상황이었기 때문에, 역으로 적극적인 공항 유치를 통해 최대한 혜택을 받자는 전략을 취했습니다만, 갈등은 이어지고 있습니다.[53] 전라남도 함평군 역시 광주 군 공항이 무안공항으로 옮겨온다면 소음권에 들어오게 되어서, 차라리 군 공항을 받고 광주광역시에 편입되자는 전략을 세운 상태입니다.[54]

전주는 이처럼 항공대대를 내보낸 자리에 에코시티라는 이름의 택지개발을 하고 있고, 완주군과 함께 혁신도시도 건설했습니다. 특히 전주완주혁신도시는 전주 도심에서 너무 멀고 대중교통 시스템이 잘 갖춰져 있지 않다 보니, 혁신도시에 정착을 원하는 공공기관 직원들도 애로사항을 호소하는 실정입니다. 이런 문제들을 인식한

전주시에서도 최근에는 외곽 택지개발을 지양하고 기자촌 같은 시
내 지역의 재건축, 그리고 대한방직 부지 등의 개발에 힘을 쏟고 있
습니다.

사진 25   항공대대가 빠져나간 자리에 조성되고 있는 에코시티, 2023년 6월

| 사진 26 | 전주완주혁신도시의 서쪽 끝에서 동쪽 끝을 바라본 모습. 사진 오른쪽의 산을 넘어야 전주 시내가 나옵니다. 2023년 6월 |
| 사진 27 | 철거가 거의 끝난 전주 기지촌 마을. 2023년 6월 |

사진 28   전주 도심에 큰 규모로 자리하고 있는 대한방직 부지. 전주시 측에서는 이 부지의
개발에 큰 관심을 두고 있습니다. 2023년 6월

　부안군의 변산반도와 고창군의 선운산 사이에 자리한 줄포만(곰소만)은 간척 사업이 중단되면서 그 아름다운 모습을 유지할 수 있었습니다. 한때 운송과 교역의 중심지였던 줄포는 이제 옛 영화를 잃었지만, 고즈넉한 마을 경관 그 자체가 관광자원이 될 것으로 기대합니다.

사진 29   고창군 심원면에서 바라본 부안군 변산반도. 2022년 11월

사진 30   고창군에는 풍부한 건축·토목 자산이 남아 있습니다. 2022년 11월

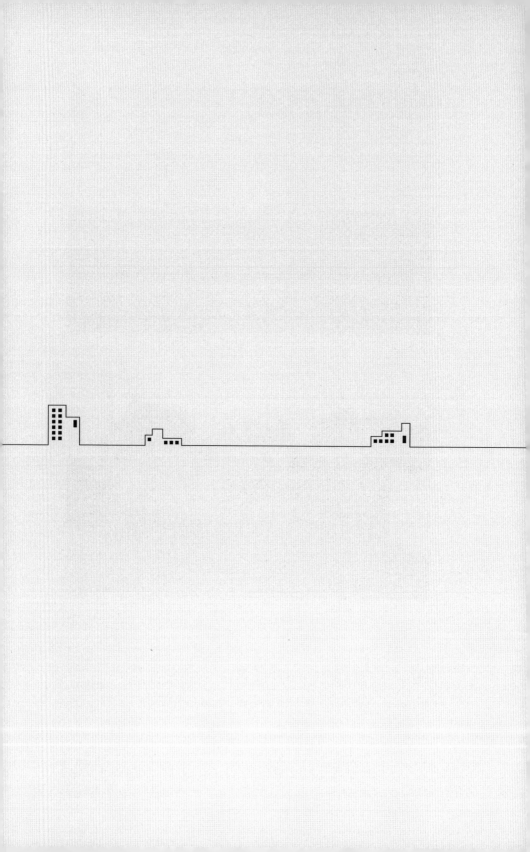

12장
전남 서부
소권

광주권

전라북도 고창군·부안군과 경계가 맞닿아 있는 영광군은 영광 굴비로 유명합니다. 답사한 날 저녁에도 근처 식당에서 가성비 좋은 굴비 정식을 먹었죠. 그때 본 법성포의 석양이 참 아름다웠습니다. 굴비만이 아니라 법성포 자체도 관광지로서 개발될 여지가 크다고 느꼈습니다.

영광군에서 광주로 가는 도중에는 장성군이 있습니다. 장성군도 여느 농촌 지자체와 마찬가지로 인구가 줄어들다가, 최근 인구 증가 추세로 전환될 것이 예상됩니다. 광주첨단과학산업단지 1·2단지에 이어 3단지가 광주와 장성에 걸쳐 조성되고 있습니다. 이 사업의 영향으로 인구가 증가할 것으로 보는 것이죠.[1] 3단지는 장성군의 중심지인 장성읍과는 산으로 가로막혀 있어서, 이 지역의 인구가 늘어나면 장성군으로서는 이 지역이 광주와 연담화되는 것을 어떻게 관리할지 진지하게 고민하게 될 것입니다.

사진 1　　　영광군 법성포는 참 아름다운 포구 마을이었습니다. 2022년 11월

　한편 광주와 가까운 지역이 아닌 장성읍 지역은 도심 한복판에 시멘트 공장이 있어서 시민들이 불편을 호소해왔습니다. 2023년에 공장을 옮기기로 하면서 장성읍내에도 변화가 일어날 것으로 예상합니다.[2]

　담양군도 담빛문화지구를 택지개발하면서 광주 등에서 인구가 유입되고 있고,[3] 화순군도 광주 도심과 출퇴근하기 편해서 인구가 증가하고 있습니다.[4] 서울의 높은 주거 비용 등에 따라 경기도에서 주거지를 잡는 시민들이 늘어나면서 서울의 인구가 줄고 경기도의 인구가 늘어나는 추세인데, 광주와 주변 군 지역들도 마찬가지 양상을 보입니다.

　화순군은 그간 경제 중심이던 탄광이 폐업하면서 주변 지역의 인구 감소가 예상되는 반면, 광주에 가까운 쪽에서는 인구가 늘고 있어서, 장성과 마찬가지로 군 내부에서 정치적 역학 관계가 어떻게 변화할지 주목됩니다.

사진 2   화순역 앞에 들어선 고층아파트단지, 2022년 8월

장성과 공동으로 첨단과학산업단지가 들어선 광주 첨단지구는, 최근 들어 광주 최대의 상권으로 부상하고 있습니다. (주)시너지타워가 첨단지구에서 여러 개의 건물을 세워 시너지타운을 형성한 것입니다.[5] 아우어 베이커리 등 2023년 시점에는 핫한 매장도 입점해 있어서, 확실히 핫 플레이스가 맞구나 싶었습니다. 대형 건물 안에 여러 업체가 입점해 있는 게 아니라 여러 건물에 콘셉트별로 매장이 모여 있는 개념의 상권이어서, 궂은 날씨에는 건물들을 옮겨 다니는 게 어떨지 궁금해지기는 했습니다.

사진 3   광주 첨단 시너지타운. 2023년 8월

원도심의 위기와 재건축

이렇게 상무지구에 이어 첨단지구가 광주 상권의 중심으로 떠오르고, 광주역 대신 KTX 광주송정역이 광주·전남권의 주요한 철도역으로 자리 잡으면서, 첨단·송정 등에 상권이 형성되는 것과 반비례하여 금남로·충장로 등의 전통적인 중심지는 쇠퇴할 기미를 보입니다. 전라남도청이 광주 원도심에서 목포·무안으로 옮겨가고, 광주 시내를 지나던 경전선을 외곽으로 빼버린 것이 큰 원인이라고 생각합니다.

광주 시민들의 입장은 저마다 다릅니다. 경전선을 외곽으로 빼낸 것은 잘한 일이며 광주역도 없애고 유스퀘어 버스터미널도 광주송정역 근처로 옮겨야 한다고 주장하는 시민이 있고, 그 반대의 주장을 하는 시민도 있습니다. 전자의 주장을 하는 시민은 유스퀘어와 기아 광주 공장을 빼내고 대규모로 개발하면 원도심이 예전의 영광을 되찾을 것이라고 믿고 있는 듯합니다.

하지만 광주 원도심이 경제적으로 번영할 수 있었던 결정적인 이유는 전라남도 시민들이 이곳에 와야 할 이유가 이곳에 있었기 때문입니다. 도청과 경전선 철도가 빠지면서 전라남도 시민들이 광주 도심에 올 일이 줄어들었는데, 유스퀘어까지 빠지면 전라남도 시민들이 광주 도심에 와야 할 이유가 더욱 줄어들 것입니다. 공공기관을 빼버리고 아파트단지를 짓는다고 해서 도심이 활성화되는 것은 아닙니다.

사진 4 광주 계림동 헌책방거리에서 본 아파트단지들. 경전선 시내 구간을 외곽으로 빼고 나서
조성한 푸른 길 주변에 최근 들어섰습니다. 2022년 8월

사진 5 광주송정역 앞에 형성되고 있는 핫 플레이스 '1913송정역시장'. 2023년 8월

사진 6   광주송정역 주변이 핫 플레이스로 바뀌면서, 역 주변에 존재했던 성매매집결지가
　　　　　　　　　사라지고 있습니다. 2023년 8월

사진 7   광주읍성과 옛 전남도청이 자리한 광주 원도심. 2022년 2월

물론 아파트단지는 중요합니다. 아파트 한 동이 예전 농촌마을 하나의 인구보다 많으니, 원도심에 고층아파트단지가 많이 들어서면 그만큼 중상층 인구가 늘어날 가능성이 생깁니다. 임동의 전남방직·일신방직 공장 부지는 공장 건물 일부만 남기고 대부분 재건축될 것으로 예상하고,[6] 5·18 민주화운동의 핵심 지역 가운데 하나인 시민아파트를 포함한 광천동 일대에서도 대규모로 재개발이 시행됩니다.[7]

사진 8　　재개발을 앞둔 전남방직. 2020년 11월

사진 9   광주 서구 양동에서 바라본 북구 임동 금남로중흥S-클래스&두산위브더제니스 아파트
2020년 11월

사진 10   5·18 민주화운동의 거점 가운데 하나였던 광천동 시민아파트도 이 일대의 재개발로
인해 철거될 가능성이 있습니다. 2020년 9월

사진 11   금남로의 원도심 가운데 하나인 누문동에서 추진되고 있는 뉴스테이 사업 현장.
2020년 11월

사진 12   국제부흥개발은행(IBRD)의 차관을 받아 하남공단 인근에 조성되었던 신가동 차관단지.
현재는 철거되어 아크로 트라몬트가 조성될 예정입니다. 2020년 9월

이처럼 원도심 일대에서 재건축이 활발히 추진되다 보니, 붕괴사고나 비리 사건도 계속 발생하고 있습니다. 2018년에는 서구 화정동에서 불법적으로 추진되던 재건축 사업이 주민과의 법적 분쟁에서 패하는 바람에 중단되었습니다.[8] 그 근처의 유스퀘어 뒤편에서는 2022년에 광주 화정아이파크가 붕괴했습니다. 옛 경전선 남광주역 근처의 학동에서는 철거하던 건물이 2021년에 붕괴해서 다수의 사상자가 발생했습니다.

광주는 한국 최대의 아파트 도시입니다. 그만큼 비율적으로 사고도 자주 발생하는 것이라고 이해합니다만, 최소한 정·관계가 얽힌 비리는 발생하지 않아야 하지 않겠습니까?[9]

사진 13　　무리하게 재건축 사업을 추진하다가 법적으로 문제가 발생해서 중단된 광주 서구 화정동 현장. 2020년 9월

사진 14 부실시공 때문에
붕괴된 광주 화정
아이파크, 2022년 2월

사진 15 철거 중인 학동의
건물이 붕괴하기 몇
달 전에 이 지역을
답사했었습니다.
참 인상적인
원도심이었는데 이후에
사고가 났다는 소식을
듣고는 섬뜩함을
느꼈습니다. 2020년
11월

광주 군 공항은 어디로?

광주 원도심과 첨단·수완·송정 등의 새로운 도심 사이에는 상무지구가 자리하고 있습니다. 그런데 이곳에는 광주 군 공항 및 그와 연관된 군사시설들이 자리해 있으니, 광주는 도시 구조가 도넛 모양으로 형성되어 있습니다. 이런 구조를 해소하고 도심을 하나로 잇기 위해서는 군 공항이 빠지는 것이 가장 좋지만 쉽지 않은 문제입니다.

저는 결국 광주 군 공항과 국내선 항공편이 지금 자리에 남지 않겠나 예상합니다. 무안군이 끝까지 광주 군 공항을 받지 않을 것 같기 때문입니다. 전라남도 함평군이 군 공항을 받는 대신 광주광역시에 편입시켜달라고 요청하고 있습니다만, 안 그래도 인구가 줄고 있는 전라남도에서 광주광역시로 함평군을 옮겨가는 것을 국가적 차원에서 용인하겠는가 하는 의구심도 있습니다.

도심에 군 공항이 자리한 사례가 광주만도 아니고, 국내선 비행기가 도심에 자리하는 것도 시민들에게는 편리합니다. 광주 시민들뿐 아니라 전라남도 동부 시민들에게도 무안공항보다는 광주공항에 국내선이 있는 것이 거리상 편리합니다. 광주 시민들을 인터뷰하다 보면 상무지구 주민이 아닌 다른 지역의 주민들은 광주 군 공항의 존재에 대해 크게 관심이 없다는 인상을 받습니다.

사진 16   광산구 수완지구와 운남동에 수변 풍경을 제공하는 풍영정천. 2023년 8월

나주·무안·목포

나주는 전주와 함께 '전라도'라는 이름을 만들어낸 지역입니다. 하지만 19세기 말에 전라남도의 중심이 광주로 옮겨간 뒤로 박탈감을 느낀 지역이기도 합니다. 광주와 전라남도가 공동으로 개발한 혁신도시인 빛가람혁신도시가 나주시 영역에 자리 잡은 것은, 이런 맥락에서는 박탈감에 대한 작은 보상이라고 할 수 있습니다.

빛가람혁신도시는 근처의 음성한센인 정착촌에 자리한 축사에서 악취가 발생하는 문제,[10] 폐기물 처리시설이자 열병합 발전소인 SRF의 가동을 둘러싸고 광주와 갈등을 빚은 문제,[11] 혁신도시의 현재 인구가 목표 인구인 5만 명에 미치지 못하는[12] 등의 문제를 안고 있습니다.

하지만 빛가람혁신도시의 본질적인 문제는 다른 데 있습니다. 나주시는 나주 읍성 주변과 영산포, KTX 나주역 등으로 중심이 여러 곳으로 흩어져 있습니다. 그런데 혁신도시라는 또 하나의 중심이 생겨버리는 바람에, 나주시의 인구와 개발 역량이 분산되고 있는 것입니다. 그나마 혁신도시는 나주시 내부의 신도시로서 기능하면서 인구를 확보하고 있는 측면이 있는데, 만약 현재 추진 중인 광주–나주 광역철도[13]가 실현된다면 그 인구의 일부도 광주 상무지구로 빠져나갈 가능성이 있습니다.

사진 17　　나주시 교동에 남아 있는 나주읍성의 흔적. 2020년 11월

사진 18　　식민지 시기에 도시화가 진행된 영산포의 호남선 영산포역 관사촌 경관. 2023년 2월

전남 서부 소권의 행정 통합론

나주 남부의 전남 서부 소권에서는 무안과 목포가 전라남도청을
공동으로 유치했고, 목포·영암·해남에서는 조선업이 발달해 있는
점이 주목됩니다.

현재 이들 도시 사이에서는 행정 통합 논의가 이어지고 있습니다.
무안-목포-신안, 목포-신안-영암 등의 통합론이 나오고 있지만,
무안군과 영암군의 중심지가 목포와 멀다는 것이 통합 반대의 주요
한 동력이 되고 있습니다.

목포시는 근대 이후에 지역 중심 도시로 성장했다 보니, 목포 시
민 분들 사이에서는 자기 도시를 중심에 놓고 행정 통합이 진행될 것
으로 예상하는 분들이 많은 것 같습니다. 하지만 이 지역에서는 원래
무안군이 큰 지역이었고, 무안군에서 목포시와 신안군이 갈라져 나
왔죠. 무안군이 목포시와 공동으로 전라남도청을 유치하고 무안국
제공항까지 유치하면서, 무안군 내에서는 목포에 눌려온 그간의 상
황을 만회하려는 움직임이 보입니다. 목포시가 제안하는 행정 통합
을 무안군 측에서 반대하는 것도 이 때문입니다. 전라남도청이 자리
한 무안군 삼향읍 주민들은 도시화가 진행된 목포시와의 통합에 우
호적이지만, 그 이외의 지역에서는 반대 목소리가 큽니다.[14]

저의 의견으로는, 무안군·목포시·신안군이 통합한다면 통합시의
이름은 무안시로 하는 것이 역사적 맥락에 맞습니다. 부산광역시도
원래의 맥락대로라면 동래광역시가 되는 게 맞고요.

사진 19　　해남군의 화원조선산업단지에서 바라본 영암군 삼호읍의 현대삼호중공업. 2023년 2월

사진 20　　화전민들을 한곳에 모은 독가촌에서 해남 화원조선산업단지가 가깝게 보입니다.
　　　　　　산촌에서 농촌으로, 그리고 공업으로 성격을 바꾸어온 해남군의 변화를 상징하는
　　　　　　경관입니다. 2023년 2월

다른 대도시들이 20세기 중반에 주변 지역을 흡수하면서 덩치를 키우는 작업을 목포시는 하지 못했습니다. 대불산단이 자리한 삼호읍 같은 경우도, 생활권이 목포이기는 하지만 행정구역은 엄연히 영암군입니다.

그러므로 통합이 되더라도 새로운 산업단지는 땅에 여유가 있는 지금의 무안군 지역에 지어지게 될 겁니다. 목포시는 근대 도시로서 한국에서 원형을 가장 잘 남기고 있는 도시이기 때문에 통합 무안시의 문화·관광은 목포가 담당하고, 산업·경제는 무안이 담당하고, 행정은 전라남도청이 자리한 남악·오룡신도시 및 임성리역 역세권이 담당하게 될 것으로 예상합니다.

사진 21
국가등록문화재로 등록된 조선내화주식회사 구 목포공장. 제가 이곳을 답사한 2018년
11월에는 아직 유달산 케이블카가 완공되지 않았고, 현지 주민들은 공장을 헐고
아파트단지를 짓고 싶어했습니다. 하지만 결국 재건축은 무산되었고, 현재는 유달산
케이블카와 함께 목포 원도심의 문화자원으로 기능하고 있습니다.

13장

제주도

철도와 공항을 둘러싼 논란

제주도가 해결해야 하는 가장 중요한 SOC 사업은 섬 전체를 순환하는 철도 건설입니다. 제주도는 순환 철도가 없는 데다가, 버스 체계도 효율적이라고 말할 수는 없는 상황입니다. 그래서 제주도에 거주하는 시민이나 관광객 모두 자가용·택시·렌터카에 의존하는 비율이 높습니다. 이 때문에 환경 오염, 교통 체증, 사고 등의 문제가 심각한 상황이죠.

현재 트램 도입이 거론되고 있지만, 사실 제주에는 궤도 차량이 운행한 적이 있었고 현대 한국에 들어서도 몇 차례에 걸쳐 철도 부설 논의가 있었습니다. 1927년에는 제주도를 순환하는 철도를 건설한다는 계획이 제안되어서 제주시 일부에서 실제로 운행하기도 했습니다.[1] 이 궤도 차량의 실체에 대해서는 정확히 알려진 바가 거의 없지만, 산지천이 바다와 만나는 어귀에 놓인 용진교 앞에는 한때 궤도 차량이 운행되었던 것을 기념하는 비석이 세워져 있습니다.

제주도의 철도 부설 역사

1927년 당시의 철도 부설 계획을 전하는 동아일보 기사에 따르면, 순환 철도는 세 차례에 걸쳐서 건설될 예정이었다고 합니다. 제1기는 협재리에서 김녕리까지, 제2기는 협재리에서 모슬포까지 그리고 김녕리에서 성산포까지, 제3기는 모슬포에서 성산포까지 놓아서 순환 노선을 완성하려는 계획이었다고 합니다.[2] 만약 이 계획이 실현되었다면, 제주도는 1950~1953년의 6·25 전쟁 때 피해를 보지 않았으므로 지금까지도 순환선이 살아남아 개량되면서 운행되었겠죠.

제주도에 철도를 놓겠다는 식민지 시기의 구상은 행정의 연속성에 따라 현대 한국으로 이어졌습니다. 1977년에는 제주도가 수원 - 인천 간의 수인선을 가져와서 재활용하고 싶다는 계획을 제안하기도 했습니다.[3] 1977년이면 남인천역에서 송도역까지의 운행이 중단된 뒤여서, 사용되지 않는 철로와 차량이 있었을 것입니다. 제주도에서는 이 유휴 철로와 차량을 제주시 - 만장굴 사이의 26km에 부설해서 관광열차로 사용하겠다고 제안했다 합니다. 만약 이 계획이 실현되었다면, 제주도에서는 최소한 거점 도시에서 주요 관광지까지라도 열차를 부설하는 행정이 정착했을 겁니다. 그만큼 교통 체증도 줄었겠죠.

5년 뒤인 1982년에는 모노레일 부설이 제안되었습니다. 1988년 서울올림픽을 앞두고 제주도를 국제적인 관광지로 부상시키기 위한 계획의 일환이었죠. 국제대회를 이용해서 SOC 사업을 실시하는 것은 이제까지도 많이 시행되어온 방법이어서, 가능성이 없지는 않았을 것 같습니다. 이 계획에 따르면 일본 도쿄와 하마마쓰 간을 운행하는 방식의 모노레일 형태를 부설하려 했다고 합니다. 요즘 논의되고 있는 트램 부설도, 조금 더 가성비를 고려하면서 이 모노레일 계획을 계승한 것이라고 볼 수 있습니다.

사진 1   《동아일보》1982년 3월 8일자 기사 「관광개발계획 마련 제주 일주 모노레일 건설」에 실린 삽화

제2공항, 필요할까?

철도 이외에 제주에서 논쟁의 중심에 놓여 있는 교통 기관은 공항입니다. 특히 제2공항이 논란의 핵심입니다.

일각에서는 제주 시민들이 뭍을 오가고, 늘어난 관광객을 수용하려면 제2공항이 필요하다고 주장합니다. 코로나19의 위험도가 낮아지면서 다시 중국인 관광객이 제주에 오기 시작했으므로[4] 이 주장에 힘이 실릴 것으로 예상합니다. 하지만 한편에서는 중국인 관광객을 바라보고[5] 제2공항을 짓는 것은 위험한 발상이며, 제2공항이 군사공항으로 사용될 수도 있다는[6] 이유로 반대하고 있습니다.

저는 제주가 '평화의 섬'이 되어야 하기 때문에 군사시설이 들어오면 안 된다는 주장에는 동의하지 않습니다. 서해안 일대와 마찬가지로 제주도 역시 신냉전 시대의 최전방입니다. 제주 시민들이 지난 1000여 년 동안 뭍 사람들에게 시달려온 것을 생각하면, 오히려 '제주도의 무장 중립'이라는 차원에서 군사시설을 볼 필요가 있습니다.

한편, 제주도의 곳곳에서 시민들을 만나면서 느끼는 것은, 제주시를 중심으로 한 북쪽과 서귀포시를 중심으로 한 남쪽 사이의 거리감이 크다는 사실이었습니다. 제주특별자치도의 중심 도시인 제주시에 거주하는 시민들은 남쪽 서귀포로 가는 것을 굉장히 큰일로 여긴다는 것을 종종 확인합니다. 남북을 관통하는 516도로가 있는 지금도 이런 심리적 거리가 남아 있는데, 그전에는 거리감이 훨씬 더 컸을 것입니다.

제주 남부 지역의 발전을 위해서라도 제2공항은 필요합니다. 제

2공항 후보지인 성산읍은 제주도의 완전히 남쪽은 아니지만, 제2공항이 지어진다면 제주시 1극 체제에 변화가 일어날 것입니다.

사진 2   현재의 제주공항은 청사가 좁아서 확장이 필요합니다. 하지만 청사가 좁은 것과 활주로의 수용량이 부족한 것은 다른 문제입니다. 2023년 1월

인구 감소가 아닌
인구 증가를 고민할 때

2023년 초에 모 언론사의 초청으로 제주시에서 강연했습니다. 이때 제가 요청받은 것은 '인구 감소 시대에 제주도가 어떻게 대응할 것인가'라는 주제였습니다. 그런데 이 주제를 요청받고 나서 여러 자료를 확인하다 보니, 2022년까지 제주도의 인구는 줄어드는 게 아니라 늘고 있었습니다. 고령화 현상이 나타나지만, 출산율이 감소하고 청년 인구도 줄고 있어서,[7] 제주의 시민들께서 걱정하시는 이유는 이해되었습니다. 하지만 제주도는 뭍의 여러 지역처럼 절대 인구가 줄고 있는 것은 아니었습니다. 한국 곳곳에서 발생하는 모든 문제에 "인구 감소, 지역 소멸"이라는 잣대를 들이밀 수는 없습니다.

이 강연을 준비하면서 저는, 오히려 제주도가 늘어나는 인구를 감당할 만한 기반 시설을 갖추고 있는가 하는 우려를 하게 되었습니다. 상수 공급, 하수 처리, 쓰레기 처리라는 기본적인 사항들을 제주도가 완전히 해결하고 있지 못하고 있다는 것이 문제입니다.

상수도 문제

제주도는 현무암 지대이다 보니 특히 상수도 문제로 곤란했습니다. 처음 제주도에 갔을 때, 분명 천(川)이라고 되어 있는데 물이 흐르지 않는 모습을 보고 당황한 기억이 납니다.

조선 시대에는 쌀밥을 먹는 것이 양반의 상징이었습니다.[8] 제주도 서부의 한경면에 살던 김광종은, 1832년부터 10년간 서귀포시 안덕면 화순리의 바위를 뚫고 물길을 터서 논농사를 지을 수 있도록 했습니다. 제주의 전통주인 고소리술의 도수를 높이고는, 그 술에 불을 붙여 돌을 깨뜨리는 방식으로 바위에 물길을 텄다고 합니다.[9]

그의 업적을 기념하는 비석이 1938년, 화순리의 물길 위 절벽에 세워졌습니다. 그 비석에는 "산을 뚫고 물을 끌어들여 한라산 서쪽에서 처음으로 우리들에게 향기로운 쌀을 먹게 해주었다"라고 적혀 있습니다. 물이 많이 필요한 논농사를 지을 수 있게 된 것이 지역민들에게 얼마나 기쁜 일이었는지를 생생히 전해줍니다.

물이 부족해서 농사하기 힘들었던 제주도는, 1960년대 이후 정부에서 추진한 수리사업을 통해 지금처럼 사람이 살만한 땅으로 바뀌었습니다. 지금도 제주도 곳곳에는 그 당시 건설한 농수로와 공동우물이 남아 있습니다. 제주시에 상수를 공급하고 있는 한라산 서북쪽의 어승생 저수지를 박정희 전 대통령이 직접 설계했을 정도로, 제주에서 상수도 문제는 섬 전체의 사활이 걸린 문제였습니다.

사진 3   제주시를 흐르는 산지천.
2020년 11월

사진 4   김광종이 서귀포에 만든
저수지. 2023년 1월

하수 처리 문제

마실 물을 확보하기 위해 이렇게 수백 년에 걸쳐 싸워온 제주도의 물 사정을, 최근 제주로 이주하는 외지인들은 잘 이해하지 못하는 것 같습니다. 사방이 바다로 둘러싸인 제주도는 물이 풍부하다고 단순하게 생각하는 것 같습니다. 하지만 제주도에서 도시화가 이루어지고 인구가 늘면서, 지하수 고갈 문제는 점점 심각해지고 있습니다.[10] 2023년 7월에 미국 서부에서 가뭄이 심해지자, 애리조나주는 100년 동안 쓸 수 있는 지하수가 없는 지역에는 새로운 주택을 허가하지 않겠다고 발표했습니다.[11] 제주 역시 지하수에 대해 획기적인 정책이 필요할 겁니다.

마시고 농사에 쓸 물을 공급하는 것만큼이나 중요한 게 하수 처리입니다. 현재 제주도는 하수 처리장 건설에 곤란함을 겪고 있습니다.[12] 2023년 6월에 제주공공하수처리시설 현대화사업 착공식이 열려서 2028년에 준공된다는 목표를 세우고 있습니다.[13] 또, 하수와 더불어 쓰레기 처리[14]도 문제입니다.

제주도는 인구 감소를 걱정하기에 앞서서 상하수도와 쓰레기 처리장을 좀 더 대규모로 갖출 필요가 있습니다. 사람이 살아가는 데 필요한 인프라가 부족한 상황에서 상주 인구와 관광 인구만 늘어난다면, 그것은 축복이 아닌 재앙입니다.

청년 유출 문제

한편, 한국의 다른 지역들과 마찬가지로 제주 역시 외부의 청년 인구가 유입되기를 바란다는 목소리를 듣습니다. 그런데 일자리 부족 및 생활 인프라 부족과 더불어, 제주의 물가와 집값이 오르다 보니 외지 청년 유입이 줄어들고 제주 청년의 유출이 일어나고 있습니다.[15] 인기 있는 지역에 살고 싶어 하는 사람이 많아지면 생활비가 상승하고, 이에 따라 청년 인구가 외부 지역으로 빠져나가는 경향을 보이는 도시들이 전국에 많이 있지요. 제주에서 청년 인구가 줄고 있는 것 역시 이와 마찬가지 경향으로 이해됩니다.

제주에 정착했다가 떠나는 외지인들은 제주도의 텃세가 이유라고 말하고는 합니다. '괸당'이라 불리는 '내 사람' 챙기는 문화에 외지인이 끼어들지 못했다는 것이죠. 이 책의 제1부 제3장에서 소개한 것처럼, 귀농·귀촌하려던 사람들이 그곳의 주민들로부터 마을세를 요구받아 문제되기도 합니다. 이같은 선주민의 텃세는 제주만의 현상이 아니라, 인간이 사는 곳이라면 어디서든 확인되는 현상입니다.

오히려 외지인들이 관광지로서 제주에 오거나 일종의 탈출을 꿈꾸어 제주도에 정착하는 과정에서, 제주 사회에 존재하는 기존의 질서를 이해하지 못하여 문제가 발생하기도 합니다. 외지인들이 세운 펜션에서 관광객들이 밤새 파티를 벌이고 쓰레기를 버리는 바람에 마을 주민들이 항의하는 일이 끊이지 않고 있습니다.[16] 갓 면허를 딴 사람들이 렌터카를 빌려서 운전하다가 사고를 내는 일도 잇따르고 있고요.[17] 제주 시민들이 이런 문제로 항의하면, 외지인들은 제주도 사람들이 배타적이라고 비난하고는 합니다.

외지인들이 즐겨 찾는 제주도 서북쪽의 한림읍 협재리는, 1970년대에 마을 주민들이 힘을 합쳐 술집을 몰아내서 질서를 잡은 곳으로 잘 알려져 있습니다. 새마을운동 초기인 1973년에 서울신문사가 출판한 책에는, "12시면 상점마다 소등하게 해서 전부 문을 닫습니다. 상점이 열려 있으면 자연히 술을 사 마시니까요"라는 마을 이장의 말이 실려 있습니다.[18]

이렇게 반세기 전에 마을 주민들이 잘살아 보려고 술집을 몰아냈는데, 제주 여행·제주 살기 열풍이 불면서 뭍 사람들이 마을 앞의 펜션과 해수욕장에서 밤새 술 파티를 벌이는 것입니다. 제주의 인구가 늘어나려면 외지인의 유입이 필수적이겠습니다만, 그 과정에서 일어나는 문화 충돌을 해결하기 위한 섬세한 노력도 필요합니다.

취락구조 개선사업 마을

제주의 마을 이야기가 나온 김에, 모두가 인식하고 있지만, 아직 관광자원으로서 주목받지 못한 제주의 문화유산을 소개하면서 이 책을 마칩니다. 바로 위에서 소개한 1970년대 말의 취락구조 개선사업 마을입니다.

제주도의 농산어촌 지역에는 하얀 외벽에 형형색색의 슬레이트 지붕을 얹은 새마을주택·문화주택·불란서집으로 이루어진 마을이 많이 있습니다. 많은 분이 이 마을들의 경관이 제주도에서 아주 오래전부터 이어져 온 모습이라고 생각할지 모릅니다. 하지만 "지금 제주 농촌의 이 경관의 풍경은 1970년대 후반 지어진 주택들로"[19] 이루어져 있습니다.

취락구조 개선사업은 제주뿐 아니라 전국적으로 이루어졌습니다. 하지만 다른 지역의 취락구조 개선사업 마을들이 일부 전원주택으로 사용되는 이외에는 재건축 대상이 되어 있는데, 제주의 취락구조 개선사업 마을들은 제주의 이국적인 풍경을 만드는 기능을 하고 있다는 것이 주목할 점입니다. 제주의 지인들과 섬 곳곳을 다니면서 취락구조 개선사업 마을들을 소개하고 그 의미를 말씀드리면 놀라곤 합니다. 본인들이 어릴 적부터 너무나도 당연하게 주변에 존재하던 경관이기 때문입니다. 지금부터라도 조금 더 의식적으로 이런 마을들을 제주의 경관으로서 체계적으로 관리하고 활용해야 합니다.

사진 5   제주시 한림읍 금악리의 취락구조 개선사업 마을. 2023년 1월

사진 6   제주시 애월읍 유수암리의 금덕 개척단지는 독특한 마을 구조 덕분에 전원주택단지로
          인기를 끌고 있습니다. 카카오맵

참고 문헌

1장

1 머니투데이, 「한화그룹, 방산 계열 통합… 한국판 록히드마틴 꿈꾼다」, 2022년 7월 21일

2 글로벌이코노믹, 「미국 방산업체 '빅5' 모두 본사 워싱턴 DC 인근 이전 왜?」, 2022년 6월 8일

3 주간조선, 「박정희 정권 핵개발 책임자 오원철 전 수석, 30년 만에 입 열다」, 2010년 1월 12일

4 조지 케넌, 유강은 옮김, 『조지 케넌의 미국 외교 50년』, 가람기획, 2013년

5 N.게보르캰, 표윤경 옮김, 『푸틴 자서전』, 문학사상, 2001년

6 즈비그뉴 브레진스키, 김명섭 옮김, 『거대한 체스판』, 삼인, 2000년

7 즈비그뉴 브레진스키, 황성돈 옮김, 『전략적 비전』, 아산정책연구원, 2016년

8 VOA, 「전문가들, 김정은 '국방경제' 언급에 "러시아가 주요 고객… 포·탄약 등 저급 무기 수출 가능"」, 2023년 8월 10일

9 YTN, 「"러, 한국 이미 교전국으로 간주"… 우크라 탄약 고갈에 美 추가 지원」, 2023년 4월 20일

10 이신재, 「북한 공군의 베트남 전쟁 파견」, 현대 북한 연구 19-3, 북한대학원대학교 심연북한연구소, 2016년

11 주간동아, 「신냉전체제 본격 돌입한 미·중」, 2022년 11월 19일

12 연합뉴스, 「독 외무 "중국에 순진하게 굴면 안돼… 실수 반복 없어야"」, 2023년 4월 20일

13 新浪网, 「任正非：不要以为太平洋真太平 公司已进入战时状态」, 2019년 2월 26일

14 중앙일보, 「중 인민일보의 '항미원조' 띄우기… "정의·평화·인민의 승리"」, 2023년 7월 27일

15 머니투데이, 「화상회의 줌, 중국이 검열? '톈안먼 포럼' 계정 삭제 논란」, 2020년 6월 12일

16 서울신문, 「"틱톡은 중국 체제 선전 도구"… 바이트댄스 전 임원 폭로」, 2023년 5월 15일

17 YTN, 「몬태나주, 내년부터 틱톡 다운로드 금지… 미국 첫 사례」, 2023년 5월 19일

18 조선일보, 「"첩보 수집용 트로이 목마 의심"… 중국 전기차, '제2 화웨이' 되나」,

2023년 8월 20일

19 연합뉴스, 「러시아 '만리방화벽' 따라잡기… 11월부터 VPN 사용 처벌」, 2017년 8월 2일

20 연합뉴스, 「중국, '반간첩법' 확대 시행… "사진촬영도 조심해야"」, 2023년 6월 30일

21 서울신문, 「'만리방화벽' 중국서 마지막까지 버텼던 링크드인, 결국 짐 쌌다」, 2023년 8월 9일

22 머니투데이, 「"韓 등은 긴장이…" 반도체 전쟁 동참한 유럽, 기공식서 나온 말들」, 2023년 5월 3일

23 獨立評論, 「護國神山的由來：當年的台積電, 是如何在一片質疑中被催生出來？」, 2023년 3월 15일

24 오원철, 『박정희는 어떻게 경제 강국 만들었나』, 동서문화사, 2006년

25 머니투데이, 「TSMC를 바라보는 대만 내부의 복잡한 시선」, 2023년 3월 25일

26 한겨레, 「정부, 삼성전자 앞세워 "용인에 세계 최대 반도체 클러스터"」, 2023년 3월 15일

경향신문, 「"용수 부족" 상수원 사수하는 평택에 용인 "반도체산단 차질, 해제하라"」, 2023년 4월 3일

산업통상자원부, 「연내 최대 181조 무역·수출금융 공급, 용인 반도체 국가산단 공공기관 예타 면제 추진」, 2023년 9월 4일

27 연합뉴스, 「전국에 15개 첨단산업단지 조성… 반도체 등 6대산업 550조 투자」, 2023년 3월 15일

28 오타 야스히코, 『2030 반도체 지정학』, 성안당, 2022년

29 VOA, 「[신년 인터뷰: 슈라이버 전 차관보] "한일 핵무장 논의 '금기' 없어져… 타이완 유사시 한국 역할 논의 시작해야"」, 2023년 1월 26일

30 연합뉴스, 「바이든 "日방위비 증액, 내가 설득"에 난감한 일본 "자체 판단"」, 2023년 6월 23일

31 뉴스1, 「'미중관계가 무서운 새 시대에 들어섰다' -FT 칼럼」, 2023년 4월 27일

32 서울경제, 「TSMC 창업주 "칩4가 틀어쥐면 中 방법 없어… 美가 이길 것"」, 2023년 8월 5일

33 머니투데이, 「"인도, 중국 제치고 세계 인구대국 1위 올랐다"-유엔」, 2023년 4월 19일

34 CSF, 「고령화 가속화의 과제」, 2023년 2월 24일

35 YTN, 「시진핑 체제 '위험 신호'… 신빈곤층이 몰려온다」, 2023년 8월 1일

36 시사저널, 「4조원짜리 공장 무법천지로 변했다」, 2014년 1월 22일

37 조선일보, 「중국 시장 적신호 켜지자… 남들보다 먼저 IT 공장 이전」, 2023년 6월 2일

38 조선비즈, 「中 대항마' 인도에 반도체 공장 생긴다… "내년 말 가동 목표"」, 2023년

7월 5일

39 SBS, 「아이폰 생산, 중국에서 인도로? 애플의 큰 그림이 의미하는 것」, 2023년 8월 12일

40 시사저널, 「'빚 탕감책' 오해라는데… 비판도, 정책도 계속되는 이유」, 2022년 7월 25일

41 한국토지개발공사, 『지역분석자료 II 경기·강원 편』, 한국토지개발공사, 1989년

42 땅집고TV, 「파주 신세계 아울렛 옆 4000억 소송 걸린 '전국 최대' 흉물… 처참한 현재 상황」, 2023년 8월 3일

43 강원도민일보, 「"삼척~고성 동해선 철도망 조기구축 통일시대 한반도 통합 철도망 반석"」, 2018년 9월 5일

44 한국민족문화대백과사전, 경의·동해선 철도 연결

45 경향신문, 「최북단역 찾은 문 대통령, '북한 미사일 발사'에도 "대화의 끈 놓아선 안돼"」, 2022년 1월 5일

46 KBS, 「현정은 방북 언급하자마자 "안돼"… 북 외무성이 선수친 이유는?」, 2023년 7월 1일

47 연합뉴스, 「영종~강화 간 연도교 조기 착공해야」, 2013년 6월 12일

48 OBS, 「포천~철원 고속도로 연장, 꼭 필요한 이유를 말씀드립니다」, 2023년 7월 19일

49 연합뉴스, 「철원군·포천시, 고속도로 연장 조기 착공 맞손」, 2022년 9월 14일

2장

1 서울신문, 「800만 부·울·경을 하나로… 동남권 메가시티 구축 속도」, 2021년 2월 25일

2 울산신문, 「동남권 너머 영남권 그랜드 메가시티로 순항」, 2022년 11월 22일

3 인천일보, 「민선 8기 인천시, '뉴글로벌시티' 밑그림 그린다」, 2022년 9월 13일

4 충청남도, 「베이 밸리 메가시티' 1호 결재」, 2022년 7월 1일

5 손정목, 『한국지방제도 자치사연구(상)』, 일지사, 1992년

6 경향신문, 「행정구조·구역 전면 개편」, 1986년 8월 4일

7 동아일보, 「행개위 행정개편 토론내용」, 1988년 7월 4일

8 조선일보, 「지역특성 무시한 행정개편은 위험」, 1988년 7월 12일

9 이정록, 『광양만권 잠재력과 비전』, 한울아카데미, 2006년

10 안건혁, 『분당에서 세종까지』, 한울아카데미, 2020년

11 인천인, 「부평 캠프 마켓 인근 주민들, 폐건물 철거 결정 시민투표 제안」, 2022년 7월 1일

12 경기일보, 「흉물 된 김포한강신도시 금빛수로」, 2017년 3월 15일

13 디지털완주문화대전, 전북 간선수로

14 전북일보, 「'익산 대간선수로에서 카누를?' 도심 속 수변 공간 눈길」, 2023년 3월 2일

15 최상철, 『국토개발 장기구상 부문별 연구(산업입지)』, 건설부, 1977년

16 마스다 히로야, 김정환 옮김, 『지방소멸』, 와이즈베리, 2015년

17 손정목, 『한국지방제도 자치사연구(상)』, 일지사, 1992년

18 충남일보, 「아산·천안 통합 반대 결의대회 확산 - 신창·영인·도고 통합 절대반대 결의」, 2009년 10월 5일

19 매일경제, 「현대양행 창원에 종합 기계공장 건설」, 1976년 12월 17일

20 매일경제, 「삼성정밀공업설립」, 1977년 8월 4일

21 김대현, 「박정희 정권 핵개발 책임자 오원철 전 수석, 30년 만에 입 열다」, 주간조선 2089호, 2010년 1월 12일

22 디지털창원문화대전, 「한화 에어로스페이스」

23 동아사이언스, 「한화에어로스페이스, 전남 순천에 누리호 조립장 설립한다」, 2023년 4월 16일

24 중앙일보, 「"우크라전이 방산지형 바꿨다… 韓, 세계 5위 수출국 될 것"」, 2023년 9월 19일

25 한국농어민신문, 「광주·전남지역 기상관측 이래 '최악의 가뭄'」, 2023년 3월 31일

26 조선일보, 「광주·전남 가뭄 벗어났다… 봄비 최대 340㎜ 쏟아져」, 2023년 5월 7일

27 디지털기업인박물관, 「1983년 삼성 이병철 반도체 진출 선언」

28 조선일보, 「임시행정수도 건설에 관한 박대통령 지시 전문」, 1977년 2월 11일

29 대전일보, 「3군 본부가 위치한 계룡대… 대한민국 국방의 심장」, 2023년 1월 1일

30 대전광역시, 「안산 첨단 국방산업단지」

31 충청투데이, 「KIST 대전 이전, 결론 내릴 때다」, 2023년 5월 21일

32 매일경제, 「우주청 뺏어간 경남, 대전 가는 방사청까지 달라고」, 2022년 4월 17일

33 충청뉴스, 「방위사업청, 대전시대 '활짝'」, 2023년 7월 3일

34 충북일보, 「단순 역사로 전락… 여행객, 갈 데가 없다 - '매표 게이트' 전락한 중부권 관문 - '내륙의 섬' 오송역」, 2016년 12월 28일

35 세종포스트, 「세종시 고속철 도입, '감놔라 배놔라'하는 충북도」, 2020년 7월 10일

36 세종포스트, 「툭하면 태클거는 충북도, 도넘은 '내정 간섭'」, 2020년 7월 16일

37 디트뉴스24, 「오송 철도클러스터, 어떻게 추진되고 있나?」, 2023년 6월 27일

38 그레고리 헨더슨, 이종삼·박행웅 옮김, 『소용돌이의 한국 정치』, 한울아카데미, 2013년

39 머니투데이, 「"한반도 전쟁나면 생존확률 사실상 '0'… 서울 탈출은 불가능"」, 2023년 1월 17일

40 아카라이브 - 대전세종충남 채널, 「아침부터 진짜 놀랐네」

41 뉴시스, 「"군 방어선 이전 대가 토지수용?" '김포한강2 콤팩트시티' 사업 놓고 주민 반발」, 2023년 7월 5일

42 김포시청, 「김포한강2 콤팩트시티」

43 VOA, 「미 랜드연구소 "북한 재래식 포격만으로 최대 20만명 사상자 발생"」, 2020년 8월 8일

44 주간조선, 「제조업 도시 구미의 비명 5산단 분양률 20%, 대기업 신청은 '0'… 구미가 비어가고 있다」, 2018년 7월 8일

45 매일경제, 「15년전 '노무현 결단'… 한국 LCD산업 춤추게 했다」, 2018년 8월 20일

46 경북신문, 「대경신공항 접근성 뛰어난 '구미 5단지'… 첨단산업 거점 힘찬 비상」, 2023년 6월 20일

3장

1 주 오이시디대표부, 「한국의 인구구조 변화와 지역 발전 정책의 방향」, 2023년 2월 6일

2 Btv 수원, 「"화성시 이외 모두 지역소멸 위험… 지금이 '골든 타임'"」, 2023년 9월 14일

3 정치영, 「지리산지 농업과 촌락 연구」, 고려대학교민족문화연구원, 2006년

4 KBS강원, 「원조 신도시 철원 신철원의 역사」, 2022년 8월 31일

5 원광대학교 대안문화연구소, 익산시 구술사 DB, 「함열읍 역전동마을」

6 헤럴드경제, 「순천시, 제일대학교 승주캠퍼스 되산다」, 2023년 3월 27일

7 쿠키뉴스, 「유희태 완주군수, '전주·완주 통합' 이중행보 논란」, 2023년 5월 16일

8 MBC, 「'인구 절벽'에 군 부대도 해체·통합… "전력 현대화 추진"」, 2023년 2월 23일

9 KBS, 「인제 66년 만의 군 부대 해체… 국방개혁 가시화」, 2019년 12월 2일

10 연합뉴스, 「군부대 떠난 화천 사내면 유령도시 전락」, 2022년 11월 19일

11 G1뉴스, 「8군단 해체 현실화, 지역 파장 막아라」, 2023년 5월 3일

12 울산신문, 「울산 남구 옥동 군부대, 2027년 울주군 청량 이전 행정절차 마무리」, 2023년 6월 4일

13 KBS대구, 「대구 군부대 이전 '착착'… 누이 좋고 매부 좋으려면?」, 2022년 12월 5일

14 연합뉴스, 「'군인이 효자'… 임실 지역경제 젖줄 '육군 제35사단'」, 2020년 7월 12일

15 한국일보, 「"육사 이전 최적지는 이곳" 불붙는 육군사관학교 유치전」, 2021년 4월 4일

16 안동인터넷뉴스, 「인구 50명 놓고 벌이는 사투… 봉화·영양군 공군관사 이전

치열한 공방」, 2023년 5월 17일

17 강원도민일보, 「27사단은 해체됐지만… 화천 사내면을 이기자면으로 명칭변경 제안」, 2023년 6월 20일

18 조선일보, 「"교도소 더 유치" 청송군 역발상」, 2021년 3월 23일

19 경북매일, 「의성군민"화물터미널 배치 않는 신공항 중단하라"」, 2023년 8월 31일

20 안동인터넷뉴스, 「봉화·영양군, 3조원 양수발전소 유치 총력… 道 "원전과 공존 에너지대전환 이룰 것"」, 2023년 6월 15일
광주일보, 「'1조원대 양수발전소' 5파전… 구례·곡성 뛰어든다」, 2023년 8월 29일

21 주간경향, 「인천, '제2 도시' 될 날 멀지 않았다」, 2020년 10월 12일
KBS, 「더 커진 대구 시대… 역사와 의미, 전망은?」, 2023년 7월 3일

22 충청타임즈, 「'영충호'의 본질」, 2014년 1월 21일

23 전북일보, 「위도 전북편입 자축대회」, 2005년 3월 9일

24 지리산고향뉴스 자유게시판, 「충청권이 자꾸 까볼면 금산군, 황화면 호남권 돌려받기운동을 불사할 필요가 있다」, 2013년 10월 7일

25 전북일보, 「빼앗김과 축소의 역사… 전북 제 몫 찾아야」, 2018년 9월 20일

26 전북일보, 「"전주인구 10년내 100만 목표" 황당」, 2002년 8월 2일

27 JTV, 「전주 인구… 5년 만에 65만 명대 무너져」, 2023년 3월 26일

28 안건혁, 『분당에서 세종까지』, 한울, 2020년

29 대전MBC, 「민선8기, 아산 시정의 주요 현안 및 사업 계획」, 2022년 12월 14일

30 충청뉴스, 「유원희, "'천안·아산 통합 특례시' 추진하겠다"」, 2022년 4월 12일

31 중부광역신문, 「인치견 의장 '천안시장' 보선 출마… "100만 도시 만들겠다"」, 2020년 2월 4일

32 딜라이브TV, 「철도망 비전 제시… 지하철 3호선 파주연장 총력」, 2023년 2월 21일

33 e시티뉴스, 「광주, 신동헌 "100만 특례시 준비하겠다"」, 2022년 4월 25일

34 Btv 기남, 「"100만 평택특례시 완성"… 정장선 평택시장 당선인」, 2022년 6월 13일

35 세계환경신문, 「남양주시, 100만 대도시를 향한 위대한 도전 '특례 추진단' 출범」, 2021년 5월 7일

36 충청뉴스, 「세종시민 3,678명, 국토교통부에 국가철도망 노선 변경 제안」, 2021년 5월 13일

37 뉴시스, 「'100만 도시' 언제쯤… 통합청주시, 인구 정체에 고령화만 가속」, 2022년 5월 2일

38 디트뉴스24, 「고부가가치 정밀화학 서산 조성 가시권, 100만 도시 담보」, 2016년 12월 17일

39 군산뉴스, 「정원영 후보, 100만 새만금 광역도시로」, 2008년 3월 5일

40 매일신문, 「'구미시장 도전' 김석호 "1천억 달러, 100만 도시 만들 것"」, 2021년 11월

28일

41 경남도민일보, 「'100만 도시' 꿈꾸는 김해, 산단으로 기반 다지려」, 2015년 3월 17일

42 뉴스1, 「항만 기반 '산업도시' 천명한 강릉… 옥계, 제2의 영일만·미포만 될까」, 2023년 1월 8일

43 서울신문, 「춘천시 '글로컬 관계인구 100만 도시' 추진」, 2022년 1월 12일

44 마강래, 『지방도시 살생부』, 개마고원, 2017년

45 기획단, 「행정수도 건설을 위한 백지계획 - 후보지 선정에 관한 2차 조사」, 1978년

46 디트뉴스24, 「세종시 인구 39만 명 넘었지만… '균형 발전' 숙제는 산적」, 2023년 2월 9일

47 CJB 청주방송, 「'50만 목표' 세종시 3년 만에 인구 감소」, 2023년 8월 4일

48 경향신문, 「신설되는 서해선 내포역 인근에 '미니 신도시' 생긴다」, 2023년 7월 12일

49 예산뉴스, 「내포신도시 인구 증가, 3만4229명」, 2023년 9월 18일

50 군산뉴스, 「정원영 후보, 100만 새만금 광역도시로」, 2008년 3월 5일

51 대전일보, 「공주시 구 도심 공동화 현상… 지역 발전 "빨간불"」, 2021년 5월 31일
디트뉴스24, 「공주시, 인구소멸 위기 직면… 세종시 연계 전략 부재」, 2023년 4월 27일

52 한국일보, 「대전에 밀리고 세종에 치이던 공주… 갑자기 청년들이 모이기 시작했다」, 2023년 7월 8일

53 노컷뉴스, 「'날개 없는 추락' 전주시, 4월 인구 681명 감소… 올해 4천명 떠났다」, 2023년 5월 3일

54 전북일보, 「김제시 인구수 꾸준한 상승세」, 2022년 9월 12일

55 전라일보, 「소멸위기 맞선 완주와 김제 주목한다」, 2023년 5월 3일

56 경북신문, 「구미시·포항시, 인구 증감 현상 '희비 쌍곡선'… 경북 제1도시 흔들」, 2023년 1월 5일

57 강승수·서유석, 「혁신도시가 기존도시의 도시공간구조에 미친 영향 연구 - 진주시를 중심으로 - 」, 주거환경 34호, 한국주거환경학회, 2016년

58 경남뉴스, 「진주시 인구 감소 심각… 인구정책 한계 드러내」, 2023년 1월 30일

59 한국경제, 「혁신도시, 13만명 고용창출한다더니… 1만1000명 그쳐」, 2020년 8월 12일

60 국토연구원, 「혁신도시와 주변지역의 인구이동 특성과 대응과제」, 국토정책Brief 693호, 2018년 12월

61 국토연구원, 「콤팩트시티 정책의 효과적 추진방안」, 국토정책Brief 705호, 2019년 3월

62 경향신문, 「텅텅 비고 허허벌판… 공공기관뿐인 도시에 '정착'할 삶은 없다」, 2022년 5월 3일

63 KNN 뉴스, 「"버스 한 대가 고작", 부산 외곽신도시 대중교통 불편」, 2023년 8월 18일

64 경남뉴스, 「진주 시내버스 불친절·난폭운전 증가 이용자 '불만고조'」, 2023년 4월 6일

65 디트뉴스24, 「서산시 인구 18만 돌파, 그 의미와 가치 그리고 미래비전」, 2021년 8월 17일

전라일보, 「소멸위기 맞선 완주와 김제 주목한다」, 2023년 5월 3일

66 대구MBC, 「2023년 말부터 중규모 공공기관 360개 지방 이전 시작」, 2022년 11월 17일

67 디트뉴스24, 「서산시 수석동 신도시개발 3월 내 매듭기대」, 2023년 2월 10일

68 조선일보, 「순천시 대개조 프로젝트… 버스터미널에 정원형 광장, 교도소· 서면산단 외곽으로 이전」, 2022년 3월 31일

69 신아일보, 「진주시의회 윤성관 의원 5분 자유발언」, 2022년 10월 28일

70 헬로TV 부산, 「'인구감소' 부산 신입생 0명 초등학교 임시휴교」, 2023년 9월 1일

71 부산MBC, 「충격! '부산 인구 소멸 리포트' 늘어나는 부산의 빈 집·폐교」, 2022년 7월 1일

72 KBS, 「'40년 만에 폐업' 남원 고속버스터미널… "인구 감소 영향"」, 2022년 3월 31일

KBS, 「"버스터미널 줄줄이 폐업" 지방소멸 가속화」, 2023년 4월 26일

73 경기일보, 「추위 피할 곳 없어 밖에서 '오들오들'… '성남버스임시터미널' 불편함 호소」, 2023년 2월 12일

74 TJB NEWS, 「세종시 상가 공실률… 시청 인근 금강변 '60%' 가장 심각」, 2023년 8월 15일

75 땅집고TV, 「시청 코앞 상가도 5년째 텅텅… 유령도 안 다닐 법한 세종 상권」, 2023년 3월 3일

76 SBS, 「세종 지역 상가 공실 산너머 산… 업종 제한 완화 효과 '미미'」, 2023년 2월 15일

77 Btv 중부, 「세종시 소규모 숙박시설 입점 논란 재현… 찬성-반대 팽팽」, 2023년 8월 16일

78 세종의소리, 「"기업 인력공급 안되면 인구 감소"… 세종일자리경제진흥원 설립된다」, 2023년 7월 4일

79 마강래, 『베이비부머가 떠나야 모두가 산다』, 개마고원, 2020년

80 CJB 청주방송, 「시골인심 옛말, 수 년째 주민 간 갈등」, 2021년 3월 17일

81 KBS, 「"터무니가 없는 거죠"… 귀촌하려다 된통 당한 농촌 텃세」, 2023년 6월 14일

82 한겨레, 「100년은 돼야 원주민?… 도로 보상금 분배 놓고 갈등」, 2021년 4월 6일

민주신문, 「대산공단 발전기금 놓고 주민 간 갈등… 서산시·대산공단기업협의회는 '나 몰라라'」, 2021년 7월 2일

83 경북일보, 「성남·안양 예하부대로 정보사 분리 이전키로」, 2002년 6월 21일

84 충북인뉴스, 「충북이 청주공화국입니까?」, 2004년 7월 29일

전북도민일보, 「KTX 익산역, 정치적 재물은 이제 그만」, 2006년 9월 25일

85 MBC충북, 「청주 도심서 착공식… 도심 통과 암시?」, 2023년 5월 30일

86 전라일보, 「중분위 18일 회의 '관심 집중'… 새만금 관할권 빠른 결정 기대」, 2023년 8월 16일

87 그레고리 헨더슨, 이종삼·박행웅 옮김, 『소용돌이의 한국 정치』, 한울아카데미, 2013년

88 조선비즈, 「"나 떨고 있니"… 산은 부산행 속도에 기은·수은 '긴장'」, 2023년 5월 7일

89 국제신문, 「산은, 새 성장축 발전에 동참하길」, 2023년 5월 17일

90 전북일보, 「전북 금융도시 추진위원회 첫발, '전북 국제 금융허브 도시' 도약 발판」, 2023년 2월 22일

91 뉴시스, 「부산 찾은 산은노조 "불법이전 추진하는 부산시 규탄"」, 2023년 5월 18일

92 조선비즈, 「"나 떨고 있니"… 산은 부산행 속도에 기은·수은 '긴장'」, 2023년 5월 7일

93 이투데이, 「"미래가 안 보여요" 산은 부산 이전 행보에 직원들 퇴사 러시」, 2023년 5월 17일

94 전홍기혜·이경은·제인 정 트렌카, 『아이들 파는 나라』, 오월의봄, 2019년

95 연합뉴스, 「NYT, 韓 해외입양 조명… "최대 아기수출국, 아픈 과거 직면"」, 2023년 9월 18일

96 헬로tv뉴스 충남, 「고용률 전국 2위, 여성 일자리는 열악」, 2023년 6월 26일

97 B tv 중부, 「같은 천안인데 출산율 '천지 차이'」, 2023년 5월 3일

98 문화일보, 「조선소마다 동남아 인력 모셔오기… 농사도 외국인 일손 없으면 불가」, 2023년 5월 17일

99 우춘희, 『깻잎 투쟁기』, 교양인, 2022년

100 서울경제, 「조선 빅3이주노동자 비율 10~20%… "상급단체 편입땐 경험못한 혼란"」, 2023년 5월 25일

101 이영식, 『김해학, 길 위에 서다』, 미세움, 2014년

102 동아일보, 「"너 한국인이었어?"… 전교생 중 한국인은 단 6명」, 2022년 1월 16일

103 전주MBC, 「짐싸는 잼버리 영국 대원들… "벨기에도 고심중"」, 2023년 8월 5일

104 연합뉴스, 「무슬림과 돼지고기」, 2010년 4월 11일

105 이데일리, 「"인구감소 해결 위해… 단체장에 지역인구 10% 이민비자 발급 권한줘야"」, 2023년 4월 12일

106 CJB 청주방송, 「괴산군 시행 '공공형 계절근로제' … 소통강화로 이탈률 '제로'」, 2023년 8월 18일

107 국민일보, 「캐나다, 1년 만에 인구 100만명 늘어… 비결은 '이민'」, 2023년 3월 23일

108 中日新聞, 「3人の論者に聞く」, 2017년 2월 11일

4장

1 조선일보, 「비인공업지구 기공」, 1966년 4월 30일

2 경향신문, 「울산공업지구 역사적 기공」, 1962년 2월 3일

3 한국민족문화대백과사전, 「장항제련소」

4 철도청 철도건설국, 『철도건설사』, 1969년

5 포커스인천, 「'120년 간 도시단절' 경인선 지하화 해법 찾는다」, 2023년 1월 18일

6 부산일보, 「부산, 엑스포 카드로 '경부선 철도 지하화' 해결 나선다」, 2023년 7월 4일

7 부산시보, 「가덕도신공항, 2029년 조기 개항… 2030년 부산세계박람회 일정 맞춘다」, 2023년 3월 30일

   매일건설신문, 「"부산엑스포 유치 결과 상관없이 '가덕도신공항 건설' 추진"」, 2023년 6월 2일

   뉴스핌, 「부산엑스포 탈락 후 추진?… 가덕도 신공항 딜레마」, 2023년 6월 2일

8 KBS, 「'가덕도신공항' 기본계획 올해 말 확정·고시」, 2023년 8월 24일

9 KBS, 「가덕신공항 이을 '철도 2개·고속도로 4개' 교통망 확충」, 2023년 9월 4일

10 동아일보, 「새만금공항과 잼버리 별개라더니… 전북도, 예타 면제 신청서에 "잼버리 유치때 개항 약속"」, 2023년 8월 18일

11 머니투데이, 「尹정부 철도사업 속도 못 낸다… GTX 노선·안전체계안 잇따라 '지연'」, 2023년 8월 15일

12 서울신문, 「대통령·서울시장 공약이었는데… 신분당선 서북부 연장 좌초」, 2023년 8월 22일

13 머니투데이, 「GTX-C 노선변경 도봉은 되고, 은마는 안 된다… 국토부 온도차 왜?」, 2023년 5월 12일

   B tv abc, 「"마을 지하 관통?" 과천 부림마을, GTX-C 노선 변경 촉구」, 2023년 9월 14일

14 손정목, 『서울 도시계획 이야기 1~5』, 한울아카데미, 2003년

15 데일리저널, 「광주역 예산 50억, '민심분란' 도화선 될라?」, 2012년 1월 8일

16 아카라이브 호남채널, 「아니 광주역, 광주송정역 접근성 문제는 광주역 → 광송 이미 결정난거 아님?」, 2023년 4월 20일

17 최찬수 외 6명, 『호남고속철도건설 기본계획 조사연구 용역』, 한국교통연구원, 2002년

18 최찬수 외 6명, 위의 책

19 시사저널, 「광주버스터미널, 금호타이어 부지로 옮기나… 이전설 '모락모락'」, 2022년 7월 25일

20 중앙일보, 「강릉역 99년부터 구정면금광리로 이설」, 1998년 9월 8일

강원일보, 「구정면 금광리 국가산단 후보지 가보니」, 2023년 3월 21일

21 조선일보, 「부산항 '미군 55보급창 이전' 두고 시끌시끌… 부산시 발표에 남구 강력 반발」, 2023년 8월 3일

22 부산시보, 「가덕도신공항, 2029년 조기 개항 … 2030년 부산세계박람회 일정 맞춘다」, 2023년 3월 30일

매일건설신문, 「"부산엑스포 유치 결과 상관없이 '가덕도신공항 건설' 추진"」, 2023년 6월 2일

뉴스핌, 「부산엑스포 탈락 후 추진?… 가덕도 신공항 딜레마」, 2023년 6월 2일

23 동아일보, 「與 "잼버리 간접사업비 10조 넘어"… 김기현 "예산 집행내역 따져볼 것"」, 2023년 8월 8일

24 전라일보, 「새만금개발청, 새만금잼버리 성공 개최 위해 막바지 지원 총력」, 2023년 6월 28일

25 아카라이브 호남채널, 「슬슬 국제대회가 인프라 확충 우회통로로 이용되는 듯」, 2023년 4월 5일

26 경향신문, 「경쟁에 뛰어든 각국의 사정」, 2023년 7월 5일

27 김재진, 「평창동계올림픽 교통 인프라 및 경기장 시설의 지역발전 연계방안」, 월간교통, 2017년 9월

28 동아일보, 「與 "잼버리 간접사업비 10조 넘어"… 김기현 "예산 집행내역 따져볼 것"」, 2023년 8월 8일

29 G1방송, 「경강선 - 영동선 연결 '난항'」, 2018년 3월 27일

30 한국경제, 「가덕도 주민 "선거철에만 고개 드는 신공항 건설 결사반대"」, 2021년 2월 18일

B tv 부산, 「"생계 대책부터 마련하라" 가덕도 주민 말말말」, 2023년 9월 15일

31 국제신문, 「가덕신공항 보상, 오는 12월 이후부터 추진 가능」, 2023년 6월 28일

32 충청신문, 「"서남부스포츠타운 공사 기간 2년, 준공 차질 우려" -박종선 대전시의원 시정질의 "2027 충청하계U대회 감안, 공기 빠듯"」, 2023년 7월 23일

33 영남일보, 「달빛철도, 2038 대구-광주 아시안게임 유치와 연계하라」, 2023년 4월 24일

34 KBS, 「달빛철도 부정 여론도 있어… 연내 통과가 관건」, 2023년 9월 5일

35 조선일보, 「신설, 개량 공사 착수 - 한재지에 노임 살포」, 1939년 9월 22일

36 동아일보, 「구남철도 속성」, 1927년 2월 4일

37 경향신문, 「광주선 기공, 1965년 7월 3일」

38 경남도민일보, 「달빛내륙철도 순항하려면 정책성 적극 반영·예타 포함 절실」, 2023년 3월 23일

39 무등일보, 「달빛철도 달린다는데 광주역이 설레는 까닭」, 2021년 7월 1일

40 조선비즈, 「전북도, 잼버리 연다며 새만금신공항 예타 면제받고는 첫 삽도 못 떴다」, 2023년 8월 4일

41 미디어오늘, 「새만금 국제공항 논란 속 군산 미군기지의 정체-언론은 침묵」, 2021년 11월 8일

42 서울경제, 「"여주~원주 복선 전철 9월 조기 착공"… 원주 부동산 시장 '들썩'」, 2023년 6월 9일

43 매일신보, 「경동철도를 연장하야 김화전철까지 접속」, 1935년 2월 11일

44 조선총독부철도국, 『朝鮮鐵道狀況 第30回』, 1939년

45 철도청 철도건설국, 『철도건설사』, 1969년

46 G1뉴스, 「여주~원주 복선전철, 오는 9월 조기 착공」, 2023년 6월 1일

47 오석민·이도정, 『철도도시 조치원의 역사와 장시』, 국립민속박물관, 2016년

48 동아일보, 「실현이 된다면 군산항의 대손실」, 1926년 4월 25일

49 밀양문화원, 「지명 - 상남면 기산리」

50 공학저널, 「연약지반 위 신공항 건설, 글로벌 수준 지반공학 기술로 완성된다」, 2023년 6월 22일

51 연합뉴스, 「신공항 백지화 밀양 땅값 폭락 등 후유증에 몸살」, 2011년 4월 5일

52 동아일보, 「철도실측착수 김천삼천포간」, 1927년 1월 20일

53 조선일보, 「지방쇄신」, 1928년 10월 30일

54 조선일보, 「경성 이남의 제이간선 삼천포를 기점?」, 1936년 4월 22일

55 철도청 철도건설국, 앞의 책

56 파이낸셜뉴스, 「보조금·R&D 손질… 역대급 '긴축 재정'」, 2023년 8월 29일

57 거제인터넷신문, 「KTX거제역 '초역세권·역세권 개발' 뒤따르는 역이 돼야 할텐데」, 2023년 5월 19일

58 한국경제, 「대구 軍공항 이전 승인… TK신공항 2030년 들어선다」, 2023년 8월 14일

59 경향신문, 「대구경북통합신공항 '급물살'…미군시설 이전 관련 '협상권한위임 절차' 완료」, 2022년 7월 17일

60 전남매일, 「군 공항 이전, 방향을 분명히 하자」, 2022년 10월 12일

61 광주일보, 「광주공항 이전의 기대치와 허상 - 최영태 전남대 명예교수」, 2023년 6월 7일

62 CJB 청주방송, 「"F35에 밀려날라" 충북도, 청주공항 민항기 전용 활주로 신설 추진」, 2023년 8월 31일

63 이인배, 「서산기지 민항취항과 지역사회 파급효과」, 열린 충남 7, 충남발전연구원, 1997년 3월

64 전북도민일보, 「새만금 국제공항 수요는 충분, 아시아 관문 기대」, 2021년 1월 11일

65 조선일보, 「새만금 공항 수요, 조사할 때마다 줄어… 사업자 선정 절차 중지」,

2023년 9월 1일

66   제주의소리, 「제주 제2공항, 꼭 지어야 하나?」, 2023년 6월 2일

67   대전CBS, 「대전 도시철도 2호선 "자기부상열차 vs 노면전차"」, 2013년 2월 18일

68   디트뉴스, 「트램 환영하던 시민들 돌변한 계기」, 2016년 7월 1일

69   연합뉴스, 「대전도시철 2호선 기종·건설방식 변경… 후폭풍」, 2011년 11월 11일

70   전북일보, 「전주 경전철사업 사실상 취소」, 2007년 8월 27일

71   전북일보, 「전주 '한옥마을 관광트램' 백지화 될 듯」, 2022년 7월 20일

72   TJB NEWS, 「내년 예산에 대전도시철도 트램, 서산공항 반영」, 2023년 8월 23일

73   한국일보, 「1.5조 투입된 김포골드라인은 어떻게 애물단지가 됐나」, 2023년 4월 23일

74   비즈워치, 「원희룡 "5호선 연장, 인천·김포 계속 싸우다 둘다 안 될 수도"」, 2023년 9월 18일

75   NHK, 「"橋がトンネルが崩れる"74万のオープンデータを調べると」, 2022년 12월 6일
      NHK, 「修理や撤去できず 1年以上"通行止め"橋 全国265か所 NHK調査」, 2023년 2월 9일

76   중앙일보, 「강남·서초에 7㎞ 공원 생긴다… 경부고속도로 진입로는 지하로」, 2023년 4월 2일

77   연합뉴스, 「부산 은행건물 침하 현장 조사해보니… 무려 40㎝ 내려앉아」, 2020년 6월 4일

78   부산일보, 「[명지국제신도시 침하 무대책] '연약 퇴적층 위 국제신도시' 느슨한 건축허가에 흔들리는 안전」, 2019년 5월 29일

79   부산일보, 「벌집 구조물·지반동결 공법으로 복구 중… 내년 6월께 개통」, 2022년 7월 10일
      부산일보, 「부전~마산 복선전철 개통 더 늦어질 듯… 일러야 내년 7월」, 2023년 2월 8일

80   부산일보, 「하단~녹산 도시철도, 역사·노선 줄여 속도 낸다」, 2020년 10월 27일

81   국제신문, 「도시철 하단~녹산선 명지 구간, 역사 3곳만 지하화」, 2023년 7월 11일

5장

1   국사편찬위원회

2   디트뉴스24, 「국회 세종의사당' 예산 총액 847억 원…, 2024년 국비 사업은」, 2023년 8월 29일

3   서울특별시, 『서울도시 기본계획 조정수립』, 1970년

4   서울특별시,『72 서울 시정』, 1972년

5   시사저널,「富의 '명문' 압구정동 그늘없는 아파트촌」, 1990년 12월 27일

6   서울특별시,「서울국제교류복합지구」

7   서울시 한강사업본부,「오세훈 시장, 한강 중심의 글로벌 매력도시 청사진 그려…
     '그레이트 한강 프로젝트' 추진계획 발표」, 2023년 3월 9일

8   서울시 도시계획국 도시계획과,「오세훈 시장, 경부간선도로 상부공간 공원화
     착수… 한남에서 양재까지 최대 7km에 이르는 '서울 리니어 파크' 조성」, 2023년 4월
     2일

9   한국경제,「GTX-C '왕십리·인덕원·의왕·상록수역' 신설… B노선도 3개역 추가」,
     2022년 2월 24일
     중앙일보,「GTX-A 28년까지 삼성역 안 서고 통과… C노선은 상록수역 운행」,
     2022년 2월 24일
     땅집고TV,「삼성역 터널 뚫는 데만 2년인데… 터무니없는 GTX-A 개통 계획」,
     2023년 1월 18일
     한국경제,「GTX-A 공사도 차질… 내년 정상 운행 어려워」, 2023년 5월 11일

10   감사원,『광역교통망 구축 추진실태』, 2023년 1월

11   SBS,「"30m 제방 필요"… 1년 전 경고 무시한 행복청」, 2023년 8월 30일
     SBS,「오송 지하차도 참사 1년 전 '사전 경고' 있었는데… 듣지 않은 이유는?」,
     2023년 8월 31일

12   아시아타임즈,「'재난의 일상화'… 대규모 지하차도 조성 사업 이대로 괜찮나?」,
     2023년 8월 21일

13   조선일보,「'압구정 힐스'와 '성수동 밸리'… 1km 보행교로 연결한다」, 2023년 7월
     11일

14   중앙일보,「"한국이 압구정공화국인가" 고발까지 간 3구역 사태 전말」, 2023년 7월
     20일
     한국건설신문,「압구정3구역 신통기획, 설계안 놓고 '진흙탕 싸움'」, 2023년 7월 14일

15   땅집고TV,「3100억 보행교 공방… 서울시 "조합 실무 제안" vs. 압구정 "협의
     없었다"」, 2023년 8월 9일
     서울특별시 대변인,「(해명자료) 3100억 보행교 공방… 서울시 "조합 실무 제안" vs.
     압구정 "협의 없었다"」, 2023년 8월 10일

16   서울시,「잠수교 전면 보행화 기획 디자인 공모」

17   서울시 도시계획국 도시계획과,「오세훈 시장, 경부간선도로 상부공간 공원화
     착수… 한남에서 양재까지 최대 7km에 이르는 '서울 리니어 파크' 조성」, 2023년 4월
     2일

18   손정목,『서울 도시계획 이야기 2』, 한울아카데미, 2003년

19   경향신문, 「샛강 매립 재검토 - 홍수 때 피해 줄여」, 1984년 9월 18일

20   뉴스톱, 「[윤석열미터 1년] 제1기 신도시 재건축 및 리모델링→진행중」, 2023년 4월 26일

21   대한경제, 「1기 신도시 승강기 교체 지원 '형평성 논란'」, 2023년 6월 26일

22   헬로뉴스, 「김포·인천 주민단체, 5호선 노선 중재 촉구」, 2023년 8월 7일

23   조선일보, 「경성=포천=김화간 고속도 전철 부설」, 1938년 1월 31일

24   매일경제, 「시끌시끌 평택지제 역세권 - 택지 지정보다 GTX-A·C 연장 확정이 변수」, 2023년 6월 23일

25   평택시사신문, 「홍기원 국회의원 첫 의정보고회 "명품도시 평택, 박차 가할 것"」, 2023년 4월 26일

26   파이낸셜뉴스, 「개발호재 잇따르는 경기 연천, 제일건설 '제일풍경채' 수혜지로」, 2023년 5월 23일

27   경인일보, 「의정부 캠프 카일 도시개발사업, 국방부는 '동의했나 안 했나?'」, 2022년 2월 27일

28   아시아경제, 「경기도 의정부 '금의지구' 뉴타운사업 해제」, 2012년 10월 10일

29   아유경제, 「금의1구역 재개발, 정비구역 지정 '해제' - 결과적으로 의정부 뉴타운사업 전멸」, 2019년 1월 4일

30   헬로tv뉴스, 「김동연, 경기북부특별자치도 설치 지원 요청」, 2023년 9월 15일

31   뉴데일리, 「경기 동탄~청주공항 수도권내륙선 예타 6개월 연장」, 2023년 7월 10일

32   충북일보, 「충북혁신도시 인구, 증감 반복」, 2023년 8월 24일

33   충청리뷰, 「음성군 진천군, 시 승격 가능한가」, 2023년 6월 1일

34   MBC충북, 「"수도권 내륙선 충북 무관" 지사 발언 논란」, 2021년 3월 4일

35   한국경제, 「충남 태안 솔라고CC 인근에 아파트 '힐스테이트 현대첨단기업도시' 들어서」, 2022년 10월 31일

36   조선일보, 「서해선 시흥시청역 복합환승센터 개발 사업 결국 무산」, 2023년 7월 14일

37   양평시민의소리, 「용문-홍천 광역철도, 양평군 중간정차역 신설 요구가 걸림돌?」, 2023년 2월 2일
      경기일보, 「통과만 하는 '봉인열차'를 두고 볼 건가/양평, '용문~홍천'鐵 정차역 싸울 때다」, 2022년 8월 28일

38   G1뉴스, 「포천~철원 고속도로 '새국면'… 1순위 가능?」, 2022년 8월 18일

39   TBS, 「철원서 의정부성모병원 퇴원자·목욕탕 감염 등 연이어 확진」, 2020년 4월 15일

40   OBS, 「포천~철원 고속도로 연장, 꼭 필요한 이유를 말씀드립니다」, 2023년 7월 19일

41   G1뉴스, 「통근버스로 줄줄이… 갈길 먼 '정착'」, 2022년 12월 22일

42 G1뉴스, 「원주시 "기업 모셔올 땅 마련 안간힘"」, 2023년 4월 4일

43 서울Pn, 「드라마 겨울연가 촬영지 춘천 '준상이네 집' 보존된다」, 2021년 3월 9일

44 춘천MBC, 「'망대' 이전 복원… 1962년 사진 첫 공개」, 2023년 8월 3일

6장

1 포항제철 사사 편찬위원회, 『영일만에서 광양만까지』, 포항종합제철주식회사, 1993년

2 오원철, 『박정희는 어떻게 경제강국 만들었나』, 동서문화사, 2006년

3 허열 외, 「광양지역 해성점토의 물리적 특성 분석」, 『한국지반환경공학회 논문집』 11-12, 한국지반환경공학회, 2010년

4 인천일보, 「송도국제도시 매립 지반침하 예방해야」, 2016년 6월 28일

5 목포MBC, 「"도시가 가라앉는다"… 지반침하 원인은?」, 2010년 11월 16일

6 투데이군산, 「새만금~전주 고속도로 조기개통 제2의 전군 전용도로 부실 우려」, 2021년 11월 24일

7 삼성종합건설주식회사, 『공사지 - 광양제철소 연약지반 개량』, 1987년

8 한국경제, 「토지공사, 녹산공단 연약지반 처리공사 25m까지만 실시」, 1996년 7월 23일
매일경제, 「녹산국가공단 부실공사, 지반침하심각」, 1996년 8월 30일
연합뉴스, 「부산 은행건물 침하 현장 조사해보니… 무려 40㎝ 내려앉아」, 2020년 6월 4일

9 YTN, 「"부산신항, 세계적 항만 되려면 연약지반부터 다져야"」, 2019년 8월 16일
경남도민일보, 「쩍쩍 갈라진 부산신항 매립지 기업 피해 누가 책임지나」, 2022년 8월 25일

10 부산일보, 「"부전-마산 복선전철 지반침하… 정부, 뭐하나"」, 2021년 10월 12일

11 부산제일경제, 「'연기에 연기에 또 연기' 부전-마산선 광역철도, 올해는 개통하나」, 2023년 2월 7일

12 연합뉴스, 「모래 위의 성?… 땅 꺼짐 공포 확산 '명지국제신도시'」, 2019년 4월 25일
부산일보, 「[명지국제신도시 침하 무대책] '연약 퇴적층 위 국제신도시' 느슨한 건축 허가에 흔들리는 안전」, 2019년 5월 29일

13 부산일보, 「"연약지반" 양산신도시 지하수 개발 더 이상 못 한다」, 2017년 12월 18일

14 매일경제, 「국토부 "부산신항 매립지 1.5m 침하… 지반 약한 가덕도 위험"」, 2021년 2월 26일

15 KNN, 「북항 매립지 '염분 범벅', 공원 나무도 고사」, 2023년 8월 2일

KNN, 「북항 지하주차장, 벽면에 바닷물 '줄줄'」, 2023년 8월 2일

16 중앙일보, 「"전북도, 2년 전 잼버리 부지 지반 침하 알고도 조성 강행"」, 2023년 8월 11일

17 연합뉴스, 「"부산 문현단지·북항지구 묶어 금융특구로"」, 2015년 2월 3일
한국경제, 「부산 북항 3단계 재개발 청사진… "미군 보급창 부지, 엑스포 활용"」, 2023년 8월 3일

18 영남경제신문, 「포항시민 89% "제철소 공해로 환경문제 심각"」, 2021년 11월 30일

19 박두규, 『광양에서 희망을 만나다』, 북셀프, 2013년

20 광양뉴스, 「순천대 "의대 설립하면…"」, 2013년 3월 11일
데일리메디, 「순천시, 신대지구 700병상 규모 대형병원 유치 추진」, 2020년 6월 22일
아시아경제, 「순천시, 의대신설 가시화… 당위성과 그동안의 추진경위는?」, 2020년 7월 27일
전남CBS, 「'유치도 안됐는데 벌써?' 순천·여수 대학병원 놓고 갈등」, 2020년 8월 14일

21 문화일보, 「캠프 '무적'은… 한반도 유일 美해병대, 봉사단체만 14개 활동」, 2011년 1월 19일

22 경기북부포커스, 「국방부, 의정부 금오동 유류저유소와 인근지역 심각한 환경오염 외면」, 2014년 3월 26일

23 조선일보, 「인천 캠프 마켓 부지에 수도권 최대 식물원」, 2023년 9월 8일

24 대경일보, 「포항에 드디어 4성급 특급호텔 들어선다」, 2022년 12월 1일

25 경북일보, 「[포스코 50년] 1. 대한민국의 꿈 일관제철소 왜 포항인가?」, 2018년 1월 1일

26 비즈워치, 「포스코홀딩스, 본사 소재지 포항으로… '임직원은 서울 근무'」, 2023년 3월 17일

27 아시아타임즈, 「"원래 주소만…" vs "비상식"… 포스코 '본사 이전' 갈등 고조」, 2023년 6월 16일

28 스카이데일리, 「반세기 상생 '포스코와 균열'… 지역경제 일파만파, <50> 경북 포항시」, 2022년 12월 3일

29 부산일보, 「[부산항 동북아 중심항으로]<2> '투포트시스템' 한계」, 2009년 1월 18일

30 포항종합제철주식회사, 『사진으로 보는 포항종합제철 십년』, 1978년
광양군지편찬위원회, 『광양군지』, 1983년

31 뉴시스, 「포항시, 이차전지 소재 산업으로 재도약한다」, 2023년 4월 12일

32 한국경제TV, 「'2차전지' 뜨거운 포스코, 광양에 4.4조 베팅」, 2023년 4월 19일

33 내일신문, 「전남 광양, 기업투자로 산업용지 '부족', 2023년 3월 2일」

34 미디어워치, 「포스코맨 김정권 "광양제철 사택단지 때도 그러더니" 격정 토로」,

2011년 12월 5일

35 남해안신문, 「27만도 위협당한 여수, '5년후 30만 인구'… 헛구호(?), 2023년 9월 10일」

36 뉴스탑전남, 「묘도준설토 투기장 '산단용지' 개발 요구」, 2011년 6월 7일

37 여수MBC, 「여수 묘도 동북아 에너지 허브 '기대감'」, 2023년 5월 17일

38 경남열린신문, 「창원특례시, 2022방위산업발전 유공기업에 감사패 전달」, 2022년 12월 29일

39 아시아경제, 「누리호 3차 발사 성공, 전문가·관계자 브리핑」, 2023년 5월 25일

40 서울경제, 「한화에어로, 폴란드와 무인기술·천무 생산 협력」, 2023년 9월 10일

41 무등일보, 「고흥군, 단조립장 순천 결정에 "나로우주센터 폐쇄하자" 격앙」, 2023년 4월 19일

42 KNN, 「'헬기부터 UAM까지' KAI 회전익비행센터 착공」, 2023년 8월 31일,

43 조선비즈, 「한화, 누리호 다음 차세대 발사체도 조준… KAI와 대결」, 2023년 5월 24일

44 경남도민일보, 「창원 단독주택지구 규제 얼마나 풀릴까… 재정비안 곧 공개한다」, 2023년 7월 13일

45 남화숙, 『배 만들기, 나라 만들기』, 후마니타스, 2014년

46 이코노미스트, 「이승만은 "남궁이가 해냈구나" 극찬」, 2006년 2월 27일

47 국제신문, 「HJ重이 곧 영도… 작년 말 6500억 일감 확보로 부활 기지개」, 2023년 1월 29일

48 양승훈, 『중공업 가족의 유토피아』, 오월의봄, 2019년

49 부산일보, 「조선소 인력난 숨통 트이나… 외국인 숙련공 수혈」, 2023년 1월 3일

50 중앙일보, 「울산 조선소 태국 근로자 7명 사라졌다… "월급 270만원 탓"」, 2023년 5월 23일

51 경남도민일보, 「내년에 마산~부전 '전철' 탈 수 있을까?」, 2023년 6월 27일

52 헬로tv뉴스, 「부울경 광역철도 본궤도… 노포동 개발 기대감 커져」, 2023년 5월 26일

53 철도경제, 「올해 개통 물 건너간 부전-마산선… "공정률 99% 달성 목표"」, 2023년 6월 2일

54 KBS, 「부산대 양산캠퍼스 절반은 20년째 우범지대」, 2023년 3월 20일

55 양산시민신문, 「천연물안전관리원 '첫 삽'… 부산대 양산캠퍼스 유휴부지 개발 신호탄」, 2023년 7월 11일

56 부산MBC, 「양산시 최대현안은 역시 부산대 유휴부지」, 2023년 5월 30일

57 부산일보, 「새 그림 그리는 옛 밀양대 부지, 17년 방치 끝낸다」, 2022년 2월 16일
동아일보, 「텅 빈 캠퍼스, 지역문제 해결 아이디어로 꽉 채운다」, 2023년 8월 11일

58 시사저널, 「'나노클러스터' 추진 중인 밀양에 찬물 끼얹는 부산대」, 2018년 11월 7일

59 부대신문, 「[22 밀양캠 진단] '16년간 외침' 변화는 없었다」, 2022년 6월 3일

60 SBS, 「"삼양라면에 CJ대한통운까지"… 밀양 나노 산업단지, 인기 비결은?」, 2023년 2월 16일

61 부산일보, 「부산도시철도 노포정관선 건설사업 예타조사 대상 선정」, 2023년 7월 20일

62 울산제일일보, 「'동해선 개통' 부산으로 울산인구 유출 늘어」, 2022년 12월 7일

7장

1 금강일보, 「섞이지 못하는 대전·세종·충남·충북」, 2022년 6월 28일

2 충청일보, 「김영환 충북지사 "세종역 고집 세종시는 충청 밉상"」, 2023년 1월 8일

3 동아일보, 「합병설과 양 도민의 분기 - 청주시민의 사활상 문제」, 1929년 1월 30일

4 충남일보, 「세종시 출범 10년, 명암과 과제 (上) 세종시 인구 80만 도시 달성 가능할까?」, 2021년 8월 17일

5 박해천, 『확장도시 인천』, 마티, 2016년

6 중부매일, 「공주시, 송선·동현동 신도시 개발 '속도'」, 2021년 6월 23일
   금강일보, 「공주 송선·동현 신도시 백지화 수순」, 2022년 7월 4일
   세종의 소리, 「공주 '송선·동현지구', 공청회 거쳐 사업 재개한다」, 2023년 5월 31일

7 연합뉴스, 「"서대전역 사태 아픈 기억… 대전도 KTX 세종역 고민 필요하다"」, 2018년 11월 7일

8 주간조선, 「'오송 참사'의 숨은 원인들-행복청은 왜 세종 아닌 청주서 공사판 벌였나?」, 2023년 7월 28일

9 동아일보, 「충북도, 오송 제3국가산단 조성 속도낸다」, 2023년 8월 22일

10 금강일보, 「제5차 철도계획에 바빠진 영·호남… 사통팔달 대전에 구애」, 2023년 2월 27일

11 서울신문, 「전북 포함 광역교통 대도시권 재조정된다」, 2022년 7월 13일

12 전북일보, 「집토끼 키우기」, 2019년 4월 7일

13 한국경제, 「"명당 자리도 먼지 쌓인 채 공실"… 세종시 상가 '초비상'」, 2023년 6월 7일
   디트뉴스24, 「공실 상가에 기업 유치·스타 점포 육성"… 세종시 공실 해법 될까」, 2023년 8월 27일

14 전자신문, 「대통령 세종 제2집무실, 총 3800억원 투입해 2027년 완공」, 2023년 9월 6일
   세종의소리, 「세종시는 잔칫집… 세종의사당 국회 규칙, 소위 통과」, 2023년 8월

23일

15 조선비즈, 「이케아 출점 포기에 날아간 계룡의 꿈」, 2022년 4월 17일

뉴시스, 「이케아 계룡점 부지에 대형유통업체 유치할 수 있을까」, 2023년 6월 20일

16 익산신문, 「이리변전소 주변 2.5km 송전탑 11기 철거」, 2014년 2월 21일

8장

1 경북일보, 「'전국 2시간 생활권' 김천, 철도특별시로 급부상」, 2022년 12월 13일

2 전북일보, 「'전주~김천 철도' 언제까지 미적거릴텐가」, 2023년 5월 24일

3 조선일보, 「주민 건강 위협하는 안심연료단지 이전 가능할까?」, 2012년 9월 3일

4 쿠키뉴스, 「TK신공항 화물터미널 입지 놓고 대구시·의성주민 갈등 고조」, 2023년 9월 12일

5 경북일보, 「구미공단 4단지 분양 저조」, 2007년 7월 22일

6 대구신문, 「구미하이테크밸리 산업용지 분양 호조」, 2022년 3월 6일

7 TBC뉴스, 「구미 5산단 공장용지 '완판'」, 2023년 8월 20일

8 전자신문, 「금오공대·구미상의, 29일 지역소멸 위기극복 위한 지역상생 비전공유회 개최」, 2022년 3월 29일

9 HCN새로넷방송, 「신공항 활주로 주민설명회 파행… "전투기 소음 못참는다"」, 2023년 9월 18일

10 매일신문, 「대구시 신청사 백지화 수순?' 홍준표 "달서구 시의원들이 설계 예산 전액 삭감, 추진 여부 재검토"」, 2022년 12월 15일

11 대구CBS, 「대구시청 신청사 관련 예산 내년에도 미반영」, 2023년 9월 7일

12 시사저널, 「"미래와 역사가 공존하는 역동적인 대구 중구 만들겠다"」, 2023년 7월 2일

13 동아일보, 「서울시청 이전 부지확보 안된 채 '논란' 재연」, 1992년 9월 17일

14 부산일보, 「인천에 인구 역전 초읽기 부산, 생활인구 잡아라」, 2023년 1월 2일

15 대구신문, 「대구 미군부대 이전 사업 여전히 '안갯속'」, 2022년 12월 6일

16 매일신문, 「대구 도심 군부대 통합 이전, 국군부대-미군기지 따로 한다」, 2022년 12월 28일

17 대구일보, 「100년 만에 캠프워커 돌아온 날… 마지막 원주민, 눈물의 작별」, 2021년 12월 9일

18 경북타임즈, 「선산 주민들, 구미-칠곡 통합 반대 그 이유는」, 2012년 7월 10일

19 아시아경제, 「도로 열기에 '중앙 분리대'도 벌러덩 누웠다… 과연 '대프리카'」, 2023년 8월 3일

20 연합뉴스, 「대구도시철도 4호선 2030년 개통… 대구시 기본계획 확정」, 2023년 6월 28일

21 매일신문, 「좌초 위기 달서중·고교 이전, 학교가 나서나?」, 2023년 6월 18일

9장

1 대구일보, 「'중앙선 복선전철 개통, 지역발전 위기인가 기회인가' 세미나」, 2019년 12월 10일

2 충북인뉴스, 「"충북이 청주공화국입니까?"」, 2004년 7월 29일
   전북도민일보, 「KTX 익산역, 정치적 재물은 이제 그만」, 2006년 9월 25일

3 충청일보, 「소외되는 제천·단양」, 2011년 5월 16일

4 충북인뉴스, 「충주비료공장 '그때 그 사람들'」, 2006년 4월 1일

5 충북일보, 「제천·단양 시멘트업체 오염물질 배출 '펑펑'」, 2022년 7월 18일

6 딜사이트, 「애물단지 하이원ENT 결국 청산」, 2023년 2월 6일

7 강원도민일보, 「3만명대로 주저앉은 태백시 인구, 소멸 위기 고착화」, 2022년 8월 19일

8 디지털영월문화대전, 「모운동」

9 연합뉴스, 「경북도청 신도시 활성화 방안은… "접근성 확보·문화관광 육성"」, 2019년 1월 30일

10 안동인터넷뉴스, 「도청신도시의 내부교통 문제」, 2021년 7월 28일
    내일신문, 「경북도청 신도시 기반시설 '엉터리'」, 2021년 11월 11일

11 경상북도개발공사, 「경북도청 신도시 - 인구 및 주택 공급계획」

12 경북매일, 「경북도 신도시, 인구 10만 도시는 희망사항?」, 2023년 5월 9일

10장

1 동아사이언스, 「산불이 더 날카로워지고 있다」, 2022년 4월 2일
   강원지방기상청 기후서비스과, 「강원영동의 기상환경, 대형산불의 위험성 가장 높아」, 2022년 4월 8일
   연합뉴스, 「[동해안산불 1년] ⑤ 기후변화→산불→기후변화… 산림 파괴 악순환」, 2023년 2월 26일

2 강원도민일보, 「영동지역 시장·군수 '해안침식' 대응 한목소리」, 2020년 11월 6일
   강원영동CBS, 「해안침식에 바닥 드러난 데크 산책로… 근본대책 시급」, 2021년 9월

13일

강원영동CBS, 「'해안침식' 심각 강릉 순굿~사근진 일대 '국민안심해안' 조성」, 2023년 7월 19일

3   한국경제, 「산불 난 하와이, 경제적 비용 10조원」, 2023년 8월 15일

4   강원도민일보, 「"몸만 빠져 나왔다" 강릉산불 경포동·사천면 주택가로 번져 '아비규환'」, 2023년 4월 11일

5   한국경제, 「속초 아파트, 6개월 만에 1억 뛰었다… '나홀로 상승' 이유」, 2022년 2월 15일

6   한국민족문화대백과사전, 「동양시멘트」

7   KBS, 「침체된 폐광지 '탄광 대신 관광' 사활」, 2021년 9월 9일

8   강원도민일보, 「강릉 포스코 페놀 유출 원인 공방」, 2013년 9월 25일

9   비즈워치, 「정준양+권오준, 옥계 마그네슘 공장 1500억 날렸다」, 2015년 3월 25일

10   강원일보, 「10년 전 조성된 옥계일반산업단지 투자 소식 감감」, 2022년 11월 29일

11   디지털삼척문화대전, 「삼척화력발전소」

12   한겨레, 「삼척 어디서든 보인다… 울화가 치솟는 굴뚝 [이 순간]」, 2023년 6월 5일
한국경제, 「정부가 약속해놓고… 동해안 송전탑 15년째 삽도 못 떴다」, 2023년 7월 20일

13   연합뉴스, 「삼척블루파워, 회사채시장서 재도전… '안티ESG' 기류타고 성공할까」, 2023년 8월 2일
딜사이트, 「삼척블루파워, 상업가동 지연… 회사채 만기 '째깍째깍'」, 2023년 9월 12일
현대건강신문, 「환경운동가 또 연행, 이번엔 포스코 삼척석탄발전소 봉쇄」, 2023년 9월 13일

14   강원도민일보, 「삼척 원전 유치 재개, 철회 3년만 논란 불씨」, 2022년 6월 28일
KBS, 「삼척 '원전 해제용지' 개발사업 속도… 민자 유치 관건」, 2023년 2월 22일

15   경향신문, 「"북방교역 교두보" 설레는 동해안 항구들」, 1989년 1월 9일

16   미래일보, 「남헌기 동해 망상1지구 사업자 동해이씨티국제복합관광도시개발(유) 회장」, 2021년 4월 19일
강원도민일보, 「동해 망상1지구 사업 '인천 건축왕' 관여 불가… 경매 개시로 사업 정상화 임박」, 2023년 4월 23일
강원도민일보, 「'건축왕' 특혜 의혹 동해경자구역 망상1지구 사업자 취소 절차 돌입」, 2023년 6월 13일
강원도민일보, 「경찰, '망상1지구 특혜의혹' 동자청 등 4곳 압수수색… 수사 급물살」, 2023년 7월 11일

17   영남일보, 「영덕 강구항 지난해 입장객 많은 관광지 '전국 8위'… TK에선 유일 상위

10위권」, 2023년 6월 23일

18 뉴스핌, 「[기획] ② 울진 미래먹거리 '원자력수소 국가산단' 어떻게 완성되나」, 2023년 4월 25일

11장

1 김영정 외, 『근대 항구도시 군산의 형성과 변화』, 한울아카데미, 2006년

2 동아일보, 「군장산업기지 꿈부푼 대역사 한창」, 1989년 11월 6일

3 건설부, 『군장 산업기지개발조사설계용역 착수보고서』, 1989년

4 뉴스서천, 「장항제련소의 어제와 오늘 (3)수변 주민들의 집단 암발병 사태와 제련소 폐쇄」, 2022년 11월 17일

5 홍금수, 『전라북도 연해 지역의 간척과 경관 변화』, 국립민속박물관, 2008년

6 시사우리신문, 「전주-새만금-군장 통합론 재점화… 도내 첫 광역시 탄생할까?」, 2011년 7월 11일

7 전북일보, 「서해안시대 새만금의 미래와 전라북도… "새만금 궁극 목표 되새겨야"」, 2020년 11월 11일

8 한국민족문화대백과사전, 「대산산업단지」

9 매일경제, 「서해안 시대 청사진을 펼친다 현지 르포 1 인천」, 1989년 10월 23일
매일경제, 「서해안 시대 청사진을 펼친다 현지 르포 2 시화지구」, 1989년 10월 25일
매일경제, 「서해안 시대 청사진을 펼친다 현지 르포 3 아산만 지역」, 1989년 10월 30일
매일경제, 「서해안 시대 청사진을 펼친다 현지 르포 4 대산지역」, 1989년 11월 7일
매일경제, 「서해안 시대 청사진을 펼친다 현지 르포 5 대천지역」, 1989년 11월 8일
매일경제, 「서해안 시대 청사진을 펼친다 현지 르포 6 군장지역」, 1989년 11월 13일
매일경제, 「서해안 시대 청사진을 펼친다 현지 르포 7 새만금지역」, 1989년 11월 15일
매일경제, 「서해안 시대 청사진을 펼친다 현지 르포 8 광주지역」, 1989년 11월 18일
매일경제, 「서해안 시대 청사진을 펼친다 현지 르포 9 목포지역」, 1989년 11월 20일

10 인천일보, 「[유동현의 노상인천] 콜레라와 미군 기름」, 2016년 9월 2일

11 조세일보, 「美 IRA 규제 우회하려고, 한국에 투자하는 중국 배터리」, 2023년 7월 31일

12 뉴스웨이, 「K배터리, 중국과 아슬아슬 '줄타기'…정치적 리스크 '살얼음판'」, 2023년 5월 2일

13 중앙일보, 「면적 32.95㎢ → 5.3㎢ 무안기업도시 사라지나」, 2012년 4월 24일
시민의소리, 「무안기업도시 결국 막 내리다」, 2013년 2월 14일

14 중앙일보, 「서울시 면적 3분의 2 맞먹는 간척지」, 2010년 4월 22일

15 동아일보, 「GM 군산공장 인수한 명신 "2021년부터 전기차 年 3만대 생산"」, 2019년 10월 18일

16 오토타임즈, 「군산공장 인수한 명신, 4년 동안 생산은 전무」, 2023년 6월 1일

17 군산미래신문, 「군산형 일자리 지정 3년, 정상궤도 언제 진입하나」, 2023년 7월 7일

18 JTBC, 「디커플링의 원심력… '세계의 공장'도 탈중국」, 2023년 4월 18일
파이낸셜뉴스, 「"새만금에 무슨 일?" 친환경에너지 中企 '메카' 부상」, 2023년 4월 25일

19 연합뉴스, 「새만금·군산 투자 줄줄이 철회… 협약 기업 중 31% '포기'」, 2022년 10월 5일

20 한국경제TV, 「614조 투자 '마중물'… 특화단지 7곳 지정」, 2023년 7월 20일

21 JTV, 「이차전지 특화단지' 새만금… 산업지도 바꾼다」, 2023년 7월 20일

22 한국경제TV, 「이번엔 2차전지… 정권따라 춤추는 새만금에 가봤습니다」, 2023년 6월 1일

23 새전북신문, 「새만금잼버리 만시지탄」, 2023년 8월 8일

24 국민일보, 「새만금 첫 도시 '스마트 수변도시' 조성 가속도」, 2022년 5월 13일
세계일보, 「새만금 수변도시 매립 공사 준공 현장 가보니…」, 2023년 6월 18일

25 전북도민일보, 「새만금 수변도시 공공기관 이전을」, 2023년 6월 26일

26 전북일보, 「전국 곳곳 메가시티 좌초… '새만금 메가시티' 향방은」, 2022년 9월 26일

27 전북일보, 「새만금 내부용지 55% 노출 '개발 속도'」, 2015년 5월 18일

28 전북도민일보, 「새만금 관광레저용지, 1조원 투자 되나」, 2017년 6월 12일

29 전라북도, 『2023년 새만금 제25회 세계스카우트 잼버리 유치활동 결과보고서』, 2018년

30 전북중앙, 「폭염-운영 미숙까지… '새만금의 악몽' 되나」, 2023년 8월 3일

31 전주MBC, 「새만금 철수… 전라북도 후폭풍 극심할 듯」, 2023년 8월 7일

32 연합뉴스, 「골프붐에 "대형 골프장 짓겠다" 늘어… 환경오염행위 적발도 증가」, 2022년 9월 10일
KBC, 「불법 증축에 농업용수 논란까지… 골프장 저류지가 뭐길래?」, 2023년 6월 19일

33 SBS, 「새 잡는 풍력발전소… 하루 1,300마리 희생」, 2013년 12월 10일

34 한국농정, 「여전한 농산어촌 파괴, 신재생에너지로 고통받는 농민들」, 2023년 8월 13일
한국농정, 「비리로 얼룩진 신재생에너지, 여전히 '돈벌이 수단'으로 확산 중」, 2023년 8월 13일
한국농정, 「풍력발전에 파괴되는 농산어촌… 결국 떠나가는 주민들」, 2023년 8월 13일

35   조선일보, 「세금으로 지인 땅 보상… 보성·강진군 공무원 비리 무더기 적발」, 2023년 6월 22일

      조선일보, 「檢, '안면도 태양광 비리' 산업부·태안군청 압수수색」, 2023년 7월 28일

36   뉴시스, 「풍황계측기 먼저 꽂으면 임자?… 웃돈 주고 사업권 팔아 수억 장사[알박기 신재생①]」, 2023년 8월 5일

      조선일보, 「검찰, '새만금 태양광 비리 의혹' 군산시청 압수수색」, 2023년 7월 26일

37   YTN, 「기업도시 '솔라시도' 청사진… "네옴시티급 명품 도시"」, 2023년 6월 21일

38   KBC, 「애물단지 솔라시도 기업도시 '에너지·생태·관광도시로'」, 2023년 6월 20일

39   한국경제, 「"골프장을 앞마당처럼"… 태안 기업도시에 첫 '힐스테이트'」, 2022년 11월 3일

40   KBS, 「웅동 임시사용허가 취소 절차… 골프장 문 닫나?」, 2023년 5월 4일

41   YTN, 「해남 '솔라시도'에 국내 최대 규모 데이터센터 파크 조성」, 2023년 8월 27일

42   머니투데이, 「정부 "데이터센터 지방 분산"… 기업들은 "비수도권 어려워" 맞서는 이유」, 2023년 6월 4일

43   연합뉴스, 「김해시장 "NHN 데이터센터 건립, 지속추진 가능성 낮아"」, 2023년 6월 28일

44   경인일보, 「카카오 자체 데이터센터… 안산·시흥 엇갈린 운명」, 2022년 12월 7일

45   위키리크스한국, 「김포 주민 우려는 안중에도 없나… 디지털리얼티코리아, 구래동 데이터센터 설립 논란」, 2022년 12월 6일

46   전자신문, 「광주, AI 대표도시로 자리매김… 데이터센터 구축·기업유치 '착착'」, 2023년 5월 23일

47   한국경제, 「"지역경제 버팀목" vs "주민 불안"… 영광의 원전 딜레마」, 2017년 3월 8일

48   TJB, 「화력발전소 폐지 지역 살리기 본격화… 특별법 발의」, 2023년 8월 22일

49   한국문화원연합회, 「군산 해망동 달동네」

50   한국문화원연합회, 「군산 장미동 피난촌」

51   투데이군산, 「궁멀에서 서래장터까지(구암·내흥·조촌·경암동 일대)」, 2022년 8월 31일

52   전북 투데이, 「"전주항공대대 이전 문제, 시장 임기 내에 해결해야"」, 2022년 3월 16일

53   세계일보, 「"좋은 것 다 뺏기고 소음만"… 의성 주민 150명 '공항이전 반대'」, 2023년 9월 12일

54   뉴스1, 「"인구 3만 붕괴위기 우리만 몰아세워" 함평군, 김영록 지사에 볼멘소리, 왜」, 2023년 7월 2일

12장

1 뉴시스, 「장성군, 인구 '5만 회복' 청신호··· 첨단3지구 3820가구 건립 확정」, 2023년 1월 9일

2 시사저널, 「'50년 역사' 고려시멘트 장성공장 내달 문 닫는다」, 2023년 7월 5일

3 광주CBS, 「이병노 담양군수, "부자 농촌, 향촌 복지 실현 목표"」, 2023년 1월 18일

4 광주일보, 「화순군 인구 증가에 모처럼 '활짝'」, 2021년 9월 8일

5 테넌트뉴스, 「광주 시너지타운, 서울 가로수길·성수동과 견주는 핫한 상업 공간」, 2022년 2월 3일

6 광주일보, 「전방·일신방직 터에 49층 호텔·4000세대 아파트 건립」, 2023년 6월 25일

7 KBC, 「'17년 진통' 광주 광천동 재개발 본궤도 올라」, 2023년 7월 16일

8 경향신문, 「500년 집성촌에 남은 집 한 채」, 2018년 6월 8일

9 조귀동, 『전라디언의 굴레』, 생각의힘, 2021년

10 나주시청, 『민선6기 시정백서, 2014-2018 혁신도시』

11 이데일리, 「나주 SRF열병합발전소 곧 상업운전··· 시한부 가동 후 연료전환 '가닥'」, 2022년 7월 20일

12 전남일보, 「목표 5만명인데··· 되레 인구 줄어든 나주 혁신도시」, 2022년 7월 20일

13 KBC, 「전국 최초 혁신도시 잇는 '광주-나주 광역철도' 탄력」, 2023년 5월 9일

14 매일경제, 「무안 "통합땐 목포에 흡수될 것"」, 2009년 9월 9일

13장

1 동아일보, 「제주 윤환 철도」, 1927년 8월 19일

2 동아일보, 「제주도 순환 철도」, 1927년 8월 4일

3 조선일보, 「철거될 수인선 협궤철도 제주-만장굴 관광열차로」, 1977년 6월 5일

4 제주의소리, 「중국 단체여행에 제주도 '반색'··· 불법 체류-외국인 범죄는 '걱정'」, 2023년 8월 20일

5 제주의소리, 「제주 제2공항, 꼭 지어야 하나?」, 2023년 6월 2일

6 헤드라인제주, 「다시, 제주생명평화대행진을 준비하며」, 2023년 8월 3일

7 미디어제주, 「지난해 제주 인구 2275명 증가··· 각종 지표는 악화일로 '심각'」, 2023년 2월 28일

8 이우연, 『한국의 산림 소유제도와 정책의 역사, 1600~1987』, 일조각, 2010년

9 서귀포신문, 「10년에 걸친 대공사로 뚫어낸 물길」, 2022년 6월 17일

10 JIBS, 「제주 지하수 침묵의 경고」, 2020년 4월 19일

JIBS, 「제주 지하수의 경고 '바다의 역습'」, 2022년 1월 3일

11 문화일보, 「"구글·테슬라, 우리 지역에 오지 마"… 최악 가뭄에 홀대받는 글로벌기업」, 2023년 7월 25일

세계일보, 「NYT "美 지하 수자원 고갈 심각… 농업 생산량에 큰 타격 줄 수도"」, 2023년 8월 30일

12 연합뉴스, 「"하수는 바다로 쏟아지는데, 처리 어쩌나"… 제주도의 고민」, 2022년 1월 4일

13 제주의소리, 「우여곡절 끝 '제주하수처리시설 현대화사업' 첫 삽…, 2028년 준공 목표」, 2023년 6월 15일

14 제주의소리, 「폐기물 삼킨 제주 땅… 쓰레기로 신음하는 매립장」, 2022년 1월 10일

제주일보, 「넘쳐나는 쓰레기 처리 한계… 혈세 수백억 들여 도외 반출 '되풀이'」, 2022년 3월 17일

15 한국은행 제주본부, 「최근 제주지역 청년인구 순유출 요인 및 시사점」, 2023년 6월 14일

16 문화관광저널, 「관광객 NO! 제주도 투어리즘 포비아 확산」, 2018년 8월 14일

17 동아일보, 「장롱면허 탈출 성지'된 제주… 초보 렌터카들 아찔한 질주」, 2018년 10월 3일

18 류종표, 『새마을운동』, 서울신문사, 1973년

19 강주영, 「제주지역의 농촌주택개량사업 특성에 관한 연구」, 제주대학교 산업대학원 건축공학과, 2021년도 석사학위논문

이 책에 나오는 지명 색인

한국 도시의 미래

초판 1쇄 발행 2024년 1월 17일
초판 4쇄 발행 2024년 7월 19일

지은이 김시덕
펴낸이 김선준

편집이사 서선행
책임편집 이주영 **편집1팀** 임나리 **디자인** 김예은
마케팅팀 권두리, 이진규, 신동빈
홍보팀 조아란, 장태수, 이은정, 권희, 유준상, 박미정, 박지훈
경영지원 송현주, 권송이

펴낸곳 ㈜콘텐츠그룹 포레스트 **출판등록** 2021년 4월 16일 제2021-000079호
주소 서울시 영등포구 여의대로 108 파크원타워1 28층
전화 02)332-5855 **팩스** 070)4170-4865
홈페이지 www.forestbooks.co.kr
종이 ㈜월드페이퍼 **출력·인쇄·후가공** 더블비 **제본** 책공감

ISBN 979-11-93506-29-5 (03320)

㈜콘텐츠그룹 포레스트는 독자 여러분의 책에 관한 아이디어와 원고 투고를 기다리고 있습니다. 책 출간을 원하시는 분은 이메일 writer@forestbooks.co.kr로 간단한 개요와 취지, 연락처 등을 보내주세요. '독자의 꿈이 이뤄지는 숲, 포레스트'에서 작가의 꿈을 이루세요.

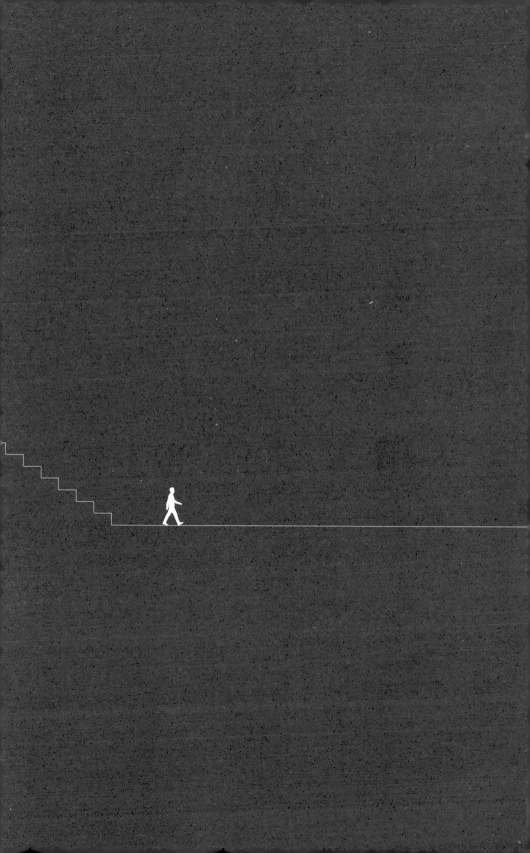